Karrierefrau mit Babybauch

Sophie Vanderbell

Karrierefrau mit Babybauch

Bibliografische Information der Deutschen Nationalbibliothek:
Die Deutsche Nationalbibliothek verzeichnet diese Publikation in
der Deutschen Nationalbibliografie; detaillierte bibliografische
Daten sind im Internet über dnb.dnb.de abrufbar.

Herstellung und Verlag: BoD – Books on Demand, Norderstedt

ISBN: 978-37-5971-415-2

Kapitel-Übersicht

1.   Kapitel: Hamburg 9

2.   Kapitel: Workshop 22

3.   Kapitel: Retiro 38

4.   Kapitel: Neuigkeiten 52

5.   Kapitel: Überlegungen 67

6.   Kapitel: Unwetter 82

7.   Kapitel: Fruit Shake 97

8.   Kapitel: Neue Perspektiven 115

9.   Kapitel: Entscheidung 127

10.   Kapitel: Ein Gespräch 142

11.   Kapitel: Ein Angebot 155

12.   Kapitel: Ein Geständnis 176

13.   Kapitel: Neue Ufer 196

14.   Kapitel: Herausforderungen 220

15.   Kapitel: Arbeit 238

16.   Kapitel: Ein Interview 266

Nachtrag: Rezept für Lillys Spezial-Shake 287

1. Kapitel: Hamburg

„Geht nicht ran", zischte Nina, als das dritte Tuten ertönte, und trommelte ungeduldig mit den Fingern auf ihr Knie, „na warte."

Entschlossen legte sie auf, ließ das Handy in ihre Jackentasche gleiten und schwang sich durch die offene Hintertür des Taxis.

„Ich bin in einer Minute wieder da, ja?"

Der Taxifahrer, etwa fünfzig Jahre alt, mit grüner Cordhose und schwarzer Lederjacke bekleidet, der vorne geduldig auf dem Fahrersitz Platz genommen hatte, nickte nur kurz und vertiefte sich wieder in sein Handy.

Während Nina mit energischen Schritten auf die Haustür des Mehrfamilienhauses zulief, blickte sie zur Wohnung ihres Freundes hinauf. Ha, da! Deutlich war Torbens Kopf im Fenster seines Arbeitszimmers zu sehen. Für einen kurzen Moment drehte sich sein Gesicht in Richtung der Fensterscheibe. Dann verschwand es plötzlich sehr abrupt.

„Als ob dir das etwas bringt," murmelte Nina, als sie die Haustür aufsperrte und im Treppenhaus die exakt vierzehn Stufen in den ersten Stock hinauflief. Schon beim Öffnen der Wohnungstür hörte sie Torben auf seinem Laptop tippen. *Tipp-tippedi-tipp-tipp.* Als würden kleine Tauben einen wilden Stepptanz auf seiner Tastatur aufführen.

„Torben", rief Nina mitten in den Tauben-Stepptanz hinein. Mit wenigen Schritten war sie an seinem Arbeitszimmer angelangt. "Wo bist du? Das Taxi wartet."

Torben saß an seinem Schreibtisch am Fenster. Wie so oft in den letzten Wochen wippte er auf einem großen, dunkelblauen Gymnastikball. Eine Empfehlung seines Orthopäden, und nach anfänglicher und sehr vehementer Resistenz hatte Torben tatsächlich Gefallen an dem Ball gefunden. Zum einen wurden die Gänge zum Physiotherapeuten tatsächlich seltener. Zum anderen machte das Wippen auch irgendwie Spaß. Verschiedene Kollegen hatten ihn außerdem während Zoom-Meetings schon darauf angesprochen. Im weiteren Sinne förderte der Pezziball also auch den informellen Austausch und das Networking im Job.

Hinter Torbens hellbraunem Haarschopf sah Nina seinen Laptop-Screen hervorlugen und darauf eine gigantische Excel-Datei, in die

Torben so vertieft starrte, dass sein Kopf fast im Bildschirm zu verschwinden schien. Gleichzeitig blinkte es wild auf zwei Bildschirmen links und rechts von ihm, wo sich mehrere Diagramme offenbar pausenlos aktualisierten.

„Kannst du nicht unterwegs weiterarbeiten?"

„Keine Bildschirme im Taxi", sagte er abwesend und tippte erneut in die Tastatur. „Aber in einer Minute bin ich fertig, mein Schatz."

„Sei mir nicht böse, aber das hast du vor einer Viertelstunde auch schon gesagt, Torbi-Torb." Nina sah auf ihre Uhr. „Wenn's nach mir ginge, wären wir längst auf der Autobahn. Freitags um die Uhrzeit ist immer Stau. Und wenn wir Pech haben, ist am Flughafen auch noch die Hölle los."

Jetzt sah Torben auf und drehte sich zu ihr. Er blinzelte ein paar Mal kurz, als müssten sich seine Augen erst an die Realität gewöhnen. Dann seufzte er und nickte einmal kurz.

„Okay, du hast ja Recht. Mit einer routinierten Bewegung stöpselte er sein Laptop von allen Verbindungen ab, klappte es zu und rollte sich von seinem Pezziball.

„Und damit du dein Böse-Guck absetzt, würde ich sowieso fast alles tun." Charmant lächelte er und gab ihr, sein Laptop unter dem Arm, einen Kuss auf die Stirn.

Für einen Moment glättete sich Ninas Stirnfalte. Dann entwand sie sich seinem Griff und lief voraus zur Wohnungstür. Dabei fasste sie zusammen, und ihre Finger zählten mit: „Fenster sind zu, Mehrfachsteckdosen sind aus, Pflanze ist gegossen. Gepäck ist im Taxi, und das Taxameter läuft wahrscheinlich schon seit zwanzig Minuten heimlich mit. Fehlst nur noch du."

Torben schnappte sich Schlüssel, Rucksack und Jacke, tastete nach seinem Handy in der Hosentasche und folgte Nina zur Tür hinaus. Während er an ihr vorbei die Stufen hinunterlief, hörte er Nina hinter sich zusperren. Amüsiert drehte er sich zu ihr um. „Nina, du siehst jedes Mal aus wie ein Käfer, wenn du so an der Tür hängst."

„Ich will nur sicher gehen, dass die Tür wirklich zu ist." Mit aller Kraft und unter Einsatz ihres ganzen Körpers rüttelte Nina an der Türklinke. „Sicher ist sicher."

„Sicher ist vor allem, dass die Tür irgendwann mal rausbricht, wenn du dich jedes Mal mit deinem ganzen Gewicht so dranhängst." Schnell fügte er hinzu: „Auch, wenn das nur knapp fünfzig Kilo sein dürften."

Da war es wieder, sein charmantes Lächeln, das jedes Mal seine Augen blitzen und ein Paar Grübchen erscheinen ließ.

Im nächsten Moment fasste Torben sich an die Stirn. „Halt, ich muss nochmal rein. Mein Kontaktlinsenmittel. Ich glaub, ich hab's im Bad liegen lassen." Zerknirscht sah er Nina an und wollte gerade an ihr vorbei und die Treppe nach oben spurten.

„Ich hab's eingepackt."

„Du hast es-? Muuuah, meine Prinzessin!" Ein dickes Bussi landete auf Ninas Backe. „Wenn ich dich nicht hätte."

„Dann wär dein Gedächtnis eindeutig besser trainiert. Du hättest mehr Freunde, weil du nicht dauernd ihre Geburtstage vergessen würdest. Im Job wärst du bestimmt schon zwei Karrierestufen weiter. Und-"

„Hey," er boxte sie in die Seite, „Schluss jetzt."

Hintereinander traten sie aus der Haustür hinaus.

Unten an der Straße wartete der Taxifahrer immer noch geduldig. Er hob den Kopf und legte sein Handy beiseite, als er die beiden Personen sah, die auf das Taxi zuliefen. Die weibliche von ihnen noch etwas zielstrebiger als die männliche, die gerade noch verstohlen ihr Handy checkte.

Sobald Nina und Torben hinten im Taxi Platz genommen und der Fahrer den Wagen gestartet hatte, sah Nina Torben mit geheimnisvollem Blick an. „Ich frag mich ja echt, was du in deinem Monsterkoffer drin hast. Bekommt er von dir einen Riesen-Teddy? Nein, halt, einen Outdoor-Sitzsack. Oder warte, eine Stoff-Giraffe in Lebensgröße!"

Torben schwieg. „Mach-dich-nur-lustig", sagte sein Gesichtsausdruck.

Nina musste lachen. „Im Ernst, Torben, ich bin schon in zweiwöchige Urlaube geflogen mit weniger Gepäck. Es ist doch nur ein Wochenende. Und deine Eltern müssten doch eh noch zig Sachen von dir daheim haben, oder? In deinem alten Zimmer, meine ich."

Torben verdrehte die Augen. „Bestimmt sogar. Aber was für welche? Ich glaube, das was noch in meinem Schrank ist, ist auf dem modischen Stand von Tokio Hotel."

Ninas Augen begannen zu leuchten. Sie nahm seine Hand. „Also, das würde ich schon gerne sehen. Du, vielleicht geht dein Koffer verloren. Vielleicht purzelt er aus dem Gepäckteil des Fliegers. Wegen Übergewicht."

„Gott bewahre", murmelte Torben leise.

Nina schmunzelte. Torben und sein Aussehen. Achtundfünfzig Minuten brauchte er im Bad, und zwar exakt, und das jeden Morgen. Nina hatte es gestoppt.

„Wie bitte? Wieso stoppst du meine Badezimmer-Zeit?", hatte er sie irritiert gefragt, als sie ihn das erste Mal mit der Zahl konfrontiert hatte.

„Ich hab mir Sorgen gemacht. Nach sechzig Minuten geh ich rein, hab ich gedacht. Zumal ich nach einer Weile nichts mehr gehört hab von dir."

„Du sollst auch nichts hören von mir, wenn ich im Bad bin."

„So wüsste ich aber, dass du noch lebst."

„Ab jetzt weißt du, dass du erst ab Minute neunzig reingehen musst. Alles andere ist noch im Rahmen bei mir."

„Torben, weißt du, dass ich überhaupt noch nie erlebt hab, dass ein Mann morgens im Bad länger braucht als ich?"

„Ich bin eben gepflegt. Ist das denn gar nichts, was du zu würdigen weißt? Willst du lieber einen unrasierten Typen, dem lange Nasenhaare aus der Nase wehen?"

„In wie vielen der achtundfünfzig Minuten schneidest du deine Nasenhaare? Nur, damit ich weiß, wie lange sowas dauert."

Torben hatte das Gespräch mit einem „Über die Inhalte meiner morgendlichen Badaufenthalte gebe ich keine Detailauskunft" beendet.

Das Taxi hatte jetzt Münchens Innenstadt verlassen und nahm Kurs auf die A9 in Richtung Flughafen. Nina, die bis hierhin noch im Minutentakt auf ihre Uhr gesehen hatte, lehnte sich zum ersten Mal seit Beginn der Fahrt zurück.

Torben blickte vom Nebensitz zu ihr hinüber und griff nach ihrer Hand. „Keine Sorge. Wir werden den Flieger schon erwischen. Und meine Eltern haben auch noch niemandem den Kopf abgerissen."

Richtig. Torbens Eltern.

„Ich hab dich schließlich gebeten mitzukommen", fügte Torben hinzu, „und ich freu mich, dass du dabei bist. Also kein Grund, nervös zu sein."

Naja, so direkt gebeten hatte Torben sie in Ninas Erinnerung eigentlich nicht. Tatsächlich hatte er nur erzählt, dass sein alter Schulfreund seinen fünfunddreißigsten Geburtstag feiern würde, und dass die gesamte alte Gang nach Hamburg eingeladen war. Und dann war es irgendwie im Raum gestanden. Immerhin waren sie zusammen. Tauchte man da nicht gemeinsam auf bei so einer Feier?

So wirklich viele seiner Freunde kannte Nina noch nicht, obwohl sie jetzt fast ein Dreivierteljahr ein Paar waren. Das würde sich an diesem Wochenende wohl ändern.

Sie dachte daran, wie Torben sie angesprochen hatte, damals auf dem Münchner Frühlingsfest, angeheitert durch etwa drei Maß Bier und in Begleitung von ein paar Kollegen, die nicht weniger betrunken waren. Nina war mit Lilly unterwegs gewesen, ihrer besten Freundin, deren Eindruck von Torben nach zwei Minuten festgestanden hatte: viel zu ernst, viel zu bieder. Aber Nina hatte genau das gefallen. Er war belesen, er konnte zu jedem Thema inhaltlich etwas beisteuern, und beruflich wusste er, wo er hinwollte. Eigentlich war er der erste Mann, der auch ihr zuhörte, wenn sie von ihrem Job erzählte.

Und jetzt saß sie hier mit ihm im Taxi und sollte in wenigen Stunden seine Eltern treffen und die gesamte Horde seiner früheren Schulfreunde.

„Nervös?", fragte sie. „Na gut. Was ist, wenn deine Eltern ganz fassungslos sind, wen du dir da in München angelacht hast? Am Ende muss ich ganz allein zurückfliegen."

Torben lächelte. „Also, ich denke, erstmal werden sie mir zustimmen, dass München sehr hübsche junge Frauen beherbergt. Und dann, Nina - mach dir nicht zu viele Gedanken, okay?"

Bevor sie etwas erwidern konnte, hob er einen Zeigefinger. „Ich weiß, das machst du gern. Aber es ist nur ein Wochenende. Lass es auf dich zukommen, ja? Und freu dich mit mir auf die Party."

Natürlich waren sie rechtzeitig am Flughafen. So, wie Nina Torben durch das Terminal jagte, waren sie sogar bei den ersten am Gate. Die Flugzeit nutzten beide, um still vor sich hin zu arbeiten.

Wenig später bog das Taxi in die Auffahrt von Torbens Elternhaus in Hamburg-Harvestude ein. Knirschend bewegte sich der Wagen auf dem Kiesweg vorwärts. Ein paar Zweige streiften die Fenster des Wagens. Neugierig sah Nina aus dem Fenster des Rücksitzes auf Bäume, Sträucher und Büsche, die die Auffahrt umsäumten.

Dann tat sich ihnen der Blick auf ein weißes Einfamilienhaus auf. Vor dem Haus lag ein kleiner Park. Nina verbog sich jetzt fast, um aus dem Auto heraus alles zu erfassen.

„Sag mal, ist das ein Swimmingpool da hinten? Ihr habt einen Pool im Garten? Mann, das sieht ja aus wie eine Filmkulisse! Und hier bist du aufgewachsen?"

Etwas verlegen lächelte Torben.

Das Taxi hielt neben dem Haus. Der Fahrer stieg aus und lief um das Taxi herum, um Nina die Tür zu öffnen. Dann ging er zum Kofferraum, öffnete ihn und hob die beiden Gepäckstücke heraus – eine kleine türkise Reisetasche und einen großen grauen Rollkoffer. Torben stand schon neben ihm, um beides entgegenzunehmen und drückte dem Fahrer einen Geldschein in die Hand. Der nickte dankend und murmelte etwas, bevor er wieder im Taxi verschwand.

Währenddessen sah Nina sich mit offenem Mund um. Sie wusste nicht, was sie mehr beeindruckte: der Park, das wunderschöne Haus oder die weißen Marmorstatuen, die die kleine Terrasse vor dem Haus säumten. Zwei kleine Steintreppen führten links und rechts zum Eingang hinauf.

Als das Taxi wendete, um sich zu entfernen, ging die Eingangstür des Hauses auf. Heraus trat eine zierliche Frau. Torbens Mutter. Nina hatte Fotos von ihr in seiner Wohnung gesehen. Sie musste mindestens sechzig sein, sah aber deutlich jünger aus. Dunkelhaarig, sonnengebräunt, in einem sportlichen weißen Polokleid mit Strickjacke darüber schwebte sie wie eine Gestalt aus einem Gemälde von Monet die Treppe hinunter.

„Torben. Da seid ihr ja. Ist das schön." Torben bekam eine Umarmung und ein Küsschen auf die Wange von ihr.

She's a lady – whoa whoa who, she's a lady, fing eine Stimme in Ninas Kopf an zu singen.

„Mama", sagte Torben mitten in Tom Jones' Gesang hinein und legte einen Arm um Nina, „also, das hier ist Nina, meine Freundin. Nina, das ist meine Mutter."

„Hallo Nina." Die Frau streckte ihr beide Hände hin, lächelte und zog sie leicht an sich, um ihr einen Kuss auf die Wange zu hauchen. Nina schnupperte. Das Parfum kannte sie nicht.

„Ich bin Petra. Es freut mich sehr, Sie kennen zu lernen. So. Und jetzt rein mit euch ins Haus. Da ist es schön warm."

Sie fröstelte und schwebte dann wie eine Fee voraus. Torben trug hinter ihr das Gepäck ins Haus, und Nina lief den beiden hinterher. Mit einem Koffer in der Hand hätte sie sich gerade deutlich nützlicher gefühlt.

Staunend sah Nina sich eine Minute später in Torbens Elternhaus um. Das hier war wohl das definierte Gegenteil von ihrem eigenen Zuhause früher. Ninas Mutter hatte sie allein erzogen, und die Wohnung war mehr als überschaubar gewesen. Wo immer man hinsah, hatten sich Alltagsgegenstände gestapelt. Sie hatten einmal wochenlang Ninas Reisepass gesucht, als Nina mit siebzehn auf Klassenfahrt gehen sollte. Gerade, als sie kurzfristig einen neuen Pass beantragen wollten, war er dann plötzlich aufgetaucht. In der Küche, zwischen Kassenzetteln, Rezepten und Stempelkarten.

„Na, wen haben wir denn da?" Jetzt kam Torbens Vater aus einem Raum, der wie ein Arbeitszimmer aussah. Nina fühlte sich, als würde sie mit einem Mal schrumpfen. Er war nicht nur groß und stattlich, sondern sprach auch mit einem tiefen Bass. Um seine Augen herum tanzten Lachfalten. Ansonsten sah er eigentlich genau aus wie Torben, nur dreißig Jahre älter.

Hoffentlich würde das keine Fragerunde, dachte sie, während er die beiden Ankömmlinge begrüßte und etwas Smalltalk machte. Es störte sie jedes Mal, wenn Menschen, die sie gerade erst kennen gelernt hatte, ihr Fragen über ihr Elternhaus oder ihre Kindheit stellten. Was machten ihre Eltern beruflich? Wo war sie aufgewachsen? Hatte sie Geschwister? Als ob das alles wichtig war. Als ob es Menschen definierte, woher sie kamen und wer ihre Eltern waren. Als ob es eine Rolle spielte.

Während sich Torben und sein Vater ziemlich schnell in einer Ecke in ein Gespräch über Anlagestrategien und deren jeweilige Renditen verstrickten und sich über ihre letzten Aktionen miteinander austauschten, ging Torbens Mutter im Zimmer ein und aus und unterhielt sich dabei mit Nina. Jetzt brachte sie kleine Kuchenstücke in den Raum, die sie auf den Mahagoni-Tisch zwischen ihnen stellte. Tom Jones sang in Ninas Kopf, während sie sie dabei beobachtete.

„Kann ich helfen?"

„Danke, Nina, nicht notwendig. Ihr seid beide unsere Gäste."

„Ich kann das nicht glauben, Torben" grollte Torbens Vater gerade in lautem, scherzhaftem Ton. „In diese marode Firma hast du investiert? Hat dir dein alter Vater nichts über Aktien beigebracht?"

„Papa, abwarten. Es wird sich noch zeigen, ob meine Strategie aufgeht oder nicht." Nina meinte, eine leichte Schneidigkeit aus Torbens Stimme herauszuhören.

„Nina, investieren Sie Ihr Geld auch in Aktien?", fragte Torbens Vater plötzlich und sah halb scherzend zu ihr hinüber.

„Ich? Nein, Aktien sind nicht-", setzte Nina an, doch Torben kam ihr zuvor.

„Papa, welches Geld soll sie denn anlegen?", fragte er amüsiert.

Hallo? Das klang, als wär sie arm wie eine Kirchenmaus.

Vielleicht hatte Torben ihren irritierten Blick bemerkt, denn er beeilte sich hinzuzufügen: „Aber das ändert sich bald, oder, Nina?"

Und zu seinem Vater gewandt sagte er: „Nina arbeitet im Marketing. Eigentlich schmeißt sie dort den Laden. Und bald wird sie befördert. Oder, Nina?"

Seine Mutter nickte mit dem Kopf. „Wie spannend."

„Ja klasse, Nina", meldete sich auch Torbens Vater fröhlich. „Was machen Sie denn da genau?"

„Also, es ist so", erklärte Nina, „wir sind momentan vier Leute im Team, die zusammen Marketing und Vertrieb abdecken für unser Software-Unternehmen. Software und KI. Und unser Chef macht eigentlich viel lieber Vertrieb als Marketing. Und jetzt, wo wir weiter wachsen, soll er die Marketingrolle bald abgeben. Es entsteht also ein eigenes Marketing-Team, und … naja, wir sind uns soweit einig, dass ich das übernehmen darf."

Torbens Vater lächelte. „Da sind Sie ja ganz schön ambitioniert. Finde ich gut. Oder, Petra?" Er sah zu seiner Frau hinüber. „Meine Frau ist eigentlich Journalistin und hat in der Marketing- und Pressestelle von unserem Konzern gearbeitet, als ich sie damals kennengelernt hab. Das war Ihrem Job vielleicht gar nicht so unähnlich. Da hat sie auch viel an der Außenwirkung des Unternehmens gearbeitet."

„Ach, wirklich?" Interessiert hob Nina die Augenbrauen. „Das klingt super-spannend."

Torbens Mutter nickte. „Das war es", sagte sie. „Ist aber schon sehr lange her. Dann kam Robert auf die Welt, Torbens älterer Bruder, und zwei Jahre später kam Torben. Und da war dann keine Möglichkeit mehr, den Job auszuüben."

„Schade. Haben Sie gar nicht mehr journalistisch gearbeitet seitdem?"

„Hin und wieder habe ich mit dem Gedanken gespielt. Es ist aber nicht so einfach, wenn man einmal Familie hat." Sie wischte ein paar Krümel vom Tisch auf einen Teller. „Als Ehefrau und Mutter ist man doch immer eingespannt. Und natürlich geht die Familie vor." Bei den letzten Worten ließ sie ihren Blick zu den beiden Männern schweifen.

„Da sind wir aber froh, Petra, dass du dich damals so entschieden hast", rief ihr Mann vergnügt. Zu Nina gewandt sagte er in immer noch heiterem Tonfall: „Ich weiß, ihr jungen Frauen heutzutage, ihr wollt gerne beides. Ihr pausiert in eurem Job nur noch ganz kurz, um in den Kreißsaal zu fahren, und kaum ist die Nabelschnur durchgeschnitten, da erscheint ihr schon wieder am Arbeitsplatz."

„Naja", sagte Nina zögernd, „viele Frauen wollen den Job nicht mehr aufgeben, den sie mal gelernt haben. Immerhin hat man oft eine Menge investiert in die eigene Ausbildung. Ich denke", sie warf einen respektvollen Blick zu Torbens Mutter hinüber, „das war vor einigen Jahren noch viel schwieriger. Da war es die Erwartung an jede Mutter, ihre eigene Karriere komplett zurückzustellen. Und nur noch für Mann und Kinder da zu sein."

„Ich verstehe die jungen Frauen von heute", erwiderte Torbens Mutter jetzt. „Sie wollen nicht verzichten für die Kinder, die auf der Welt sind. Sie wollen die gleichen Chancen wie die Männer im Job. Das einzige, was ich mich frage, ist", lächelnd machte sie eine kurze Pause und sah Nina an, „wer ist derjenige, der dabei auf der Strecke bleibt? Die Kinder. Ein Kind braucht eine Mutter. Die Nestwärme, die ein Kind bekommt in den ersten Jahren, die ist entscheidend dafür, dass das Kind sich gut entwickelt. Dass es Vertrauen aufbauen kann in die Welt. Und da bin ich mir manchmal bei euch jungen Frauen nicht so sicher, ob ihr das bedacht habt."

„Definitiv", erwiderte Nina schnell, „ein Kind braucht bestimmt seine Bezugspersonen in den ersten Jahren. Schade finde ich es, wenn die Frau das ganz allein stemmen muss. Und wenn das dann das Ende der Karriere für diese Frau bedeutet. Zum Glück beteiligen sich ja heute immer mehr Männer an der Kinderbetreuung."

Sie versuchte, die Blicke der anderen im Raum zu deuten. Wie waren sie eigentlich bei diesem Thema gelandet? Und wie kam sie hier wieder raus?

Bevor Torbens Mutter reagieren konnte, polterte Torbens Vater aufs Neue los: „Wir werden das Thema wahrscheinlich nicht lösen können heute. Jeder so, wie er es braucht."

Und mit einem Blick auf seine Armbanduhr sagte er: „Aber sagt mal, müsst ihr nicht langsam los? Es ist schon fast acht."

„Ja", sagte Torben und erhob sich, „da hat meine ganz persönlicher Ermahnerin mich noch gar nicht erinnert. Seltsam." Er lächelte zu Nina hinüber. „Aber du bist soweit, Nina, oder? Dann lass uns starten. Micha wartet bestimmt schon ganz sehnsüchtig auf seine Lieblingsgäste."

„Was checkst du da so heimlich in deinem Handy?", fragte Torben, als sie die letzten Meter zu Michas Haus entlangliefen. „Hast du einen Liebhaber, der dir schreibt?"

Ertappt steckte Nina ihr Handy wieder in die Tasche. „Ach, ich … hab mir doch vorhin am Flughafen die Namen von deinen engsten Freunden aufgeschrieben. Und ein paar Eckdaten, die du mir gegeben hast."

Torben guckte zuerst ungläubig, dann lachte er und boxte sie in die Seite. „Das ist so – NINA von dir. Du bist so ein Streber, weißt du das?"

Die Tür zu Michas Haus öffnete sich, noch bevor die beiden geklingelt hatten.

„Alles okay bei dir?", fragte Torben, als Nina und er am Sonntagabend wieder daheim in München nebeneinander in Torbens Bett lagen. „Du bist so still."

Es war erst kurz nach neun, aber beide gähnten schon seit einer Stunde abwechselnd. So wirklich viel Schlaf hatten sie nicht abbekommen in den letzten zwei Nächten.

„Hm", machte Nina. Sie sah Torben zu, wie er sich – wie jeden Sonntagabend, die Lesebrille auf der Nase – durch die Wochenend-Ausgabe des Handelsblatts schmökerte.

„Ich dachte nur gerade nochmal an das Gespräch mit deiner Mutter. Sie ist ja Hausfrau geworden, als ihr beide auf die Welt kamt, dein Bruder und du, und das, obwohl sie vorher einen super-spannenden Job hatte. Das Modell hat sie euch vorgelebt, dir und deinem Bruder. Insofern …"

„Insofern?"

„Naja, ich frag mich, ob du eigentlich das Gleiche denkst wie deine Mutter. Denkst du auch, dass eine Frau ihre Karriere auf Eis legen sollte, wenn sie ein Kind bekommt?"

Für einen Moment herrschte Stille. „Ach, das ist es, worüber du nachdenkst", sagte er schließlich abwesend, vertieft in einen Artikel über die aktuelle Entwicklung des Deutschen Aktienindex.

Dann fügte er hinzu: „Naja, ich denke schon, dass es grundsätzlich gut ist, wenn ein Kind eine Mutter hat."

Nina sah ihn an. „Klar. Aber ist diese Frau dann in Vollzeit Mutter, oder darf sie vielleicht auch noch ihrem Beruf und ihrer Karriere nachgehen?"

„Wieso fragst du das? Natürlich muss eine Frau nicht auf ihren Beruf verzichten. Es gibt doch genug Frauen, die auch mit Kind wieder arbeiten gehen."

„Wenn der Mann sich auch einbringt in die Kinderbetreuung, dann geht das ja auch."

Jetzt sah er auf, faltete sein Handelsblatt zusammen, nahm seine Brille ab und legte beides auf den Nachttisch.

„Okay", Torben wählte seine Worte mit Bedacht, „also, ich denke, dass man über eine vernünftige Rollenaufteilung sprechen muss. Und naja-", er zögerte mit dem nächsten Satz, „ich frag mich bei manchen Frauen, warum sie eigentlich ein Kind in die Welt setzen, wenn sie sich am Ende doch nicht darum kümmern wollen. Und es in eine Kita abschieben, kaum dass es auf der Welt ist."

Nina hielt kurz den Atem an. „Wenn die FRAUEN sich nicht darum kümmern wollen? Und was ist mit den Männern?"

„Klar", entgegnete Torben, „Männer sollten sich auch kümmern. Aber einer muss ja auch das Geld nach Hause bringen. Wieso soll man denn nicht die Rollen aufteilen? Es müssen ja nicht beide dauernd um das Kind herumhängen. Und ich glaube, die Natur hat sich was dabei gedacht, als sie die Frau so ausgestattet hat, dass die sich um ein Baby kümmern kann."

Er sah, dass Ninas Augen immer größer wurden und ergänzte: „Weißt du, Kind und Karriere gleichzeitig ... Wieso kann man denn nicht eins nach dem anderen machen? Für eine Frau muss das doch unglaublich cool sein. Schwanger zu sein, meine ich, ein Kind zu bekommen, ein Baby zu stillen. Kann man das denn nicht auch mal offen zugeben? Und dafür mal für ein paar Jahre den Job weiter nach hinten stellen? Die meisten Frauen, die ich kenne, wollen das auch, die wollen Kinder, und sie wollen die Mutterrolle. Meine Mutter wollte das auch. Und dass du sie kritisiert hast, obwohl du sie keine Stunde kanntest, fand ich, offen gesagt, nicht so cool."

Jetzt erstarrte Nina. „Ich wollte sie nicht kritisieren", sagte sie, und eine leichte Röte stieg ihr in die Wangen, „ich fand es einfach nur schade in dem Moment, dass sie jetzt nur noch Mutter ist und Hausfrau."

„NUR noch Mutter, sagst du? Das war ihre Entscheidung, und ich glaube nicht, dass sie das jemals bereut hat. Aber weißt du, keine Frau wird gezwungen dazu, ein Kind zu bekommen in unserer westlichen Welt. Wenn eine Frau das nicht möchte, wenn sie lieber Karriere machen will oder ihre Freiheit behalten, dann ist das doch okay heutzutage. Es gibt genug Beispiele für Karrierefrauen und auch immer mehr Paare, die einfach keine Kinder wollen.

Nimm mal unsere ehemalige Kanzlerin. Niemand kritisiert sie dafür, dass sie keine Kinder wollte oder aus anderen Gründen keine bekommen hat. Sie hat alles erreicht, was man erreichen kann in unserem Land. Für euch Frauen ist alles möglich heutzutage, ihr müsst euch nicht über Kinder definieren. Aber ein Kind zu bekommen, sich also bewusst dafür zu entscheiden und sich dann abzuwenden – das halte ich nicht für gut."

„Aber warum müssen es denn immer die Frauen sein, die sich kümmern, wenn doch beide gemeinsam ein Kind wollen?", fragte Nina, jetzt sichtlich irritiert.

„Weil, wie gesagt, nun mal einer auch noch das Geld nach Hause bringen muss. Und in dieser Hinsicht seid ihr Frauen irgendwie ja auch selbst schuld an eurer Situation."

„Wie bitte?"

„Na, wollt ihr nicht immer die Männer, die Geld haben?"

Für einen Moment war Nina perplex. „So, tun wir das?"

„Na klar tut ihr das. Es gibt doch kaum eine Frau, die einen Mann anguckt, der weniger verdient als sie."

Nina schnaufte. „Es gibt die These, dass Frauen sich", sie betonte jede Silbe, „mit einer gewissen Wahrscheinlichkeit nach oben orientieren. Aber das hat weniger mit Geld zu tun als vielmehr mit Bildung und Status."

„Bildung und Status, ja. Und was resultiert aus Bildung und Status? Das Einkommen."

„Und selbst, wenn das häufig der Fall ist", sagte Nina, nicht ohne eine gewisse Gereiztheit, „wenn beiden der Job Spaß macht und beide eine Perspektive haben, dann sollten doch auch beide ihre Karriere weiterverfolgen dürfen. Wieso können nicht beide einen Teil ihres Berufslebens opfern?"

Beschwichtigend hob Torben die Hände.

„Ich versteh nicht, warum das so ein Reizthema für dich ist. Ist denn eine kleine Pause wirklich das Ende der Karriere? Und du sprichst immer von opfern. Ich glaube, wenn ich als Mann Kinder bekommen könnte, dann wär ich total aus dem Häuschen. Das ist doch was Tolles, das die Natur euch da geschenkt hat."

Versöhnlich lächelte er Nina an. „Ist das nicht mehr wert als ein paar Jahre Schuften und Arbeiten, so wie es der Mann in derselben Zeit tut? Und diese Typen, die neuerdings daheim bleiben… keine Ahnung, wer … Sozialpädagogen und Buchhalter - vielleicht haben die ja auch einfach keinen Bock mehr zu arbeiten. Und wenn ihre Partnerin stattdessen arbeiten will, dann warum nicht? Weißt du, suum cuique. Jedem das Seine."

Torben streckte den Arm aus und löschte das Licht seiner Nachttischlampe. Jetzt war es ganz dunkel im Raum. „Lass uns schlafen, Nina, ich muss morgen früh raus. Gute Nacht."

Dann beugte er sich zu ihr hinüber und gab ihr ein Küsschen auf die Wange. „Ich fand's übrigens schön, dass du dabei warst in Hamburg und meine Eltern kennenlernen konntest und meine Freunde. Ich glaube, sie fanden dich alle sehr nett."

Nina starrte an die Decke, an der sich in der Dunkelheit Muster bildeten, die vor ihrem Auge tanzten. Ihr Atem ging immer noch schnell, und ihr Herz pochte.

„Es ist einfach so", fing sie noch einmal an, „dass ich es so unfair finde. Dass Frauen sich von vornherein entscheiden müssen. Und ihr Männer nicht. Als Mann gewinnt man dazu, wenn man ein Kind kommt. Als Frau opfert man. Auch, wenn du das Wort nicht hören willst. Und … Ich hätte nicht gedacht, dass du in so traditionellen Rollenbildern denkst."

„Wir Männer KÖNNEN uns nicht entscheiden. Ich kann nicht schwanger werden." Sie hörte seine Bettdecke rascheln. „Und denke ich wirklich traditionell? Ich sage ja nicht: Frauen an den Herd. Ich sage nur, jede Frau darf und sollte sich entscheiden, welche Rolle sie möchte. Schau, du zum Beispiel. Du arbeitest gerne, und du willst doch gar keine Kinder, wenn ich dich richtig verstanden hab. Zumindest hast du nie was in der Richtung gesagt."

Sie hörte Torben gähnen. „Vielleicht denkst du auch einfach mal wieder viel zu viel nach. Lass die Dinge auf dich zukommen. Und wenn du partout nicht willst, dann bekommst du halt einfach keine Kinder. Auch gut."

Langsam fielen Nina die Augen zu. Sie würde morgen weiter darüber nachdenken. Heute nicht mehr. Für heute war sie – Nina gähnte jetzt ebenfalls - einfach zu müde.

2. Kapitel: Workshop

„Noch einer, Lilly? Im Ernst jetzt? Ist das etwa wieder dein Frust darüber, dass morgen Montag ist?"

Irgendwie klang Ninas Tonfall spießiger als beabsichtigt. Naja, so ganz einhundertprozentig hatte sie sich vielleicht auch nicht mehr unter Kontrolle. Im Gegensatz zu Lilly fehlte ihr einfach die Übung beim Trinken.

„Ganz genau", erwiderte Lilly ungerührt. „Das ist mein ganz

persönlicher Protest gegen den Lauf der Woche. Sonntags brav sein und früh schlafen gehen, und dann montags als perfekter Mitarbeiter fit und motiviert am Arbeitsplatz erscheinen."

„Und dagegen setzt du Alkoholfahne und Augenringe als Signature Look?"

„Exakt." Lilly wandte sich wieder Max zu, der in Anbetracht der Diskussion gewartet hatte und dessen Blick jetzt fragend von einem Mädchen zum anderen wanderte, um die Bestellung aufzunehmen.

„Also, noch einen Gin Tonic für mich. Für meine Freundin hier bitte nichts mehr. Sie muss morgen unfassbar früh in die Arbeit, und das ist ihr sehr wichtig."

Max lächelte und steckte seinen Notizblock ein. „Das muss es auch geben." Er verschwand in Richtung Bar.

Nina saß mit Lilly im *Retiro*, ihrer persönlichen Lieblingsbar. Einer Mischung aus kitschiger Einrichtung, spanischen Tapas und einer sehr kreativen Cocktailkarte.

„Woher weißt du eigentlich, welcher Tag heute ist?", fragte Lilly wie beiläufig, während sie ihr kurzes Kleid glattstrich, „du arbeitest doch eh an allen sieben Wochentagen."

Nina lächelte nur und spießte mit ihrem Cocktail Stick eine alkoholgetränkte Himbeere auf, die in ihrem Mund verschwand.

„Hier mal ein Gedanke, Lilly: Wenn dir jedes Mal so vor dem Montag graust, ist es dann vielleicht einfach der falsche Job, hmmm?"

„Ach. Und hier mal ein Gedanke für dich: Wenn du dich jedes Mal so auf den Montag freust, bist du dann vielleicht einfach mit dem falschen Mann zusammen, hmmm?"

„Okay, Themawechsel. Torben kann bei dir nicht gewinnen."

„Mach mich nicht zur Trauzeugin, wenn es mal so weit ist. Außer natürlich, der männliche Trauzeuge sieht Hammer aus. Apropos, weißt du, mit wem ich morgen Abend ein Date habe? Ich glaub, ich hab dir noch nicht von Piet erzählt, oder? Kollege aus dem holländischen Office. Also, es ist so …" Lillys Stimme wurde leiser und verschwörerisch. „Eigentlich haben wir uns schon bei der Fünfzigjahrfeier der Firma kennen gelernt, aber leider war es damals so, d-"

„Stopp!" Nina hob einen Zeigefinger. „Also warte, wenn das jetzt wieder losgeht – die endlosen Ausschmückungen der Dialoge, die ihr zwei geführt habt, und die detaillierte Beschreibung all seiner physischen Merkmale, und das, ohne dass ich auch nur ein einziges Mal zu Wort komme, … dann brauch ich bitte doch noch einen Drink!"

„Genau das könnte schon passieren." Lilly lachte fröhlich. „Und das wiederum heißt …", sie drehte ihren Oberkörper und fing mit einem Arm Max ab, der ihr in der Sekunde den Gin Tonic vorsetzte, „doch noch einen Lillet Wild Berry bitte für meine strebsame Freundin hier."

„Nein, stopp." Nina warf einen schnellen Blick in die Karte. „Ich nehme … ich nehme einen Schneebären, bitte."

Als Max sich entfernte, nahm Lilly ein paar Schluck und sagte dann in ernsterem Ton: „So ganz Unrecht hast du nicht."

„Damit, dass man eine Menge Alkohol braucht, um bei deinen Männergeschichten mitzukommen?"

„Auch. Aber ich meinte deine Aussage vorhin zum Thema Job. Ich meine, dass man sonntags merkt, ob es der falsche ist, wenn einem da schon vorm Montag graust."

„Oha?" Fragend hob Nina die Augenbrauen. „Und das aus deinem Mund? Ich dachte, für dich ist das der Normalzustand, dass man ungern arbeitet. Warte, wie waren deine Worte noch letztens zum Thema Überstunden?" Nina streckte sich, um Lillys selbstbewusste Haltung nachzuahmen und sagte mit betont lässiger Stimme: „Nina, ich bin mir ziemlich sicher, dass ich an keinem Arbeitstag meines Lebens auch nur eine Minute länger als acht Stunden gearbeitet hab. Eigentlich bin ich mir sogar sehr sicher, dass ich an fast jedem dieser Tage deutlich weniger als acht Stunden gearbeitet hab."

Lilly sah Nina an und blinzelte ein paar Mal. „Und dein Punkt ist? Natürlich hab ich das gesagt. Arbeit ist Arbeit, und man braucht eine Balance dazu, auch, wenn der Job Spaß macht. Oder in meinem Fall … wenn der Job Spaß machen WÜRDE."

„Oh?"

„Naja, die Trainings bei Gährmann, die ich gebe, ja? Das ist eigentlich schon mein Ding. Manchmal auf Dauer etwas eintönig, aber so im Grunde genommen liegt mir das schon."

„Aber?"

„Aber diese ganzen Prozesse! Und das ganze Administrative. Ich verbringe mehr Zeit damit als mit den Kunden. Und dann diese Politik.

Meine Güte, du musst so aufpassen, zu wem du was sagst, sonst ist gleich wieder irgendjemand beleidigt und macht Stunk."

„Das hat dich doch noch nie gestört."

„Da hast du Recht, aber auf Dauer ist es anstrengend. Sogar für mich. Und gefühlt wird das immer schlimmer. Manchmal hab ich keine Lust mehr, da überhaupt noch einen Fuß reinzusetzen."

„Au weia. So schlimm? Das wusste ich nicht", sagte Nina betreten. „Ist es denn dann noch die richtige Firma für dich?"

„Ganz so schnell gebe ich nicht auf. Ich will mich auch nicht rausekeln lassen." Plötzlich lachte Lilly. „Ist nur echt lustig. Worauf ich mich in letzter Zeit umso mehr freue-"

„Das sind die männlichen Kollegen aus dem holländischen Office?"

„Auch. Nein. Ich freu mich richtig auf die Fitnesskurse am Abend."

„Die Fitness- Du gibst wieder Fitnesskurse? Oder meinst du dein eigenes Training?"

„Nein, ist schon richtig. Ich gebe tatsächlich wieder Kurse. Im *Fitness Tank*."

„Cool, wusste ich gar nicht. War dir das nicht immer zu anstrengend nach der Arbeit?"

„Das ist ja das Interessante. Früher schien es mir nur noch mehr Arbeit zu sein. Also hatte ich zwar die Lizenz, aber so richtig Fahrt hat das Thema nie aufgenommen. Und ehrlich gesagt, ich mach auch lieber alleine Sport als zusammen mit einer Horde unsportlicher Menschen."

Das Unverständnis für jenen Teil der Gesellschaft, der nicht mit ähnlicher Fitness, Ausdauer und Grazie gesegnet war wie sie selbst, war Lilly mehr als deutlich im Gesicht abzulesen.

„Und woher dann jetzt der Sinneswandel?"

„Naja, eigentlich war es Nele, die mich gebeten hat, ihr auszuhelfen."

„Aha. Wer ist Nele?"

„Nele hab ich mal … naja, wir haben uns einfach kennen gelernt. So. Und sagen wir mal, sie hat was gut bei mir. Und gerade hat sie einen ziemlichen Engpass bei ihrem Personal. Unter anderem ist eine ihrer Haupt-Trainerinnen schwanger geworden, und der Arzt sagt, sie darf von jetzt auf gleich keinen Sport mehr machen."

„Kann sie denn nicht einfach Kurse geben, ohne selbst dabei Sport zu machen? Nur Befehle geben, meine ich?"

„Nur Befehle geben? Na, du hast ja lustige Vorstellungen davon, wie so ein Kurs abläuft. Würde dir übrigens nicht schaden, selbst mal bei ein paar-"

„Ja, wie auch immer", unterbrach Nina. „Du wolltest mir von Neles Engpass erzählen."

„Okay. Aber ich komm nochmal drauf zurück. Sitzen ist das neue Rauchen, Nina, das weißt du."

„Ist mir völlig bewusst. Ich liebe einfach das Leben am Limit."

Dann hob Nina den Kopf und blickte freudig auf den Cocktail, den Max ihr gerade vorsetzte.

„Jedenfalls", fuhr Lilly fort, „übernehm ich jetzt ein paar Abendkurse für diese schwangere Trainerin."

„Und das schaffst du abends noch?"

„Das ist ja das Ding. Das ist sogar das, was mich über Wasser hält gerade. Wenn ich das nicht hätte, hätte ich gar keinen Spaß bei der Arbeit."

„Äh- Moment. Wartet mal, Leute. Nööööööt! Ich geb der ganzen Bar einen aus. Hat Lilly Römer gerade wirklich die Worte Spaß und Arbeit in ein- und demselben Satz verwendet?"

„Hätte ich auch nie gedacht. Aber stell dir vor, die Leute finden meine Kurse richtig gut."

„Das wundert mich nicht."

„Ja, die Kurse sind sogar voller geworden durch mich.

„Und wie kommst du so klar damit?" Nina beugte sich zu Lilly vor und legte ihr mitfühlend eine Hand auf den Arm. „Ich meine, zusammen mit einer Horde unsportlicher Menschen trainieren zu müssen und dann auch noch Geld dafür zu bekommen?" Unschuldig blinzelte sie Lilly an.

„Ach, die Unsportlichen bleiben eh nicht bei mir. Der eine oder andere verirrt sich mal, der eigentlich in 'nen Anfängerkurs gehört. Dann gibt's genau zwei Möglichkeiten: Entweder er ist tough, was ich cool finde, und beißt die Zähne zusammen. Und ab da wird er von Mal zu Mal besser."

„Oder der Leichenwagen fährt ihn raus?"

„Oder er bemerkt seinen Fehler und schleicht sich in den ersten zehn Minuten raus. Ich tu dann großzügig so, als würd ich's nicht bemerken."

„Und ich hätt dir zugetraut, dem armen Würstchen noch 'nen fiesen Spruch hinterherzuschleudern."

„Hey, wofür hältst du mich?"

„Für einen ehrlichen Menschen, der mit seiner Meinung nicht hinterm Berg hält. Was meinst du, warum ich nicht zu dir in einen Kurs gehe. So viel Wahrheit vertrag ich nicht."

„Nina, wir wissen beide, dass das NICHT der Grund ist, warum du nicht in meine Fitnesskurse gehst. Und darüber müssen wir dringend mal reden. Wirklich, wenn du weiter immer nur am Schreibtisch sitzt, hast du in ein paar Jahren nicht nur Rückenschmerzen, sondern du gefährdest-"

„Stopp, Lilly." Nina formte eine Auszeit mit ihren Händen. „Du wolltest mir gerade erzählen, wie gut die Kurse laufen, oder?"

„Wollte ich. Wir haben neulich sogar darüber gesprochen, ob ich mein Angebot ausweiten kann. Die Kursteilnehmer empfehlen mich weiter, das heißt, meine Kurse werden immer voller. Und schon jetzt gibt es ein paar Leute, die sich nur wegen mir im Studio angemeldet haben."

„Ernsthaft?"

Lilly strahlte. „Ja, die sollten mich im Studio eigentlich am Erfolg beteiligen, oder? Und das Beste ist: All das fühlt sich noch nicht mal annähernd an wie Arbeit. Im Gegenteil. Das Auspowern, das Anleiten, die Chemie im Kurs, die Motivation der Leute, … Ich hab das Gefühl, das gibt mir Energie, als dass es mich Energie kostet."

Nina hob ihr Cocktailglas und wartete, bis Lilly es ihr gleichgetan hatte. „Also dann, liebe Lilly - auf die Arbeit, die sich nicht wie Arbeit anfühlt!"

Es war exakt dieser Dialog, an den Nina am nächsten Morgen dachte, als sie sich, bei *Recordance* angekommen, wieder mal für den Aufzug entschied anstatt für die Treppe.

Ihre Schlüsselkarte in der Hand, erreichte Nina den dritten Stock und stieg aus. Der Firmenname stand in großen Lettern an der Tür. Sie öffnete.

Es war noch dunkel und still im Büro. Der Geruch nach Reinigungsmitteln und Teppich lag dumpf in der Luft, wie immer nach dem Wochenende. Wie immer schaltete Nina zuerst die Espressomaschine im Eingangsbereich ein.

Etwa eineinhalb Stunden und zwei Espressi mit Milch später tauchte der Kopf von Paula, Ninas neuer Kollegin, in der Tür des Vertriebs- und Marketing-Büros auf.

„Hey, es ist also wirklich schon jemand da?"

Paulas Stimme klang müde. „Ich wollte früh hier sein wegen des Workshops nachher. Damit ich noch alles vorbereiten kann." Sie legte ihre Tasche ab. „Ich hab mich vorne schon gefragt, wer wohl die Espressomaschine eingeschaltet hat. Weil es schon so gut nach Kaffee duftet."

Nina lächelte. „Das ist der Grund, warum ich schon hier bin. Hier gibt's einfach besseren Kaffee als bei mir daheim. Du, was den Workshop nachher betrifft: Das ehrt dich, dass du früh hier bist. Aber ich glaube fast, es ist alles vorbereitet."

„Wirklich? Alles schon erledigt? Brown Paper im Raum, Flipcharts vorgeschrieben, Moderationskarten, Getränke, ...?"

„Alles da, das hab ich am Freitag noch gemacht."

„Am Freitag? Aber da war doch bis spätabends der Raum belegt. Ich bin dann, ehrlich gesagt, irgendwann los ins Wochenende."

„Äh- ja, ich war zufällig sowieso noch da, und als die Management-Truppe zu Ende gemeetet hatte, bin ich rein und hab schnell alles vorbereitet.

Präsentationen sind auch abgespeichert, Follow-up-Emails ebenfalls, in drei verschiedenen Varianten, je nachdem, wie der Workshop läuft. Catering ist bestellt, Mappen sind vorbereitet, Moderationskoffer ebenfalls.

Maja am Empfang weiß Bescheid, und ein paar Leute sind gebrieft, um ein paar Worte zu sagen, wenn ich nachher meine Runde mit den Kunden mache."

„Oh, cool. Ach, und die Runde durchs Unternehmen – die läuft gar nicht spontan ab?"

„Ich bin kein Fan von spontan. Manche Kollegen geben echt den größten Blödsinn von sich, wenn sie ad hoc mit Kunden Smalltalk halten sollen. Bei einigen fragst du dich direkt, ob sie für oder plötzlich gegen die Firma arbeiten."

Nina hatte außerdem noch Martin gebeten, sich während des Termins bereit zu halten, falls es tiefergehende Fragen geben sollte zu den Features der Software. Martin Schneider und sein Team hatten die Software programmiert, und sie sorgten außerdem dafür, dass die Lösung auf jeden Kunden individuell zugeschnitten wurde.

Paula setzte sich. „Kennt ihr die beiden Leute schon, die heute zu uns kommen?"

„Nein, noch nicht. Einer unserer Kunden hat den Kontakt hergestellt, und Andreas hat wohl kurz telefoniert und den Termin für heute klar gemacht. Aber inhaltlich gesprochen haben wir noch gar nicht mit ihnen."

„Ich hoffe, die sind nett."

„Meistens haben unsere Kunden schon Respekt vor dem, was unsere Entwickler da gebaut haben. Willst du die zwei von heute mal sehen? Hier, ich hab sie mal gegoogelt."

Paula rückte näher heran.

„Schau, hier. Das hier ist Britta Allweg, die Personalleiterin von Sportshields. Sieht ein bisschen bieder und ernst aus. Um die vierzig müsste sie sein. Hat zwei Kinder. Ich glaube, ihr Sohn Felix spielt Hockey, zumindest bin ich da zufällig auf die Seite von einem Sportverein gestoßen. Und das hier ist Jan Lechermayer, der IT-Projektleiter. Der dürfte etwas jünger sein. Stellt interessante Fotos auf Instagram. Geht ganz gerne weg, würde ich sagen."

Paula stand auf und ging zur Tür. „Okay. Also, ich hol mir jetzt erstmal einen Kaffee. Sieht ja so aus, als würde der Morgen doch viel entspannter ablaufen als gedacht."

Dann blieb sie stehen und drehte sich um. „Ich frag mich nur, warum ich heute überhaupt so früh aufgestanden bin."

Der Workshop lief fast schon ungewöhnlich glatt. Am Nachmittag brachte Nina die beiden Gäste wieder zum Empfang, um sie zu verabschieden. Gerade, als sie wieder in den Meetingraum laufen wollte, hörte sie hinter sich eine Stimme.

„Und, Ninalinda? Haben wir einen neuen Kunden?"

„Hey, Martin."

Der Chefentwickler lehnte an der kleinen Bar neben dem Empfangsbereich mit einer Espressotasse in der Hand, neben ihm Dominik, seine rechte Hand, mit einer Basilikum-Limonade vor sich auf dem Tresen.

„Um ehrlich zu sein … Ich weiß es noch nicht. Sie haben uns ziemlich gegrillt. Kann unsere Lösung dies, kann unsere Lösung das. Aber mal positiv gesehen, sie wissen schon sehr genau, was sie wollen. Es steckt eine klare Strategie dahinter inklusive Budget. Ich hab ihnen offen gesagt, was wir ihnen bieten können und was nicht. Wir können nicht zaubern. Also mal gucken. Sie wollen sich im Lauf der Woche rückmelden."

„Sehr gut. Hat Andreas wieder seine stinklangweilige Präsentation gehalten?"

„Ähm … es war seine Standardpräsentation."

„Also ja. Die stinklangweilige. In den gleichen Worten wie immer?"

„Ich glaube, ja."

„Mit den gleichen schlechten Gags an den immer gleichen Stellen?"

„Selbstverständlich."

Die Wahrheit war, dass Nina jedes Wort auswendig kannte in Andreas' Vortrag. Naja, es war eben sein Unternehmen. Er hatte es gegründet, gemeinsam mit den anderen zwei Geschäftsführern Klaus und Jonas. Zusammen hatten sie es aufgebaut, jeder von ihnen mit anderen Schwerpunkten. Bis vor kurzem war die Firma noch klein gewesen und überschaubar. Sie waren sich noch nicht ganz einig gewesen über die Richtung, über die Zielgruppe, über den Schwerpunkt des Unternehmens. Ziemlich opportunistisch hatten sie einfach jeden Auftrag angenommen, den sie kriegen konnten, egal woher er kam. Vor ein paar Monaten dann hatten sie einen gigantischen Neukunden gewonnen, eigentlich völlig überraschend, und damit war die Firma rasant gewachsen.

Es war genau dieses Wachstum, aus dem sich auch Ninas Perspektive ergab. Sie konnte es kaum erwarten, dass es endlich ein eigenes kleines Marketing-Team geben und sie den Lead übernehmen würde.

„Es ist sowas von Zeit, dass Marketing seine eigene Bühne bekommt", hatte sie schon oft zu Andreas gesagt. „Da sind so viele Dinge, die wir in die Hand nehmen können und auch müssen, sodass wir *Recordance* noch weiter nach vorne bringen können. Die Konkurrenz tut es schließlich auch."

Klar, Vertriebsmaterial war wichtig. Klar brauchten sie Use Cases, Broschüren, Vorlagen, Präsentationen und all das. Aber wie spannend würde es erst sein, wenn sie Marketing als etwas Strategisches begreifen würden, anstatt nur reaktiv Material zu liefern, das dann im Vertrieb auf die Kunden losgefeuert wurde.

Dass Andreas' Präsentation langweilig war, war übrigens nicht nur Martins Meinung.

„Stell dir vor, du sitzt auf der anderen Seite, auf der Kundenseite", hatte Nina schon oft an Andreas appelliert. „Was willst du wirklich wissen? Stabilität, Internationalität, agile Arbeitsweise. Dazu im Vorbeigehen, wie nebenbei, die Referenzkunden und ein paar Zitate der Kunden zum Nachlesen. Alles andere in den Anhang."

Vergebene Liebesmüh. Wenigstens hatte Andreas diesmal am Schluss das neueste Vertriebsvideo gezeigt, das Nina zusammengestellt und auf Andreas' letzter Slide platziert hatte. Es war der Versuch gewesen, seine Präsentation mit Emotionen abzuschließen und mit einem Gefühl für die gewaltige Macht des Veränderungspotenzials, das durch die Einführung ihrer Software ausgelöst werden könnte.

„Und war Hubert auch dabei?" Martin war noch nicht fertig mit seinem Verhör. Er hatte eine Augenbraue hochgezogen, und seine Stimme triefte vor Süffisanz.

„Ja, wie immer."

„Hat er diesmal ein Wort gesagt?"

„Ich … bin mir nicht sicher."

„Also nein."

Nicht nur Nina hatte sich des Öfteren gefragt, warum Hubert eigentlich dabei war in den Kundenterminen. Okay, so wusste er im Anschluss immer gleich, was besprochen worden war und konnte sofort das Follow-up übernehmen. Das aus mehr oder weniger standardisierten Emails und Präsentations-Bausteinen bestand, die meistens Nina zusammenstellte. Aber es war schon gut, dass jemand darüber den Überblick behielt. Naja, ein oder zwei Mal hatte sich Hubert auch schon geirrt. Die Diskussionen gingen aber auch manchmal hin und her in den Workshops, da war es nicht immer so leicht, bis zum Schluss die Schwerpunkte in Erinnerung zu behalten.

„Es ist trotzdem schön, dass wir Hubert haben", nahm Nina ihn in Schutz. „Ein sauberer Vertriebsinnendienst und eine gründliche Vorbereitung, das ist schon der halbe Erfolg, wenn du mich fragst."

„Apropos Vertriebserfolg …", Martin machte eine Pause. „Morgen Mittagessen? Zwölf Uhr? Ich hol dich ab?"

Für einen kurzen Moment zögerte Nina. „Okay", sagte sie dann.

„Siehst du?" Martin wandte sich an Dominik, der die ganze Zeit ruhig zugehört und ab und zu an seiner Limonade genippt hatte. „DAS ist wahre Vertriebskunst. Ein Date mit Nina zu ergattern."

„Hey, congrats, Bro." Übertrieben prostete Dominik Martin zu und lächelte Nina dabei an.

Die musste ebenfalls lächeln. Sie schnappte sich ihre Unterlagen und lief hinüber in den Meetingraum für das Debriefing nach dem Kundentermin.

Natürlich hatte Martin maßlos übertrieben. Es war mitnichten so, dass Nina mittags nicht gern Zeit mit ihren Kolleginnen und Kollegen verbrachte. Außer, die Mittagspausen kamen zeitlich ungünstig daher.

„Geht ihr mal vor. Ich mach noch kurz was fertig", war Ninas Standard-Antwort, wenn jemand aus dem Kollegenkreis fragte, ob sie mitgehen würde zum Essen. In der Regel gefolgt von einem „Seid ihr schon zurück?" eine Dreiviertelstunde später. Wobei man auch sagen musste, dass Einladungen zum Mittagessen eigentlich nicht so häufig kamen mittlerweile. Naja … Vielleicht war sie ab und zu nicht die allergeselligste Begleitung. Es sei denn, man würde Auf-die-Uhr-Gucken im Fünfminutenabstand und heimliches Email-Checken als gesellig bezeichnen.

Aber Mittag mit Martin war eigentlich immer drin. Vielleicht hatte er einfach ein gutes Timing. Und irgendwie vertraute sie ihm. Viele im Unternehmen fürchteten seine scharfe Zunge und die Tatsache, dass er keinen Hehl daraus machte, wenn er jemanden nicht mochte.

Dazu gehörte zum Beispiel das gesamte Vertriebsteam, das er komplett für unehrlich hielt. „Nina, du bist die einzige aus dem Vertrieb, die erstens einen Funken Anstand hat, und die zweitens dem Kunden unsere Lösungen erklären kann", hatte er schon ein paar Mal gesagt, wenn es um die natürlichen Konflikte zwischen Entwicklung und Vertrieb ging. Die meistens daraus resultierten, dass ein Vertriebler einem Kunden Features zugesagt hatte, die die Entwicklung nicht umsetzen konnte. Oder einen Zeitplan versprochen hatte, der selbst mit wochenlangem Durcharbeiten an den Wochenenden kaum einzuhalten war. Sowieso reagierte Martin extrem empfindlich darauf, wenn jemand versuchte, das Entwickler-Team unter Zeitdruck zu setzen. Seine Leute schützte er wie ein Löwen-Papa.

„Der Kunde erwartet aber eine schnellere Umsetzung. Die Konkurrenz schafft das auch. Wir müssen mit dem Markt Schritt halten", hatte Nina Andreas schon oft zu Martin sagen hören, wenn es um die Festlegung des Zeitplans bei der Konfiguration und Einführung der Software bei einem Kunden ging.

„Dann müsst ihr bitte im Vertriebsprozess von vornherein klar machen, wie ein realistischer Zeitplan aussieht. Klar erwartet der Kunde die Dinge, mit denen ihr ihm vorher den Mund wässerig gemacht habt. Aber ich werde nicht die Motivation und die Gesundheit meiner Mitarbeiter riskieren, um Zeitpläne einzuhalten, die so gar nicht notwendig sind. Und ich werde nicht auf notwendiges Testen verzichten, sodass die Qualität, für die mein Team steht, am Schluss nicht eingehalten werden kann."

Für Andreas hatte Martin entsprechend ebenfalls wenig Wertschätzung übrig. „Completely useless", war seine Einschätzung, und Nina hatte es aufgegeben, Andreas in Schutz zu nehmen. Schlimmer war allein Martins Meinung über Hubert.

„Wer?", fragte er jedes Mal, wenn jemand Huberts Namen in den Mund nahm – was, zugegeben, nicht so häufig vorkam. Hubert war für Martin ein Geist. Jemand, der auf der Payroll stand, dessen Wirkung im Unternehmen aber, gelinde gesagt, überschaubar war.

Ein leises Lächeln überflog Ninas Gesicht, als sie sich zum Debriefing an den Tisch setzte, an dem sich Andreas und Hubert gerade ebenfalls einfanden. Sie freute sich auf die Pause mit Martin morgen.

Es war halb zehn, als Nina an diesem Abend an Torbens Wohnung ankam. Ihre eigene kleine Mietwohnung lag in Schwabing, und sie liebte sie über alles. Aber Torbens Wohnung war deutlich größer, sodass meistens sie bei ihm übernachtete, selten er bei ihr.

Sie schloss die Wohnungstür auf. Als Torben ihr vor einigen Monaten einen eigenen Schlüssel zu seiner Wohnung überreicht hatte, hatte ein kleiner Faultier-Anhänger daran gebaumelt. „Weil es so offensichtlich NICHT du bist", hatte er lächelnd gesagt. „Oder aber als Inspiration für dich. Entdecke die Faultier-Nina in dir."

Ob Torben schon zu Hause war oder ob er, wie so oft, auch noch bis spät arbeitete? Als Senior Manager im Private Banking leitete Torben ein achtköpfiges Team in einer Bank, die seit Jahren gerne mal in der Presse auftauchte, und die sich – quasi als Regelzustand - in der Umstrukturierung befand.

Das Licht im Wohnzimmer brannte, und Nina hörte den Fernseher laufen. Torben saß auf der Couch und sah eine Talkshow. Eine Diskussion zum Grundeinkommen, soweit Nina es erkennen konnte, mit Vertretern unterschiedlicher Parteien.

„Gibt's was zu essen?", rief Nina und schnupperte.

„Noch nicht", rief er zurück aus dem Wohnzimmer, „soll ich uns an der Ecke was holen? Chinesisch?"

„Weißt du was?" Nina legte ihre Tasche ab und zog ihre Schuhe aus. „Ich mach uns schnell eine Pasta. Wir haben noch Schinken und Sahne ... und etwas Rucola, glaube ich. Hast du Lust?"

„Hmmmm", machte Torben. Er kam zu ihr ins Bad, in dem sie jetzt ihre Hände wusch, legte von hinten beide Arme um ihre Schultern und gab ihr ein Bussi auf die Wange, „eine sehr gute Idee."

Nina erwiderte seinen Kuss. „Wie war denn dein Wochenstart?", fragte sie dann, während sie in die Küche vorausging.

„Puuuuh", machte Torben, der ihr folgte und sich auf einen der Hocker in der Küche setzte, „anstrengend, sag ich dir."

Den leidenden Tonfall und den Dackelblick, den er dabei aufsetzte, kannte Nina schon gut. Torben hatte viele Challenges in seinem Job: aufmüpfige, verwöhnte Mitarbeiter. Kollegen, die an seinem Stuhl kratzten. Viel Druck aus der Unternehmensleitung. Eine Assistenz, die nicht die hellste Kerze auf dem Leuchter war – dafür sah sie fast schon überirdisch gut aus. Aber die mit Abstand größte Herausforderung war Torbens Chefin Kathrin.

Kathrin, zumindest Torbens Beschreibung nach, war der Inbegriff der fiesen Karrierefrau. Selbst sehr ambitioniert und ehrgeizig, war sie anscheinend unehrlich und jederzeit bereit, fremde Erfolge als ihre eigenen auszugeben. Dazu ließ sie ihre Mitarbeiter immer gerne spüren, dass die ihre Erwartungen nicht im Mindesten erfüllt hatten. Sie liebte überraschende Wie-weit-sind-Sie-eigentlich-mit-Emails, in denen sie Rapport innerhalb der nächsten Stunde zu einem beliebigen, offenbar willkürlich ausgesuchten Projekt verlangte. Die Uhrzeit ihrer eigenen Nachricht interessierte sie dabei wenig. Torbens Verdacht nach ging sie oft selbst zum Spinning, um sich um dreiundzwanzig Uhr daheim nochmal einzuloggen und üble Bitte-schicken-Sie-mir-Ihre-Zusammenfassung-heute-noch-Nachrichten rauszuschicken. Pure Bösartigkeit, dessen war sich Torben sicher.

Es verging kaum ein Tag, an dem Torben nicht eine neue Kathrin-Geschichte parat hatte. Torbens größte Hoffnung war es, dass Kathrin ihren Job kündigen und Platz machen würde auf ihrer Position – am liebsten natürlich für ihn selbst, aber gerne auch für jede andere Person auf dieser Welt, denn es konnte aus seiner Sicht nicht schlimmer kommen. „Selbst Putin wäre eine Verbesserung." Die Entgleisungen aus Kathrins Mund waren zahlreich, Respekt war für sie ein Fremdwort, und gepaart mit der Inkompetenz, die sie laut Torben besaß, war für ihn die größte Frage, wie sie überhaupt auf ihren Posten gekommen war.

„Wenn sie so schlecht ist, wieso kündigt ihr ihr denn nicht?"

„Wahrscheinlich will sie keiner zum Feind haben."

„Ich hätte schon eine Idee, wie ihr sie loswerden könntet, ohne sie zum Feind zu haben", sagte Nina, während sie den Kochtopf aus dem Schrank nahm.

„Im Ernst? Du hast ein Gift, das unauffällig wirkt?"

„Okay, sagen wir, Mord ist nur Option zwei. Meine Option eins ist besser, pass auf."

„Ich bin ganz Ohr."

„Es ist eigentlich ganz einfach. Es braucht nur ein anderes Unternehmen – ein großes, renommiertes oder aber ein cooles Start-Up. Irgendwas mit Sog-Wirkung. Naja, und das war's schon. Dieses andere Unternehmen wirbt dann Kathrin ab. Fertig."

„Äh - was? Und inwieweit ist das ein Plan?"

„Na, ist doch ganz klar. Das ist natürlich ein abgekartetes Spiel. Du hast das vereinbart mit jemandem in dem anderen Unternehmen. Ach ja, und es muss jemand sein, den du kennst und dem du vertraust. Wenn das nämlich rauskommt, macht sich das wahrscheinlich nicht so gut in der Öffentlichkeit."

„Äääääh - und wie bring ich das andere Unternehmen dazu, sie zu nehmen? Da müsst ich ja lügen. Aber so oder so – der andere, wer auch immer es ist, spricht mit mir kein einziges Wort mehr danach."

„Klar spricht er mit dir. Und lügen musst du auch nicht. Du sagst ganz offen, wie sie ist."

„Aber wieso sollte er sie denn dann abwerben?"

„Na, weil er sie in der Probezeit jederzeit wieder loswerden kann. Das ist doch der Plan dabei. Die Kündigung in den ersten Monaten geht rechtlich ohne Schwierigkeiten und sogar ohne Begründung. Und so ist sie bei euch raus, und das ohne Abfindung und ohne Feinde. Schließlich geht sie bei euch ja aus freien Stücken. Und das wird sie bestimmt, wenn das neue Unternehmen nur hinreichend attraktiv ist. Und im neuen Unternehmen wird man ihr in den ersten Tagen mitteilen, dass es nicht funktioniert. Oder sich die Rolle geändert hat. Oder der Investor dazwischenfunkt. Was auch immer."

Jetzt hatte Torben es begriffen. „Das ist ja ähnlich fies, wie man es aus Geschichten aus Amerika kennt. Wo man seinem Ehepartner einen Liebhaber auf den Leib hetzt, der ihn verführen soll. Damit man sich dann scheiden lassen und dabei den Ehevertrag einklagen kann, weil der andere einen schließlich betrogen hat." Er überlegte kurz und streichelte dabei mit einer Hand sein Kinn. „Gefällt mir gut, der Plan. Genau mein Ding."

Doch etwa vier Sekunden später war er wieder da, der leidende Tonfall. „Aber ich kenne keinen, der das machen würde. Und außerdem … Ich glaub, die kündigt nie bei uns. Dafür liebt sie es zu sehr, uns zu schikanieren."

„Na, dann kündige du doch endlich und such dir was Schöneres."

Ein paar Mal hatte Torben mal mehr, mal weniger halbherzig nach Jobangeboten gesucht und sich schließlich auch das eine oder andere Mal beworben. Es war sogar zu ersten Telefonaten gekommen.

Immerhin war Torbens Profil nicht unattraktiv. Er hatte schon von Beginn seiner Karriere an viel Verantwortung übernommen. Er hatte an einer der renommiertesten Unis für Betriebswirtschaft studiert. Und er hatte zwei Semester im Ausland verbracht, einmal in San Diego und einmal in London.

Aber jedes Mal hatte Torben im Prozess einen Rückzieher gemacht. Und jedes Mal aus finanziellen Gründen.

„Ich verdien einfach zu gut, Nina, das ist das Problem. Ich kann nicht auf einer Stelle anfangen, auf der ich zwanzigtausend Euro unter meinem jetzigen Gehalt liege, aufs Jahr gerechnet."

„Wieso nicht?"

„Wie meinst du das, wieso nicht? Man will sich doch verbessern gehaltlich, wenn man den Job wechselt."

„Das kann eine Motivation sein, ja. Aber wenn man den Job wechselt, weil man morgens unglücklich ist, weil man gleich wieder ins Gesicht seiner Vorgesetzten schauen muss, die einem das Leben zur Hölle macht, dann ist doch Geld auch wieder nicht so wichtig, oder? Steht dann nicht viel mehr im Vordergrund, einen Chef zu finden, mit dem man gern zusammenarbeitet? Und wenn man dafür erst einmal zehntausend Euro weniger verdient – so what?"

„Würdest du das etwa machen? Den Job wechseln und im neuen Job weniger verdienen als im alten?", hatte er ungläubig gefragt.

„Klar würde ich das machen. Aber ohne zu zögern. Zumal – es kann ja auch sein, dass schon ein paar Jahre später das alte Einkommen wieder erreicht ist. So eine Perspektive ist doch auch wichtiger als das tatsächliche Gehalt zu jedem einzelnen Zeitpunkt, findest du nicht?"

„Hmmm", Torben rümpfte seine Nase, „also, wenn du erst mal in einer Position bist, in der ich jetzt bin, dann machst du das nicht mehr. Wie sieht denn das aus? Völlig desperate."

„Ist dir wichtig, was die anderen denken? Oder ist dir wichtig, wie du dich fühlst?"

„Beides."

„Hmm, ich verstehe. Also gut, mach es, wie du möchtest. Ich weiß nur, dass ich es nicht so lange aushalten würde in so einer Konstellation. Ich meine, Andreas simuliert jetzt auch nur zum Teil seine Kompetenz, weißt du." Dabei dachte sie an Martin und seine Einschätzung.

„Aber er tut mir jetzt auch nicht wirklich etwas, und eine Perspektive bekomme ich von ihm auch. Und irgendwie ist er … naja, ganz gemütlich. Wie ein Bär irgendwie. Würde ich allerdings feststellen, dass ich morgens ungern zur Arbeit fahr und das über einen längeren Zeitraum, dann würde ich die Reißleine ziehen. Love it, change it or leave it, heißt es. Naja … Vielleicht bin ich aber auch einfach nicht leidensfähig genug."

„Ja." Torben nickte mit Grabesmiene. „Wenn du einmal auf ein bestimmtes Level gestiegen bist, dann macht der Job naturgemäß keinen Spaß mehr. Spaß hat man vielleicht noch auf deinem Level. Aber ich denke mir jeden Morgen, wenn ich aus dem Haus gehe: Auf in den Kampf. Und dafür ist dann das Schmerzensgeld da. Und das muss natürlich hoch genug sein."

„Puuh", machte Nina, „kein Wunder, dass bei euch im Team alle Rückenschmerzen haben, inklusive dir. So, Pasta ist fertig." Sie schaltete die Herdplatten aus und nahm den größeren der beiden Töpfe in die Hände, um das Nudelwasser abzugießen.

„Sieht gut aus", sagte Torben, als Nina die Pasta auf den Tellern anrichtete, „und riecht ganz toll."

„Dann lass es dir schmecken. Vielleicht lenkt dich das ja auch ein bisschen von deinem anstrengenden, anstrengenden, anstrengenden Job ab."

Dieses Ziel erreichte die Pasta leider nicht. Eigentlich legte Torben beim Essen erst richtig los mit seinen Geschichten über Kathrin. Seine Miene wurde dabei immer finsterer und sein Tonfall immer leidender.

Nina seufzte, während sie den Geschichten lauschte. Kathrin war nun einmal Torbens erklärtes Feindbild, und das wollte er mit aller Macht kultivieren. Man musste das wohl einfach respektieren.

3. Kapitel: Retiro

Geduldig wartete Nina, bis Lilly ihren Drink fotografiert und auf Instagram gepostet hatte. Es war Donnerstagabend. Lilly legte ihr Handy weg, und schon war sie wieder in Fahrt.

„Also, ich bin mit Aidan im Stars, ja?"

„Warte. Mit Aidan? Ich dachte, dein neuer Typ heißt Peter."

„Peter? Nein. Du meinst Piet. Mein Kollege aus Den Haag."

„Eben. Piet."

„Mit dem war ich am Montag unterwegs. Aber Piet ist ja nun schon wieder unterwegs nach Holland."

„Okay. Und wer ist dann Aidan?"

„Aidan ist ein Fitnesstrainer. Ich hab ihn am Dienstag im *Fitness Tank* kennen gelernt. Er hatte den Kurs neben mir und kam dann zu mir rüber. Wollte fragen, ob ich neu bin und ob ich Unterstützung brauche und so."

„Unterstützung. Soso."

„Ach, ich fand das schon ganz süß. Nicht alle Trainer sind freundlich zueinander. Da gibt's schon auch Konkurrenz-Denken. Naja. Also, jedenfalls lief's darauf hinaus, dass wir uns verabredet haben für den nächsten Abend."

„Eh klar."

„Als ich also mit Aidan im Stars bin, da seh ich, dass so ein Typ immer wieder zu mir rüber guckt. Ich gucke extra weg, weil er nun wirklich nicht mein Fall ist. Langer Bart und rote Haare. Rot, Nina! Und trägt ein Karohemd. Überhaupt, sein ganzer Look ist eher … ich weiß nicht … eine Mischung aus Nerd und Businesstyp. Er ist mit Freunden da, und ich denke noch, sieht der nicht, dass ich in Begleitung bin? Dann geh ich auf die Toilette, die Treppe runter. Und als ich gerade die Stufen wieder rauf will, da steht er plötzlich da und stellt sich direkt vor mich."

Nina schlürfte laut an ihrem Strohhalm. „Und dann?"

„Dann sagt er ‚Hey, ich hab dich beobachtet heute Abend. Und ich weiß, dass dein Begleiter nicht der Richtige für dich ist.' Ich sage ‚Woher willst du das wissen?' Und er sagt ‚Weil du nicht auf ihn konzentriert bist. Du verschwendest nur deine wertvolle Zeit, wenn du mit jemandem ausgehst, der sowieso nicht der Richtige ist.'"

„Uuuuuh. Was für ein Auftritt. Fast wie im Film."

„Ja. Eigentlich too much, da hast du Recht. Aber trotzdem, irgendwie hatte es was. Du weißt ja, ich mag es ganz gerne, wenn die Kerle etwas selbstbewusster sind. Und Nina, was für eine Stimme! Und was für Augen. Und sportlich ist er auch noch, das hab ich sofort gesehen."

„Na, das ist ja schon eine gute Basis. Und dann?"

„Wir haben noch bisschen geredet, und irgendwie hat er mich

überredet, ihm meine Nummer zu geben. Dann hab ich gesagt, jetzt geh ich aber wieder hoch, sonst werd ich noch als vermisst gemeldet." Lilly lachte ihr fröhliches Lilly-Lachen.

„Und dann?"

„Er hat den ganzen Abend immer wieder rübergeguckt, und irgendwie hatte ich plötzlich das Gefühl, er hat Recht. Ich meine, Aidan ist schon nett. Aber eigentlich haben wir nicht wirklich connected."

„Seit wann stört dich das?"

„Ja, bis zu diesem Zeitpunkt hat es mich auch nicht gestört. Aber auf einmal schon."

„Du hattest das Gefühl, du könntest deine Zeit gerade sinnvoller nutzen?"

„Ja, genau!"

„Und als Aidan mich zum Abschied küssen wollte, da hatte ich noch nicht mal wirklich Lust drauf."

„Oh, kein Kuss für den armen Aidan?"

„Doch, schon. Aber dann hab ich mich ziemlich schnell verabschiedet. Naja, und dann hat sich Steve gemeldet."

„Wer ist denn jetzt Steve?"

„Na, der Typ, der mich angesprochen hat." Lillys Stimme klang ungeduldig.

„Ach so."

„Wir haben die ganze Nacht gechattet. Und jetzt gehen wir aus. Nächste Woche. Er ist Unternehmer. Hat seine eigene Firma gegründet, weil er ähnlich wenig Lust darauf hatte wie ich, sich von anderen herumkommandieren zu lassen."

„Du wirst herumkommandiert von anderen? Oder ist das eigentlich umgekehrt?" Nina blickte Lilly mit Unschuldsaugen an.

„Ich gebe nur das weiter, was ich ganz sicher besser weiß als die anderen."

Mit Genuss schlürfte Lilly an ihrem Amaretto Sour – ihrem dritten an diesem Abend. Ihre Begründung für das Trinken am Donnerstag war übrigens der bevorstehende Freitag, der das Wochenende einläutete.

„Okay, ich bin gespannt, was du erzählst danach." Dann schüttelte Nina den Kopf. „Weißt du eigentlich, dass ich mich immer schwerer tu, bei deinen Männern den Überblick zu behalten? Mal ehrlich, kommst du denn noch mit?"

„Nein. Ist aber nicht so schlimm für mich. Ab und zu bringe ich mal die Namen durcheinander."

„Ich probier's meistens mit Max oder Lukas. Die Wahrscheinlichkeit ist hoch, dass das ein Treffer ist."

„Und selbst, wenn nicht - wir können sie trotzdem Max oder Lukas nennen, also kein Stress. Übrigens, weißt du, meine Fitnesskurse-"

„Oh ja stimmt, wie läufts mit deinen Kursen?"

„Nina, das sprengt gerade alles! Meine Kurse werden immer voller. Nele fleht mich schon fast an, noch mehr Termine einzurichten. Und weißt du, was ich mir überlegt hab?"

„Was?"

„Eigentlich könnte ich doch irgendwann meine eigenen Kurse anbieten. Ich meine, in meinem eigenen Studio. Mit meinem eigenen Programm. Inklusive Coaching. Ich hab doch ein paar Fortbildungen gemacht im letzten Jahr dazu."

„Stimmt, was war das noch gleich? Mental Coaching, richtig?"

„Hast du meine Insta Stories dazu nicht gesehen?"

„Ich-"

„Jaja, schon gut, du und Instagram. Da machst du nur so'n paar Job-Dinge, ich erinnere mich."

„Sorry. Ist irgendwie nicht mein Ding. Mir reicht schon, dass ich's beruflich nutzen muss."

„Schon okay. Jedenfalls ist der Punkt: Es spielt sich einfach so viel im Kopf ab. Manche Kursteilnehmer kommen nach dem Kurs zu mir und wollen Tipps. Wie können sie sich besser motivieren zum Sport, was kann ich empfehlen, um den inneren Schweinehund zu überwinden, wie schaffen sie es, auch morgens im Dunkeln vor der Arbeit noch laufen zu gehen, wie können sie ihre Ernährung optimieren und so weiter und so fort. Ich knall ihnen dann schnell irgendwelche Weisheiten hin, aber eigentlich-"

„Eigentlich?"

„Eigentlich müsstest du dich mit jedem einzelnen von ihnen hinsetzen. Was wollen sie genau erreichen? Was genau ist ihr Ziel, und warum ist das so attraktiv für sie? Womit verbinden sie das in ihrem Kopf, weißt du? Wollen sie sich fitter fühlen, wollen sie schlanker sein, straffer, besser aussehen, sich jünger fühlen? Oder sich auspowern, den Stress im Job vergessen oder andere Themen? Wollen sie sich oder anderen vielleicht was beweisen?

Und dann auch: Wann läuft es quasi von allein, und wann läuft es gar nicht? Womit hat das zu tun, womit korreliert das? Was hindert sie daran, ihr Programm durchzuziehen, wann werden sie schwach, was sagt die Stimme in ihnen dann, und warum geben sie der Stimme nach?"

Nina nickte. „Verstehe. Und das würdest du gerne tun. Sie ganz individuell coachen."

„Ganz genau. Ich meine, die Leute fragen das ja eh bei mir an. Und alles, was mit Fitness und Health zu tun hat, das boomt eh. Das wird auch nicht aufhören, wenn du mich fragst, im Gegenteil. Ich hab in den letzten Tagen mal ein paar von den Kursteilnehmer-Fragen aufgegriffen und zum Anlass genommen, Posts dazu zu machen. Ohne die Namen der Leute natürlich. Die merk ich mir eh nie."

„Und?"

„Das ging richtig durch die Decke. Aber hallo! Das bringt mir zum einen Likes, und die Follower werden auch immer mehr. Und Nina, nenn mich eingebildet-"

„NIEMALS!" Nina hob gespielt übertrieben die Arme zur Abwehr.

„Nenn mich eingebildet, aber ich würde gerne profitieren davon, dass die Kursteilnehmer mich mögen. Ich bekomm ja nicht mehr Geld als die anderen Trainer, bei denen zum Teil nur fünf Leute im Kurs sind oder zehn. Obwohl ich das Image des Studios hebe. Und außerdem muss ich viel lauter schreien, wenn bei mir mehr Leute im Kurs sind."

„Definitiv."

„Na, wie auch immer", Lilly schlürfte lautstark den Rest ihres Amaretto Sours aus und machte Anstalten aufzustehen, „ich hol uns noch ne Runde."

„Hey, warte Lilly, stopp. Nina hielt sie zurück. „Ich muss morgen früh raus, ich hab eine Präsentation vorzubereiten, die ist wirklich wichtig, weil wir-"

„Nina, du hast IMMER eine wichtige Präsentation vorzubereiten", unterbrach Lilly sie. „Oder ein wichtiges Meeting. Oder einen wichtigen Kundentermin. Nina, du bist DIE perfekte Arbeitnehmerin, weißt du das? Wie viele Überstunden machst du? Meinst du nicht, dein Andreas könnte eine zweite Nina einstellen für die Zeit, die du in der Arbeit verbringst?"

„Es macht mir Spaß, was ich tue."

„Schon klar und herzlichen Glückwunsch dazu. Aber kann dir die Arbeit nicht auch in acht Stunden Spaß machen, müssen es zum Spaßmachen vierzehn Stunden jeden Tag sein? Und stell dir mal vor, du könntest Spaß in der Arbeit UND abends privat haben, wenn du nur die acht Stunden machen würdest, die in deinem Arbeitsvertrag stehen. Oder warte – jetzt hab ich mal eine ganz verrückte Idee! Du könntest ein HOBBY haben! Du könntest auch in meine Kurse gehen."

Nina setzte an zur Erwiderung, doch Lilly hob abwehrend die Hände und kam ihr zuvor. „Jaja, ich weiß. Für eine Karriere braucht es Opfer, und Überstunden gehören dazu. Gerade in einer Agentur. Du hast es mir schon tausend Mal versucht zu erklären. Wirklich verstanden hab ich es immer noch nicht."

„Du bist eben einfach anders als ich, Lilly. Und das ist gut so."

„Wenn du damit meinst, dass ich nicht gerne abends im Dunkeln im Büro sitz, während alle anderen schon heim gegangen sind … Ja, dann geb ich dir Recht, da bin ich anders."

„Und wenn nun dein Job bei Gährmann dir Spaß machen würde? Und du einen tollen Chef hättest, der dir eine Perspektive bietet? Und wenn du wüsstest, dass die Beförderung bald ansteht, die du dir verdient hast, eben weil du einen Mega-Job machst?"

„Einen Mega-Job mache ich auch so. Das äußert sich durch die Qualität meiner Arbeit und nicht dadurch, dass ich Tag und Nacht arbeite."

Für einen Moment saßen sich beide mit verschränkten Armen gegenüber und sahen sich an. Dann sagte Lilly versöhnlich:

„Okay, hier ist mein Deal. Noch ein kleiner Drink für mich, du kaust weiter an deinem Strohhalm hier rum, und in einer Viertelstunde brechen wir auf."

„Wieso willst du eigentlich an die Bar gehen zum Drink-Holen? Seit wann das denn?"

„Och", Lilly guckte unschuldig nach oben, „da sitzt so ein Typ vorne, der guckt ab und zu hier rüber. Aber er traut sich anscheinend nicht hier her zu uns. Wahrscheinlich, weil du immer so böse guckst."

„Nee, nee. Das liegt daran, dass du mich dermaßen angegangen bist in der letzten halben Stunde."

„Oh, du arme, kleine, hilfsbedürftige Nina!" Lilly strich Nina ein paar Mal übers Haar.

Nina fasste einen Entschluss. „Weißt du was, Lilly? Hol mir auch noch einen, ja? Eine Margarita. Warte kurz, ich hatte Kiwi, ich hatte Mango … Also nehme ich jetzt meinetwegen noch Erdbeer."

„Wirklich?" Lilly strahlte. „Ich flitze!"

Nina sah Lilly lächelnd nach, wie sie zur Bar lief, sich genau an der Stelle, an der ein in der Tat sehr attraktiver, südländisch aussehender junger Mann auf einem Barhocker saß, nach vorne drängte und sich wie zufällig zu ihm drehte, bevor sie ihre Bestellung aufgab.

Er schien etwas zu ihr zu sagen. Jetzt spielte Lilly mit ihren Haaren. Sie schienen sich zu unterhalten. Der Typ lachte. Jetzt lachte auch Lilly. Sie legte ihm ganz nebenbei eine Hand auf den Arm. Er beugte sich zu ihr hinüber. Jetzt flüsterte auch sie ihm etwas ins Ohr.

Nina seufzte. Also, das konnte ja noch dauern. Sie holte ihr Handy heraus, um ihre Emails zu checken.

Sie blieben noch, bis die Bar um eins zumachte. Miguel, Lillys neuer Bekannter, setzte sich zu ihnen, und er und Lilly verstanden sich hervorragend. Er bot an, Lilly nach Hause zu bringen.

Etwas torkelnd schloss Nina um zwanzig nach eins die Tür zu ihrer kleinen Wohnung auf. *Bin mit Lilly weg, übernachte bei mir. Kuss, Nina*, hatte sie Torben schon vor ein paar Stunden per WhatsApp geschickt.

Irgendwie drehte sich der Flur. Meine Güte, wann hatte sie das denn zuletzt erlebt? Mit achtzehn? „Du brauchst mehr Training", würde Lilly jetzt sagen. Shit, was war denn eigentlich mit der Präsentation morgen? Könnte sie ein Stündchen später aufstehen und dafür umso schneller daran arbeiten? Keine Frage, die letzte Margarita hätte nicht sein müssen, die war definitiv ein Fehler gewesen.

„Mann, Mann, Mann," murmelte Nina, als sie mehrfach versuchte, ihre Jacke an den Garderobenhaken zu hängen und die jedes Mal auf dem Boden landete. Beim letzten Mal ließ sie sie einfach liegen.

Oh, oh. Jetzt spürte sie, wie ihr Magen rumorte und wie die Übelkeit in ihr aufstieg. Das durfte jetzt nicht wahr sein. Also, DAS durfte sie nun wirklich niemandem erzählen. Schon gar nicht Torben. Der würde sie für ein kleines Mädchen halten. Und sie nie wieder mit Lilly weggehen lassen.

„Vielleicht zu Recht", war ihr Gedanke, als sie ein paar Sekunden später zur Toilette eilte und sich übergab. Das erste Mal seit bestimmt zehn Jahren – und, wie sie beschloss, garantiert das letzte Mal.

„Ach, Nina", rief Andreas und sah kurz auf, als sie mit einem „Morgen" an seiner offenen Bürotür vorbeiging. Es war wieder ein Montag.

„Komm mal rein, setz dich kurz."

Nina trat ein. Er suchte etwas in seinen Emails und begann, ihr vorzulesen. Seine Miene war undurchsichtig.

„Sehr geehrter Herr Ochsner, wir bedanken uns noch einmal für den sehr spannenden Workshop letzte Woche. Insbesondere der Part von Frau Bechtle", er betonte ihren Namen und warf ihr einen Blick zu, *„hat uns sehr gefallen. Wir möchten Ihnen gerne mitteilen, dass wir inzwischen über ein konkretes Budget verfügen, das den von Ihnen in den Raum gestellten Zahlen entspricht und gerne noch in dieser Woche mit Ihnen über einen Zeitplan sprechen möchten, in dem wir das Projekt so bald wie möglich umsetzen können. Die Gespräche mit den anderen Anbietern haben wir fürs erste auf Eis gelegt. Bitte kommen Sie gerne auf uns zu wegen der nächsten Schritte."*

Er hielt kurz die Luft an, dann sah er anerkennend zu ihr hinüber. „Good job, Nina! Email von Frau Allweg. Sie wollen mit uns zusammenarbeiten!"

„Wow", strahlte Nina, „das ist ja der Wahnsinn! Freut mich sehr. Die haben uns ja echt zappeln lassen. Und", fügte sie hinzu „den Termin haben wir natürlich zusammen gerockt."

„Hubert setzt uns einen Call mit ihr auf, und dann gucken wir, dass wir loslegen. Ein guter Start in die Woche. Das wird unsere Zahlen nochmal gut nach oben bringen dieses Quartal."

Als sie ein paar Minuten später am Platz saß, schrieb Nina als allererstes Martin via Facetime. *„Schon was vor heute Mittag? Lad dich ein. 12 Uhr?"*

„Ninalinda – was ist denn mit DIR los? GERNE!", kam es innerhalb

von Sekunden von Martin zurück.

Nina lächelte. Der Erfolg musste schließlich gefeiert werden. Außerdem war es gut, die Kollegen aus der Entwicklung auf dem Laufenden zu halten, und so wie sie Andreas kannte, würde der das ganz bestimmt nicht tun. Das Mittagessen würde Nina Gelegenheit geben, die Info auf informelle Weise an Martin zu spielen, ohne dass sie Andreas formell übergehen würde. Fakt war: Je früher Martin und sein Team eingebunden wurden, dass es einen neuen Kunden gab, und sich auf dessen Wünsche einstellen konnten, desto erfolgreicher würde das Projekt auch laufen.

„Ich weiß nicht, wo du die Energie hernimmst. Das letzte Mal, dass ich bis sechs Uhr morgens weg war, ist bestimmt zehn Jahre her."

„Und genau das ist das Problem, Ninalinda. Du brauchst mehr Übung."

„Du könntest dich mit meiner besten Freundin Lilly zusammentun."

„Ja, wann stellst du mir diese Lilly denn jetzt mal vor? Die scheint ja weise und patent zu sein."

„Ach, und ich dachte, du stehst gar nicht auf Frauen."

„Ich will die ja auch nicht anbaggern. Nur die geballte Kompetenz auf unserer Seite nutzen, um dich nachhaltig zu bekehren. Im Ernst, Ninalinda. Genieß die Zeit, in der du noch jung bist. Jung und ungebunden. Wenn du erst mal Familie hast, ist nichts mehr groß mit Weggehen."

Martin blickte auf Nina herab wie ein besorgter großer Bruder.

„Ooooh. Wo ich so eine Partynudel bin? Das wäre ja fast mal ein Grund, eine Familie zu gründen", erwiderte Nina.

„Was soll das denn heißen? Natürlich wirst du eine Familie haben. Einen reichen, schönen Mann und vier hübsche kleine Kinderchen. Die spielen Klavier und Klarinette und nehmen Reitunterricht."

Als sie darauf nicht antwortete, sah er sie ernst an. „Wirklich, Nina? Keine Familie? Du wirst doch wohl nicht immer so ein Workaholic bleiben wie jetzt. Wenn du so weiter machst, wirst du nämlich nicht mal fünfzig, siehst aber mit dreißig schon so aus."

„Vielen Dank, Martin. Das wäre ja dann bald der Fall."

„Was? Und ich hätt dich bei achtzehn bis zwanzig eingestuft." Er zwinkerte ihr zu. „Aber jetzt sag mal wirklich. Wie ist das mit deinem Lover? Ist das wirklich was Ernstes?"

„Ach … Wir werden sehen. Wer weiß das schon?"

Martin schwieg und sah sie erwartungsvoll an.

„Wie?", fragte er dann, als auch Nina nichts mehr sagte, „mehr erzählst du mir nicht? Nina, ich kenne niemanden, der so ein Geheimnis aus seinem Privatleben macht wie du. Nichts erzählst du mir. Also muss ich meine Phantasie spielen lassen. Und die ist wirklich wild."

„Weißt du was? Lass uns mal ganz kurz noch über das neue Projekt sprechen", sagte Nina, Martins gespielt beleidigte Miene ignorierend.

„Hmmmm", machte Martin und zog die Stirn in Falten, „ich könnte schwören, von deinem Chef kam noch keine Info über eine neue Projekt-Zusage."

„Ach, dazu ist er doch noch gar nicht gekommen. Du kannst dir gar nicht vorstellen, wie viel Andreas immer um die Ohren hat."

„Hier bei uns? Ach so, du meinst wahrscheinlich mit", Martin machte eine verschwörerische Pause, „Virginie."

Die Anrufe von Andreas' Frau Virginie, die gerne mal am Empfang landeten, wenn Andreas nicht ranging oder sein Handy umgestellt hatte, hatten bei *Recordance* schon Kultstatus erreicht. Was nicht unbedingt für die Diskretion von Maja sprach, der Empfangskraft. Aber für viel Heiterkeit im Unternehmen sorgte.

Anscheinend rief Virginie Andreas oft mehrmals am Tag an und hielt ihn über jeden erdenklichen Entwicklungsschritt der drei Kinder auf dem Laufenden.

An Fasching hatte das Au-Pair-Mädchen das Gesicht der kleinen Elle mal mit blauer Farbe angemalt. Das hatte wohl einen Schlumpf darstellen sollen. Nur war die Farbe dummerweise nicht mehr weggegangen.

Ein andermal musste Marie, die Älteste, aus dem Ferienlager abgeholt werden. Sie hatte sich mit der Zimmernachbarin eine Flasche Dessertwein geteilt. Damals war sie elf. Und Virginie außer sich am Telefon.

Auch der Mittlere der drei, Antoine, verfügte über ein gutes Maß an Energie. Verzweifelt hatte Virginie an einem Tag versucht, Andreas zu erreichen, weil der Kleine beim Raufen mit einem Freund durch eine

Fensterscheibe gekracht war. Nina hatte Andreas schließlich diskret aus einem Meeting geholt, und der war sofort aufgebrochen ins Krankenhaus. Der Steppke war wohl hart im Nehmen, wie sich herausstellte. Er hatte zwar eine kleine Wunde im Gesicht, die genäht werden musste, sich aber sonst kaum verletzt. Auf die Narbe war er seitdem mächtig stolz.

„Es spricht für dich, dass du ihn jedes Mal in Schutz nimmst, Ninalinda," sagte Martin jetzt. „Meine Meinung kennst du: completely useless."

„Ja", sagte Nina nur, „also, was musst du wissen über das Projekt?"

„Kein Stress. Teil nachher wie immer alle Infos mit uns, die du bisher hast. Ich sag Dominik, er soll sich das anzuschauen, und wenn wir Fragen haben, melden wir uns. Bei dir. Nicht bei Andreas. Der kann mir sowieso nie die Antworten geben, mit denen ich was anfangen kann."

Dann lehnte er sich zurück. „Du, noch was anderes. Ich geh mit paar Freunden in den neuen Club in der Maximilianstraße heut Abend. Eröffnung. Ein paar VIPs dürften auch dort sein. Aus meinem Team kommen auch ein paar Leute mit – Lukas, Marie, … und Dominik natürlich."

„Natürlich."

„Ich hätte dich auch gern dabei. Überleg's dir, Ninalinda. Du kannst direkt nach der Arbeit zusammen mit uns hingehen. Vorher trinken wir hier noch ein Schlückchen. Oder wir treffen uns dort. Ich lass dich auf die Gästeliste setzen."

„Okay, ich werd mal gucken."

„Ich weiß, was das heißt bei dir. Das ist ein Nein."

„Ich überleg's mir, okay?"

„Na gut. Wir sehen uns ja eh später noch. Und ich würd mich wirklich freuen, wenn du mitkämst heute Abend."

Es war spät geworden. Draußen war es dunkel, aber drinnen im Büro war es behaglich wie immer. Nina arbeitete ein paar Dokumente durch, die Paula, die Neue im Team, erstellt hatte. In Abstimmung mit Andreas hatte Nina angeboten, sich um Paulas Einarbeitung zu kümmern.

Auf dem Gang ertönten Schritte. Stöckelschuhe. Steffi erschien in der Tür, lächelnd und strahlend wie immer. Wie machte sie das eigentlich, dass sie selbst um zweiundzwanzig Uhr noch aussah, als wäre sie eben aus einer Netflix-Serie gehüpft?

„Nina", sagte Steffi und strahlte, „du bist das, bei der noch Licht ist. Hätte ich mir denken können."

„Ja", Nina lächelte ebenfalls, „und ich hätte mir denken können, dass du noch im Haus bist. Viel zu tun?"

„Ja. Wie immer im Jahresabschluss."

Steffi war die Leiterin des Finance und Controlling Departments. Sie sah jeden Fehler innerhalb von Sekunden, entdeckte jede Unstimmigkeit in Prozessen und war bekannt dafür, dass sie gerne mal den Finger in die Wunde legte, dort wo andere weggucken.

„Ehrlich gesagt", sagte Steffi, "ich hatte gehofft, dass ich dich hier noch sehe. Ich erreiche Andreas nicht."

„Brauchst du noch was von ihm?"

„Ja. Er hat mir seine Zahlen geschickt." Ihre Finger glitten über ihr iPad. „Das Ding ist nur, ich werd nicht ganz schlau daraus. Da sind noch einige Punkte drin, die sich widersprechen aus meiner Sicht. Ich glaube, ich weiß schon, wo die Fehler liegen könnten, aber ich hätte gerne sein Statement dazu, bevor ich eigenmächtig in seinen Zahlen herumpfusche. Ich möchte aber auch, ehrlich gesagt, nicht warten, bis er morgen erreichbar ist."

„Hmm. Also, wenn du magst, dann zeig mir doch mal die Zahlen. Ich kenne die Accounts ganz gut. Und die Angebote des letzten Jahres hab sowieso fast alle ich geschrieben. Ich müsste also eigentlich einen ganz guten Überblick haben."

„Nina, das wäre mega, wenn du das für mich tun würdest! Wenn ich darf, schick ich dir seine Dateien gleich zu, zusammen mit meinen Anmerkungen, und du guckst einfach kurz drüber? Ach, und sag mal, du hattest wohl nicht zufällig schon mal was mit den Personalkosten von eurer Abteilung zu tun, oder? Andreas hat mir eine Summe geschickt, aber die ist viel zu niedrig. Das können nicht die richtigen Gehälter sein, aber ich weiß nicht, wo der Fehler liegt."

Nina überlegte kurz. „Doch, ich hatte mit den Personalkosten zu tun. Andreas hat mich gebeten, eine Aufstellung der Gehälter zu machen."

„Ach, das heißt, diese Zahlen hier stammen eh von dir?"

„Das müssten meine Zahlen sein, ja. Allerdings …" Nina fasste sich an die Stirn, „wenn sie zu niedrig sind, dann kommt mir da ein Gedanke."

„Ja?" Steffi sah sie hoffnungsvoll an.

„Also, ich hatte Andreas vier Werte zugeschickt und ihm dazu geschrieben, welchen er am besten nehmen soll, je nachdem, was er genau braucht.

Es gibt die vereinbarten Gehälter laut Vertrag, die sind ohne Berücksichtigung des Leistungsbonus, der Ende letzten Jahres gezahlt wurde und auch ohne Arbeitgeberkosten."

„Klar."

„Dann gibt es die gleiche Zahl inklusive Arbeitgeberkosten. Und dann gibt es zwei weitere Werte, die jeweils den ausbezahlten Bonus mit drin haben, einmal mit und einmal ohne Arbeitgeberkosten. Du brauchst wahrscheinlich die Summe mit Bonus und mit Arbeitgeberkosten, richtig? Die kann ich dir zuschicken, nach Kostenstellen sortiert, und zwar genau-", Nina lehnte sich vor und klickte ein paar Mal mit ihrer Maus, „jetzt."

Steffi blickte kurz auf ihr iPad. Dann schnippte sie mit den Fingern. „Weißt du was? Ich glaube, das ist es. Das erklärt das Delta. Andreas hat wahrscheinlich eine der drei anderen Zahlen erwischt. Er hat mir nur kommentarlos eine Zahl geschickt."

„Oh", machte Nina, „das tut mir leid. Ich hätte es vielleicht noch deutlicher in die Email an ihn-"

Steffi schüttelte den Kopf, und Nina schwieg. „Nina, wir beide kennen Andreas. Wenn ich dich jetzt frage, wie hoch die Personalkosten im Marketing- und Vertriebsteam momentan sind jeden Monat, und zwar inklusive Arbeitgeberanteil, was sagst du dann?"

Etwas verwirrt blickte Nina sie an. „Ich sage dir, dass sie ziemlich genau bei-"

„Siehst du", unterbrach Steffi sie. „Das ist es, was ich meine. Du kennst die Summe. Oder kannst sie zumindest überschlagen. Du kennst deine Abteilung. Und dabei ist es noch nicht mal offiziell deine. Ich meine, noch hast du nicht formal den Lead. Aber Andreas", Steffi blickte zur Decke und schüttelte den Kopf. „Wie kann das sein, dass er nicht merkt, welche von vier Zahlen, die du ihm eh aufbereitet und beschrieben hast, die richtige sein muss?"

Nina guckte betreten. „Ich glaube, die Details interessieren ihn manchmal nicht so. Er denkt eben eher in Visionen und Strategien. Und in Kundenbedürfnissen."

Steffi sah Nina an. „Es ist toll, dass du so über ihn sprichst. Ich hab dazu meine eigene, etwas abweichende Ansicht. Aber", Steffi seufzte und zuckte mit den Achseln, „was soll's? Ich reg mich nicht mehr auf."

Sie klopfte auf Ninas Schreibtisch. „Danke für die Email gerade. Und es wäre super, wenn du noch einmal über die gesamten Zahlen drübergucken könntest."

„Na klar."

„Ich danke dir! Du hast was gut bei mir."

Als Steffi verschwunden war, surrte Ninas Handy.

Und? Es war Martin, der ihr schrieb.

Verdammt. Der Abend im neuen Club. Den hatte sie komplett vergessen.

Bin noch im Büro. Dauert länger, als ich dachte. Geht ihr mal ohne mich, schrieb sie zurück. So wirklich Lust hatte sie sowieso nicht gehabt. Nach dem Job für Steffi und dem Check der Angebote wollte sie noch kurz einen Kundentermin für den nächsten Tag vorbereiten. Sich die Aktienkurse des Unternehmens angucken, die Websites der Konkurrenten, die Herausforderungen der Branche. Und ein paar Kennzahlen berechnen. Es war einfach immer gut, vorbereitet zu sein.

Gegen halb zwei schloss sie die Tür zu ihrer eigenen Wohnung auf, stolperte müde ins Bad und lag zehn Minuten später in ihrem Bett.

Wie durch eine neblige Wand sah Nina auf den Schwangerschaftstest in ihrer Hand: SCHWANGER.

Etwa eine halbe Minute verging, ohne dass sich ein weiterer Gedanke in ihrem Kopf formte. Es war, als wäre ihr Gehirn einfach stehengeblieben. Und hätte Mühe, wieder loszulaufen.

Schwanger? Das konnte nicht sein.

Wieder war es Montag. Wieder begann eine Woche. Nur diesmal definitiv anders als erwartet.

Immer noch starrte Nina auf das Ergebnis. Dann wandte sie den Blick ab. Vielleicht würde das Ergebnis sich ändern, wenn sie anschließend wieder hinsah?

SCHWANGER, stand da immer noch auf dem Display.

War der Test vielleicht defekt? Machte es Sinn, einen zweiten Test zu machen?

Wie sollte das überhaupt möglich sein? Sie nahm doch die Pille. Für eine weitere halbe Minute saß sie schweigend da und sah vor sich hin. Sie ließ die letzten Wochen Revue passieren. Wann hatte sie denn die Pille mal nicht genommen? Abrupt stand sie auf, lief zur Kommode, in der sich die Pillen-Packungen befanden, und öffnete die Schublade. Sie warf einen Blick in die aktuelle Packung.

Den letzten Blister hatte sie aufgebraucht, daran gab es keinen Zweifel. Sie hatte ihn weggeschmissen, als sie die letzte Pille herausgenommen hatte. Es wäre ihr aufgefallen, wenn eine Pille übrig geblieben wäre. Zumal die einzelnen Wochentage auf die Deckseite der Rückseite aufgedruckt waren, als zusätzliche Hilfe, um keine zu vergessen. Es konnte also nicht sein. Es war tatsächlich ein Irrtum.

Ninas Puls beruhigte sich wieder.

4. Kapitel: Neuigkeiten

Dann fiel es Nina wie Schuppen von den Augen. Die Übelkeit! Nach dem Barbesuch! Sie hatte sich übergeben. Und das, nachdem sie wenige Stunden vorher die Pille eingenommen hatte. Die nahm sie immer um zweiundzwanzig Uhr dreißig, und so hatte sie es auch an dem Abend getan.

„What the-", murmelte sie, und sie spürte, wie ihr heiß wurde und der Boden unter ihren Füßen wegglitt. Klar! Sie hatte sich übergeben, und damit war die Wirkung der Pille für den Rest des Monats aufgehoben worden. Aber sie hatte mit Torben geschlafen. Bestimmt mehrmals in den Tagen danach. Und - sie überschlug die Tage in ihrem Kopf – klar, das konnte schon ungefähr die Zeit ihres Eisprungs gewesen sein. Eine andere Erklärung gab es nicht. Und eine andere war auch gar nicht nötig. Es musste genau so gewesen sein.

Trotz des Schwindels in ihrem Kopf stand Nina auf und ging in die Küche. Sie nahm sich ein Glas Wasser und ging zum Fenster. Jetzt nochmal von vorne, dachte sie. Schwanger. Die Zellen in ihrem Gehirn tanzten durcheinander, sodass sie zu keinem klaren Gedanken fähig war. Schwanger. Was bedeutete das jetzt?

Sie setzte sich aufs Sofa. Schwanger. Wieder nahm sie das Display zur Hand und starrte ungläubig darauf. SCHWANGER stand da immer noch. Sie legte den Kopf zurück und schloss die Augen. Ihr Kopf drehte sich.

„Was für eine Scheiße", murmelte sie. Für eine Minute starrte sie ins Leere. Und dann noch einmal: „Was für eine Scheiße".

Eigentlich musste sie los in die Arbeit. Sie wollte noch etwas vorbereiten, ganz früh, bevor die anderen eintrudelten, sodass sie in Ruhe arbeiten konnte. Oh Mann. Das hier bremste gerade ihren Plan, und das störte sie gewaltig.

Sie versuchte, ihre Gedanken zu strukturieren. Was würde das denn nun konkret bedeuten? Welche Optionen gab es? Eine Schwangerschaft konnte man abbrechen. Welche Fristen musste man dafür einhalten? Sie musste das sofort recherchieren.

„Wie weit bin ich denn schon?", murmelte sie. „Ich muss wissen, wie weit ich schon …" In ihrem Kopf überschlugen sich die Gedanken. Sie zückte ihr Handy und wählte die Kalenderfunktion. Wann waren sie und Lilly damals im *Retiro* gewesen? Und wann hatte sie seitdem mit Torben geschlafen? Ihr Magen krampfte sich zusammen, als sie daran dachte, was zeitgleich in ihrem Inneren dabei passiert war.

Oh je, Torben. Sollte sie ihm gleich Bescheid geben? War es ihre Pflicht, ihn jetzt gleich zu informieren?

Nein. Sie wollte die Situation zuerst selbst wieder unter Kontrolle bringen. Sie würde das wieder in Ordnung bringen.

Mechanisch begann sie, sich für die Arbeit zurecht zu machen. Sie hatte keine Ahnung, wie lange sie geduscht hatte, aber als sie fertig war, glich das Badezimmer einem Dampfbad. Sie machte die Badezimmertür weit auf und ließ den Wasserdampf hinaus, sodass sie sich zumindest wieder im Spiegel sehen konnte. Eine Weile blickte sie ihr Gegenüber an. Komisch. Eigentlich sah sie aus wie immer.

Die frische Luft auf dem Weg zur Arbeit tat ihr gut. In der U-Bahn versuchte sie, ihre Emails zu checken, aber irgendwie konnte sie keinen klaren Gedanken fassen heute. Da war etwas in ihr, und das sollte da nicht sein.

Okay, dachte sie, konzentrier dich jetzt. Ja, das ist jetzt eine besondere Situation, aber: Viele Frauen landen irgendwann mal in ihrem

Leben in dieser Lage. Das ist jetzt kein Drama. Du musst einfach nur einen klaren Kopf bekommen, und dann einmal Augen zu und durch. Danach geht das Leben genau so weiter, wie es weitergehen soll. Und, dachte sie, vielleicht musste das hier ja auch gar nicht groß die Runde machen. Eigentlich musste das doch keiner groß erfahren, oder?

Was sie nur nicht verstand ... Wie in aller Welt konnte ausgerechnet ihr das passieren? Sie war doch gar nicht der Typ dafür. Sich mit der Pille zu übergeben und dann schwanger zu werden – ungeplant. Schön und gut, wenn das bei anderen Frauen vorkam. Aber bei ihr? Sie war Miss Planung. Ihr passierten keine ungewollten Dinge. Lilly zum Beispiel, die zog schon eher das Chaos an. Aber sie doch nicht.

Thinking about Lilly ... Als hätte die ihren Namen gehört, klingelte Ninas Handy, und Lillys Name erschien im Display. War das jetzt Zufall oder Gedankenübertragung? Wie auch immer. Lilly würde warten müssen. Sorry Lilly, dachte Nina. Sie würde sich heute Abend bei ihr melden.

Als Nina im Büro ankam, war noch niemand da, obwohl es später war als sonst. Wieder klingelte ihr Handy. Wieder war es Lilly. Für ein paar Sekunden starrte Nina auf ihr Display. Oh Mann. Lilly würde ja doch nicht aufgeben. Seufzend nahm Nina ihr Handy und drückte auf Annehmen.

„Nina", rief Lilly, kaum dass Nina ans Telefon gegangen war, „gut, dass ich dich noch vor der Arbeit erwische. Warte, warum gehst du überhaupt ran? Na jedenfalls, mir ist da was eingefallen. Ich hab gedacht, du könntest doch mal bei eurer Geschäftsführung wegen Firmenkursen nachfragen. Könntest du das machen? Ich kann dir den Flyer zuschicken, wenn du magst. Für euch mach ich auch einen Sonderpreis."

Für einen Moment ratterte es in Ninas Hirn.

„Hä?", fragte sie dann.

„Na, meine Fitnesskurse. Ich hab nochmal darüber nachgedacht. Wenn ich das wirklich ausbauen will, dann brauch ich mehr Kunden. Und ich muss mir einen Ruf aufbauen. Also dachte ich, ich könnte doch Firmenkurse geben. Zum einen kann ich bei Firmen bestimmt drei Mal so viel verlangen wie bei Privatpersonen. Und zum anderen akquiriere ich so auch wieder private Kundschaft, wenn einzelne

Mitarbeiter sich entscheiden, bei der kompetenten Lilly gleich ein Personal Training zu buchen. Am allerbesten natürlich der Chef, der bekommt dann nen Chef-Spezialpreis."

Sie lachte ihr fröhliches Lilly-Lachen.

„Ach so."

„Ja, und ich hab schon angefangen, Firmen anzuschreiben, aber die kennen mich ja nicht. Bei euch hab ich eben auch schon angefragt."

„Ach so?"

„Ja, bei einer ... Tanja. Tanja Müller."

„Ach so. Das ist unsere Personalerin."

„Genau. Die hab ich auf LinkedIn gefunden."

„Wann hast du sie denn angerufen?"

„Ich hab ihr am Samstag geschrieben."

„Na, dann wirst du natürlich noch keine Antwort haben. Lass sie doch heute erstmal ihre Nachrichten lesen. Dann wird sie die dringendsten Dinge machen und dann die etwas weniger dringenden. Und wenn du Glück hast, kommt sie danach auch noch zu deinem Thema."

„Witzig. Eben. Das dauert mir alles viel zu lange. Und drum dachte ich, du könntest vielleicht ..."

„Den Personaler-Job übernehmen?"

„Naja, mal nachfragen bei ihr. Oder auch gleich bei eurer Geschäftsführung. Und dabei auch gleich etwas Werbung für mich machen."

Nina überlegte kurz. „Okay", sagte sie dann, „ich mache Werbung für dich. Schick mir deinen Flyer mal zu. Oder deine Email oder was immer du zur Hand hast. Aber eine Frage hab ich noch."

„Nämlich?"

„Wann würdest du das denn eigentlich machen? Sollen die Kurse tagsüber sein? Oder dachtest du an abends, nach deinem Job? Oder bist du flexibel?"

„Hmm, gute Frage. Darüber hab ich noch nicht so richtig nachgedacht. Ich dachte, wenn ich erstmal Kunden hab für die Firmen-Fitness, dann ergibt sich das alles irgendwie."

„Okay, verstehe. Das heißt also, grundsätzlich kannst du tagsüber und auch abends? Ich würde das nur gerne vorab wissen, damit wir bei den Mitarbeitern entsprechend das Interesse abfragen können."

„Ja, du hast Recht. Das sollten wir vorher bestimmen. Also, dann sagen wir mal ... sagen wir, es geht beides. Jeweils nach Vereinbarung."

„Okay. Ich klär das mal ab, ja? Ich muss es allerdings auch mit Personal abstimmen. Ich will Tanja nicht übergehen."

„Danke, Nina. Mega! Und jetzt, wo wir das geklärt haben ..."

„Ja?"

„Sagst du mir endlich, was los ist mit dir?"

Nina zuckte kurz zusammen. Jetzt bloß nichts anmerken lassen. „Was soll los sein? Müde vielleicht."

Lilly schwieg für einen kurzen Moment. Dann sagte sie, diesmal in strengerem Ton: „Ich höre."

Nina verdrehte die Augen. Noch einmal sah sie sich um, ob jemand zuhören könnte. Dann sagte sie: „Na gut. Weil du's bist, Lilly. Aber bitte, bitte, behalt es für dich, okay?"

„Klar." Nina hörte Lilly am anderen Ende laut an ihrem Kaffee schlürfen. Oder was immer Lilly da wieder gemixt hatte.

Sie hielt kurz die Luft an und atmete dann hörbar aus. „Okay. Also, ich hab heute morgen einen Schwangerschaftstest gemacht. Die Sache ist die ... Er ist positiv."

Am anderen Ende blieb es still. Lilly sprachlos?

„Hallo?"

„Aber das ist ja toll! Ich gratulier dir. Äh, Moment. Gratulier ich dir? Ist es eine gute Nachricht? Ich meine, von allen Menschen auf der Welt hätte ich bei dir eigentlich am wenigsten- Aber egal. Was sagt Torben dazu?"

„Er weiß es noch nicht. Aber du verstehst mich schon richtig. Ich will kein Kind. Ich will nicht schwanger sein. Ich vermute, es war unser Cocktailabend letztens. Ich hab dir das danach nicht gesagt, aber als ich heimkam, da war mir wirklich übel. Und ... Es könnte sein, dass ich die Pille ... ähm ... an dem Abend", Ninas Stimme wurde noch leiser, „in die Kloschüssel abgegeben habe."

„Oh", entfuhr es Lilly, „so eine Scheiße!"

„Und das passiert mir. MIR. Wie blöd bin ich denn? Ich hätte das wissen müssen, Lilly, dass die Pille dann nicht mehr sicher ist. Jetzt steh ich da – so eine Kacke!"

„Nina, hey! Ganz ruhig. Hör mal, du bist NICHT die erste Frau, der das passiert." Und nach einer kurzen Pause fügte Lilly hinzu: „Du bist wahrscheinlich die einzige, von der ich nie GEDACHT hätte, dass es ihr passiert."

„Danke. Ich auch nicht."

„Aber guck mal. Kein Grund zum Verzweifeln. Ich dachte auch schon mal, ich wäre schwanger. Da hab ich mich mal schlau gemacht zum Thema Abtreibung. Das ist gut möglich in den ersten Wochen und gar kein großes Ding. Je nachdem, wie weit du bist, gibt es verschiedene Möglichkeiten. Ich war damals bei einer guten Ärztin. Soll ich dir ihre Nummer geben?"

„Danke, aber ich glaube, ich geh erstmal zu meiner Frauenärztin. Die ist hier von *Recordance* nur zwei U-Bahn-Stationen entfernt, da verlier ich nicht viel Zeit."

Wieder sah Nina sich um, ob jemand in der Nähe war. Dann schimpfte sie: „Oh Mann, so sowas Blödes, Lilly! Eigentlich hab ich überhaupt keine Zeit für sowas. Wir haben so viel vorzubereiten gerade im Team. Nächste Woche haben wir drei Angebote auszuplanen, und ich hab zwei Deadlines für Artikel, die rausmüssen, und gerade jetzt ist einfach die Hölle los."

„Aha. Jetzt mach ich mir keine Sorgen mehr. Da ist sie wieder, die alte Nina."

Nina schwieg.

„Glaub mir", fuhr Lilly fort, „das hat jetzt Priorität. Sonst hast du in neun Monaten noch viel weniger Zeit für deinen Job, als du es dir JEMALS vorgestellt hast."

Laut blies Nina die Luft aus. „Hast ja Recht. Und wer sich in so eine Situation bringt, der muss sich jetzt eben kümmern und sie ausbaden."

„So schlimm wird das nicht. Viele Frauen vor dir sind da auch schon mal durchgegangen. Sag mal, wieso hast du den Test überhaupt gemacht?"

„Ich hab meine Tage nicht pünktlich bekommen. Und das passiert fast nie. Ich bin wie das berühmte Schweizer Uhrwerk."

„Verstehe."

„Also, WENN das mal passiert ist, hab ich jedes Mal einen Test gemacht. Einfach nur, um sicher zu gehen. Und nicht das blöde Gefühl zu haben, dass etwas nicht stimmen KÖNNTE. Aber der Test war immer negativ, und genau davon bin ich diesmal auch ausgegangen."

„Verstehe", wiederholte sich Lilly.

„Okay, weißt du was? Danke, Lilly! Das hat mir gut getan, dir davon zu erzählen. Es weiß sonst keiner. Und ich schau, dass ich gleich einen Termin bei meiner Ärztin bekomme."

„Hab verstanden" hörte sie Lilly, „dann halt mich auf jeden Fall auf dem Laufenden. Auch, wie es läuft, wenn du es Torben doch erzählst. Ich drück dir die Daumen!"

Dann sagte sie: „Ich dachte mir sofort, dass etwas nicht stimmt. Du gehst nie ans Telefon, wenn ich dich unter der Woche tagsüber anrufe. Du weißt schon … Handy auf lautlos in der Arbeit und eh im Dauerstress. Was auch immer reinkommt, kann so wichtig nicht sein. Wirkt völlig unprofessionell, wenn man privat telefoniert. Hast du mir schon tausend Mal erklärt."

„Und du hältst dich trotzdem nie dran." Nina lächelte.

„Übrigens, Nina, eine Sache noch, wenn ich dich schon dran hab …"

„Ja?"

„Steve ist", Lilly holte offenbar kurz Luft, „… der absolute, absolute, absolute Wahnsinn!"

„Ihr habt euch nochmal getroffen? Das dritte Mal jetzt schon, oder?"

„Ja, gestern. Und Nina, er ist so … anders als andere Männer. Er weiß einfach, was er will. Er eiert nicht rum. Er spricht auch alles offen an. Er gibt mir auch mal Contra!"

„Oha. Wart ihr unterwegs gestern?"

„Ähm … nein. Wir waren bei mir."

„Verstehe."

„Aber ich will dich nicht nerven, Nina. Ich mach mich jetzt mal auf den Weg … hilft ja nichts."

„Die Woche wird schon rumgehen. Freu dich auf die Abende. Und Lilly, danke!"

„Na klar. Und denk an meine Fitnesskurse, ja? Bis dann, Nina."

Nina hörte Lilly auflegen.

Am Nachmittag schrieb sie Lilly eine WhatsApp: *Hab morgen Mittag nen Termin bei meiner Ärztin. Schlaf heute daheim, weiß sonst eh nicht, was ich Torben sagen soll.*

Eine halbe Minute später klingelte ihr Handy. Natürlich Lilly. Möglichst unauffällig stand Nina auf und ging aus dem Büro, um sich ein abschließbares Kämmerchen zum Reden zu suchen.

„Du gehst ja schon wieder an dein Handy. Das ist eine völlig neue Nina, die ich da heute kennen lerne."

„Es ist ja auch eine völlig neue Situation."

„Ich stör dich nicht lange. Ich hab nur gedacht … weißt du, vielleicht ist es ja eine gute Nachricht. Das mit der Schwangerschaft. Hat es sich nicht auch irgendwie gut angefühlt, das Testergebnis? Hast du dich nicht auch irgendwie gefreut?"

„Bevor oder nachdem mir der Boden unter den Füßen weggerutscht ist?"

„Klar. Das war ja auch erstmal ein Schock. Aber wenn du es weiterdenkst?"

„Oh Mann, Lilly!" Nina fuhr sich mit der Hand durch die Haare. „Da bist du bei mir an der falschen Adresse. Das passt einfach so absolut gar nicht rein in meine Welt."

„Hey, aber Torben, der freut sich doch bestimmt wie ein Schnitzel. Der ist doch auch nicht mehr der Jüngste. So wie du übrigens."

„Danke."

„Ich bin nur ehrlich zu dir. Und, Nina – so viele Frauen wünschen sich ein Baby und werden nie schwanger. Ich möchte ja eigentlich auch mal Kinder, das weißt du. Damals, als ich abgetrieben hätte, da war es nicht der richtige Zeitpunkt. Ich hatte keine Beziehung. Ich war mir, um ehrlich zu sein, sogar nicht mal ganz sicher, wer der Vater gewesen wär. Und ich glaub, ich hatte gerade mal wieder Reisepläne und ganz viel schon gebucht. Aber du… Du BIST in einer Beziehung. Du BIST im richtigen Alter. Du BIST gesettelt. Und hey - ein Baby! Ist das nicht eigentlich wunderschön?"

„Hmmm. Also, von dieser Kategorisierung bin ich gerade sehr, sehr weit entfernt."

„Okay. Aber weißt du was?"

„Was?"

„Du solltest es Torben so bald wie möglich erzählen."

„Hmmm. Ich werd mal gucken, wann ich heute hier rauskomme. Davon werde ich's abhängig machen."

„Na, dann weiß ich ja schon, dass du nicht mit ihm sprechen wirst. Du vergräbst dich hinter deinen tausend To-dos und sitzt morgen früh immer noch am Schreibtisch."

Lillys Prognose war relativ zutreffend. Es tat gut, die effiziente Nina zu sein. Die, die Probleme wegboxte und alles im Griff hatte. Nicht die andere Nina. Die, die so blöd gewesen war, unbeabsichtigt schwanger zu werden.

Und was sollte sie schon machen vor dem Arzttermin? Eigentlich konnte sie sich nur ablenken. Und vielleicht selbst etwas recherchieren. Lilly hatte wohl Recht. Es schien gar nicht so selten zu sein, dass Frauen ungewollt schwanger wurden, und in den ersten Wochen konnte man das Ungeborene auch relativ leicht wieder loswerden.

Irgendwann fielen ihr vor dem Schreibtisch fast die Augen zu. Das Büro war leer. Wie meistens, wenn sie spät abends noch hier saß. Sie packte ihr Laptop und ihr Notizbuch ein und machte sich auf den Weg nach Hause. Die Welt da draußen hatte sie wieder. Der Fisch verließ das Wasser.

Auf dem Weg zur U-Bahn checkte sie ihr Handy. Torben hatte versucht, sie zu erreichen. Nicht, dass es so selten vorkam, dass sie nicht erreichbar war. Aber etwas sollte sie ihm wohl doch noch schreiben.

Sorry, ging lang heute. Fahre zu mir heim, whatsappte sie ihm. Es fühlte sich an wie eine Lüge. Es war keine. Aber hatte sie nicht etwas weggelassen? Etwas gänzlich Unwichtiges und Nebensächliches, wie DASS SIE SCHWANGER WAR VON IHM?

Lillys Worte fielen ihr wieder ein. Schuldbewusst steckte sie ihr Handy weg, bevor eine Antwort von ihm eingehen konnte.

Zu Hause angekommen, aß sie ein paar Nüsse. Sie hatte Hunger, aber sie hatte keinen Appetit. Stattdessen machte sie den Fernseher an und ließ eine Reportage laufen für ein bisschen Ablenkung. Es klappte nicht wirklich.

Als sie etwas später im Bett lag und ihre Augen schloss, überrollte sie plötzlich eine Welle an Gedanken. Sie war schwanger. Sie musste es Torben sagen. Warum war das so schwer? Weil sie sich schämte vor ihm für ihr Missgeschick?

Naja. Was war eigentlich, wenn er das Kind wollte?

Sie wollte ihre eigene Entscheidung dazu treffen. Das Kind hatte an der falschen Tür geklingelt. Sie wollte jetzt kein Kind. Und möglicherweise niemals. Torben würde das respektieren müssen.

Musste er das?

Ja, dachte sie, klar. Weil es nämlich nicht er ist, der alles aufgeben muss dafür. Es sind nie die Männer, die etwas aufgeben. Es sind immer die Frauen.

Sie dachte an ihr Gespräch mit Torben nach dem Wochenende in Hamburg zurück. An Torbens Mutter, die für ihre Kinder den Job an den Nagel gehängt hatte. An Torbens Meinung dazu. Und dann dachte sie an einen Satz zurück, den er gesagt hatte. „Keine Frau wird gezwungen dazu, ein Kind zu bekommen", hatte er gesagt, so oder so ähnlich. „Wenn sie das nicht möchte, wenn sie lieber Karriere machen will oder ihre Freiheit behalten, dann ist das okay heutzutage. Es ist ihre Entscheidung."

„Es ist okay, wenn ich das Kind nicht will", murmelte Nina in die Stille hinein, wie um sich selbst zu bestärken. „Es ist meine Entscheidung. So, wie er es gesagt hat. Niemand zwingt mich dazu. Niemand kann mich dazu zwingen."

Sie blickte auf ihr Handy. Wenn er sie jetzt anrufen würde, würde sie ihm dann von der Schwangerschaft erzählen? Was würde er sagen? Würde er sich freuen? Wollte er eine Familie gründen? Wollte er Kinder? Sie versuchte, sich zu erinnern. Sie hatten nie darüber gesprochen. Das Gespräch über die Rolle von Mann und Frau vor einigen Wochen war überhaupt das erste Mal gewesen, dass sie das Thema überhaupt gestreift hatten.

War das hier wirklich in Ordnung, was sie tat? Es ihm nicht zu erzählen?

Naja, dachte sie. Sie würde es ihm ja noch sagen. Aber erst wollte sie den Arzttermin wahrnehmen. Sie wollte wissen, welche Optionen es gab. Immerhin wollte sie ihm ja auch mögliche Lösungen präsentieren zusammen mit der Info. Sonst würden sie ja noch völlig im Dunkeln tappen. Zumindest glaubte sie nicht, dass Torben Experte beim Thema Abtreibung war.

Ja, das klang plausibel. Genau so war es. Sie würde ihm alle Fakten präsentieren, und dafür war einfach noch der Arzttermin morgen nötig.

Morgen Mittag, da würde sie mehr wissen. Der Gedanke beruhigte sie. Ein letztes Mal blickte sie auf ihr Handy. Torben hatte nicht noch einmal angerufen. „Dann hat es sich halt einfach auch nicht ergeben, heute noch darüber zu reden", dachte sie, „ist eben so."

Mit diesem Gedanken schlief sie ein. Genauso war es. Sie hatten noch nicht sprechen können, aber morgen würden sie es tun. Morgen.

Nina schlief unruhig. Sie träumte von fischartigen Kreaturen, die in einem Wald lebten und gleichzeitig im Wasser. Sie sahen chamäleonartig aus, aber viel hässlicher. Irgendwie waren sie furchteinflößend. Etwas Bedrohliches umgab sie. Und sie wandelten sich, sodass man sie nicht auf den ersten Blick gleich erkennen konnte. Manchmal merkte man erst, wenn eines sich plötzlich bewegte, dass es schon eine Weile dagesessen hatte, ganz nah.

Eines dieser Wesen folgte ihr auf Schritt und Tritt, ein hässliches, krokodilartiges, ungelenkes Monster. Sie versuchte es abzuwimmeln und versteckte sich hinter Bäumen, aber wie aus dem Nichts tauchte es immer wieder auf. Und dann war da eine Lichtung. Eine Hochzeit. War das Torben? Und eine Frau. War das sie selbst? Irgendetwas schien nicht zu stimmen. Die Gesellschaft war ratlos, irgendetwas war passiert. Was war los? Sie wusste es nicht, aber sie spürte die Stimmung, die in der Luft lag: Wut, Trauer, Enttäuschung, Angst. All das lag wie ein donnerndes Dröhnen in der Luft und wurde lauter und lauter.

Nina war schweißgebadet, als ihr Wecker um sechs Uhr klingelte. Es war ungewohnt, dass sie überhaupt den Wecker brauchte. Normalerweise war sie weit vor dem Klingeln schon auf dem Weg in die Arbeit. Wirre Gedanken gingen Nina immer noch durch den Kopf, als sie im Bad ihre Zähne putzte.

An diesem Morgen brauchte sie viel Kaffee. Um zwölf Uhr würde sie sich kurz für den Arzttermin verdrücken. Die Arztpraxis lag ganz in der Nähe ihres Büros, und zum Glück gab es keine Kundentermine mehr ab der Mittagszeit.

Es knarzte bei jedem ihrer Schritte, als Nina die Stufen des Treppenhauses im Ärztehaus hinaufstieg. *Dr. Magdalena Buchner, Geburtshilfe und Gynäkologie* stand auf dem goldenen Schild am Eingang. Die Tür war nur angelehnt, und Nina trat ein. Es roch nach Desinfektionsmitteln und nach irgendetwas Süßerem in der Luft. Sie sah sich um. Zu ihrer Linken gab es ein Wartezimmer, dessen Tür offen stand. Vier Frauen saßen darin, von denen zwei ganz eindeutig schwanger waren.

Jetzt war die Dame hinter dem Empfang so weit und sah fragend auf zu ihr.

„Bechtle", sagte Nina möglichst leise und beugte sich etwas vor, „ich sollte gegen zwölf vorbeikommen."

Die Sprechstundenhilfe blickte in ihren Kalender, glich mit dem Finger ihre Termine ab und nickte dann. „Einmal Ihre Versichertenkarte, bitte."

Dann gab sie ihr einen Becher in die Hand. „Und einmal vollmachen, bitte, und dann den Deckel drauf. Die Toilette ist gleich hier drüben. Danach kommen Sie gleich hier rüber. Wir können Sie schnell dazwischenschieben. Ich geb der Frau Doktor Bescheid."

Dankbar nickte Nina. Keine Wartezeit. Ein schneller Termin. Schwangere im Wartezimmer, das war irgendwie nicht ganz das, was sie gerade brauchte. „Eine andere Welt", dachte sie.

Ein paar Minuten später erzählte Nina der Ärztin kurz und knapp ihre Geschichte. Ein ungeplantes SCHWANGER auf dem Test. Ein schlechter Zeitpunkt. Die Frage, welche Optionen es jetzt gab.

Die Ärztin sah sie prüfend an. „Jetzt machen wir mal eins nach dem anderen", sagte sie dann. „wir untersuchen Sie und Ihre Situation. Und dann wissen wir mehr."

Zwei Minuten später nahm Nina auf dem Untersuchungsstuhl Platz und ließ die Ärztin gewähren. Nach kurzer Zeit kam die Sprechstundenhilfe herein und reichte der Ärztin etwas. Beide murmelten ein paar Worte miteinander. Vielleicht gab es ja auch noch eine Chance, dass das Ganze ein Irrtum war? Immerhin hatte Frau Doktor Buchner das nicht sofort ausgeschlossen. Sehr wahrscheinlich hatte sie viel bessere Geräte und Tests als die billigen Schwangerschaftstests, die es im Drogeriemarkt gab. Der Gedanke beruhigte Nina sofort.

Nach der Untersuchung zog Nina sich an und nahm auf dem Stuhl vor dem Schreibtisch Platz. Sie wartete, bis die Ärztin so weit war und sich ihr zuwandte.

„Also", sagte die jetzt mit ruhiger, fester Stimme, „der Test hat Sie nicht belogen. Sie sind schwanger."

Ninas Herz sank ein Stockwerk tiefer. Sie nickte. Die Ärztin hatte das nüchtern und sachlich von sich gegeben. Es war eine Tatsache.

„Das ist jetzt erst einmal eine Nachricht, die Sie verdauen müssen, das ist mir klar. Es ist so: Einen Abbruch kann ich sowieso nicht durchführen, dafür gibt es spezielle Ärzte. Am Anfang steht aber sowieso ein Termin bei einer Beratungsstelle, damit der Arzt den Eingriff überhaupt durchführen darf. Sonst gilt das in Deutschland als illegal."

Nina hörte ihr zu. Es tat gut, das Gefühl zu bekommen, dass sie ab jetzt Abhilfe schaffen würden. Den Beratungstermin würde sie sofort vereinbaren. Bald würde das Problem wieder behoben sein.

„Frau Bechtle, es geht mich ja nichts an. Aber mein Rat an Sie ist: Nutzen Sie die Zeit, die jetzt eh noch verstreicht durch den Prozess, und gehen Sie nochmal in sich. Es kommen viele Frauen zu mir, die in genau der gleichen Situation sind wie Sie. Und am Anfang ist alles durcheinander und erscheint einem ganz, ganz schlimm. Aber tun Sie mir einen Gefallen, bitte. Sprechen Sie mit Ihrem Partner. Und sprechen Sie über alle Möglichkeiten. Auch über die, das Kind zu bekommen. Sie sollten so eine Entscheidung nicht übereilt treffen. Sonst bereuen Sie das am Ende, möglicherweise Ihr ganzes restliches Leben lang. Und glauben Sie mir, die allermeisten Männer freuen sich doch darüber, Vater zu werden. Manchmal vielleicht nicht sofort. Aber irgendwann dann meistens doch."

Nina nickte stumm. Was die Ärztin sagte, klang alles sehr sinnvoll. Ihre Ruhe und die Erfahrung, die sie ausstrahlte, taten Nina gut.

Zum Abschluss streckte die Ärztin ihr die Hand hin und sah Nina, die den Nina Gruß erwiderte, eindringlich an. „Versprechen Sie mir, dass Sie alle Möglichkeiten durchdenken werden, Frau Bechtle?"

Nina zögerte kurz. „Ja", sagte sie dann, „verspreche ich Ihnen. Danke für alles."

Wie ferngesteuert machte Nina sich auf den Weg zurück zur Firma. Vorbei an den Geschäften der Innenstadt, vorbei an Touristen und Passanten. Dort vorne lag schon die U-Bahn-Station.

Die Untersuchung hatte dem Ganzen etwas Offizielles gegeben. Sie fühlte sich, als sei sie nun Teil einer ganz bestimmten Gruppe von Frauen. Und diese Gruppe, das spürte sie sehr deutlich, war keine, der sie angehören wollte.

Sie dachte an Lillys Worte. Tausende von Frauen wünschten sich ein Baby, aber sie bekamen keins. Und sie war ganz ungeplant schwanger geworden. „Ist das nicht eigentlich wundervoll?", hatte Lilly gefragt.

Also, dass es wundervoll schon mal nicht war, das war klar. Aber war die Situation denn wirklich so schlimm? Nina holte tief Luft. Nein. Nein, das war sie nicht. Sie würde die Situation meistern. So, wie sie bisher noch alles in ihrem Leben gemeistert hatte.

Die Worte ihrer Gynäkologin klangen nach in ihrem Kopf. „Versprechen Sie mir, dass Sie alle Möglichkeiten durchdenken werden, Frau Bechtle?" „Ja", hatte sie gesagt und es auch so gemeint.

Also gut. Sie würde die Optionen durchdenken, ganz strukturiert, so wie sie es immer tat. Und dann würde sie ihre Entscheidung treffen. Auch, wenn sie das Ergebnis der Entscheidung schon kannte. Ein Kind passte aktuell einfach nicht rein in ihr Leben. Und da würde Torben sagen können, was er wollte. Es waren einfach zu viele Opfer.

Einen Entschluss fasste Nina gleich. Sie holte ihr Handy aus der Tasche und wählte Andreas' Nummer.

„Andreas", sagte sie, als er sich meldete, „Nina hier. Du, ich würde mir gerne für heute Nachmittag frei nehmen. Ist das okay? Ich glaub, ich kann alles, was gerade bei mir ansteht, auch morgen machen, es brennt nichts an."

„Du willst was? Freinehmen? Hab ich das richtig gehört?"

„Äh – ja. Geht das nicht?"

„Doch, klar. Es ist nur … Ich erinnere mich gar nicht, dass du überhaupt schon mal einen Nachmittag frei haben wolltest. Alles okay?"

„Ja, danke, alles okay. Ich hab nur ein paar Dinge zu erledigen und würde das gerne jetzt gleich machen, dann ist es weg."

„Okay, Nina, dann bis morgen."

Okay. Jetzt würde sie also den Kopf freihaben für den Rest des Tages von Zahlen, Charts und Telefonaten. Sie würde sich die Zeit jetzt nehmen, um über die Priorität Nummer eins nachzudenken. Sie würde diese Entscheidung noch einmal von allen Seiten durchdenken. Und dann schnell handeln.

Nina überlegte. Dann entschied sie sich dafür, nach Hause zu laufen anstatt mit der U-Bahn zu fahren. Das würde zwar doppelt so lang dauern. Aber ein Spaziergang war mehr das, worauf sie jetzt Lust hatte, als ein dunkler, stickiger U-Bahnhof. Es war zwar erst Mitte Februar, aber dafür ziemlich mild.

Ein paar Minuten später hatte sie das Zentrum von München verlassen und nahm Kurs auf München-Schwabing. Seltsam. Auf einmal nahm sie überall Leute mit Kindern wahr. Waren das schon immer so viele gewesen? Es war ihr nie aufgefallen.

Klar, dachte sie. Normalerweise war sie zu der Tageszeit auch nie unterwegs. Wenn sie spätabends mit der U-Bahn nach Hause fuhr, waren alle Kinder schon daheim und im Bett. Aber da schau her. Da gab es wohl viel mehr kleine Menschen auf der Welt, als sie vermutet hatte.

Hier lief ein kleiner Junge weinend an der Hand seiner Mutter. „Puuh", dachte Nina, „du kleine Heulsuse." Sie war sich nicht sicher, ob die Mutter ihr Augenverdrehen gesehen hatte. Und wenn. Es WAR nervig, wenn Kinder so herumheulten.

„Siehst du, Nina", dachte sie bei sich, „wieder ein Grund mehr, kein Kind zu bekommen. Sie heulen laut. Dauernd."

Halt, wenn sie schon dabei war - was waren die anderen Gründe? Und bevor sie anfing … Sie würde das aufschreiben müssen. Am besten also hinsetzen dafür.

Sie blickte sich um. Da hinten waren ein paar Bänke an einem Spielplatz. Sie suchte sich eine heraus, die in der Sonne lag, und setzte sich. Dann warf sie einen vorsichtigen Blick auf die kleine Meute an Stöpseln, die den Spielplatz besetzt hatte. Die hier schienen ganz lieb zu sein. Naja. Das war ja auch ihr Metier. Ihr Home Turf. Wenn sie hier nicht gut gelaunt waren, wo dann?

Nina zückte ihr Laptop. Dann zögerte sie und steckte es wieder ein. Was sie vorhatte, wollte sie nicht auf dem Firmen-Laptop tun, und das private hatte sie nicht dabei.

Okay, also dann ein Zettel. Sie brauchte einen Zettel. Sie kramte in ihrer Tasche und fand die Rückseite eines ausgedruckten Blattes. Und hier war ein Stift. Sie warf eine lange Linie von oben nach unten auf das Blatt und malte links davon ein Plus und rechts davon ein Minus. Sollte sie noch etwas darüber schreiben? Ja.

Abwägung Kind, kritzelte sie ganz oben über beide Hälften. Dann überlegte sie.

5. Kapitel: Überlegungen

Also, was hatte sie schon identifiziert?

Kinder heulen, schrieb sie auf die rechte Seite der Linie. *Nervig*, schrieb sie daneben. Das war eigentlich klar. Was noch? *Wie viel Zeit für die Arbeit? / Überstunden im gleichen Maß möglich? Hausfrauen-Tätigkeiten / Windeln wickeln. Risiko Geburt. Kostet viel Geld, Dicker Bauch, Figur, Risiko Kind krank. Risiko, dass Kinderbetreuung nicht funktioniert. Als Mama im Job Vorurteilen ausgesetzt?* Die rechte Seite wurde immer länger.

Sie hielt inne. Fairerweise würde sie auf die linke Seite auch etwas schreiben müssen. Je besser sie diese Auflistung jetzt machte, desto fundierter würde ihre Entscheidung ausfallen. Und desto geringer war das Risiko, dass sie sich jemals etwas vorwerfen musste. Ihre Ärztin würde stolz auf sie sein. Und Lilly erst.

Also, was waren die Pluspunkte davon, ein Baby zu bekommen?

Hmmmm ... Sie dachte nach. Dann fiel ihr ein Punkt ein. *Könnte einzige Chance für immer sein*, schrieb sie. War das ein Pluspunkt? Nein, eigentlich war es mehr eine Seitwärts-Überlegung, beschloss sie. Wenn beide Seiten ausgefüllt wären, würde diese Überlegung in die Entscheidung mit reinspielen. Aber es war doch kein Pluspunkt. Man beschloss ja auch nicht, ein Haus zu kaufen, auch wenn es die einzige Gelegenheit für immer sein könnte, wenn man einfach kein Haus kaufen wollte.

Jetzt nur mal ANGENOMMEN, sie würde das Kind bekommen. Was eine ziemliche Wendung in ihrem Leben wäre. Was würde das konkret bedeuten? Sie würde im Job ausfallen und das für mindestens – oh je, sie musste überlegen. Wie lange fiel man denn aus für sowas? Es gab sowas wie Mutterschutz, oder? Wobei man in dem sicher auch arbeiten konnte. Soweit sie wusste, galt das als typisch deutsch, dass die Frauen monatelang nicht arbeiteten, nur weil sie gerade ein Kind geboren hatten.

Während sie in Gedanken war, ließ sie ihren Blick über die Knirpse beim Spielen schweifen. Ein aufgewecktes kleines Mädchen fiel ihr auf, ein Blondschopf mit dicker roter Steppjacke, kurzem Jeansrock und weißer Strumpfhose, die an den Knien schon verdächtig graue Flecken aufwies. Ein kleiner Wirbelwind war sie, probierte dies, probierte das, schaukelte wild, sprang dann herunter und war in Windeseile über die Stufen auf das Klettergerüst gekraxelt. Zack, war sie heruntergerutscht, und wie ein kleiner Pirat kletterte sie flugs an einem Seil wieder hinauf.

Zwei etwa einjährige Jungs standen währenddessen auf dem Boden im Sand und beäugten sich vorsichtig gegenseitig. Der eine hielt die Hand seiner Mama, die neben ihm kniete, der andere stand nur bewegungslos da und starrte den anderen an.

Jetzt löste sich der eine von der Mamahand und stackste auf den anderen zu. Ohne zu zögern, griff er nach dem Sandspieleimer, den der andere Knirps in der Hand hielt.

„Auweia", dachte Nina, „das gibt Zoff."

Doch der andere Junge gab ihm den Eimer. Und wie auf Kommando ließen sich beide in den Sand plumpsen und begannen, mit den Händen Sand in den Eimer zu schaufeln. Verblüffend.

„Wie weit sind Sie denn schon?", fragte eine Stimme neben Nina. Sie blickte auf. Eine Frau im mittdreißiger Alter mit dunklem Kurzhaarschnitt und rot geschminkten Lippen sah sie an. Eindeutig eine Mama. Erkennbar an der großen Tasche, die sie dabei hatte, aus der Spielzeug, Decken und Windeln herausragten.

„Ich bin - äh, wie bitte?"

Die Frau zeigte auf Ninas Bauch. „Oh, Entschuldigung. Ich bin davon ausgegangen, dass Sie schwanger sind."

„Oh." Nina fühlte sich ertappt. So war das aber nicht geplant, dass man ihr ihren Zustand von außen ansehen konnte.

„Weil ich hier sitze, bei den Kindern?"

Oder war sie einfach nur dick geworden?

„Auch", lächelte die Frau, „aber weil Sie Ihre Hände so auf Ihren Bauch gelegt haben. Da dachte ich nur …"

„Oh", machte Nina wieder. Tatsächlich. Ihre beiden Hände lagen auf ihrem Bauch gefaltet.

„Ja", sagte sie dann ausweichend, „aber ich bin noch nicht so weit."

„Genießen Sie die Zeit", sagte die Frau und verdrehte gespielt die Augen. „So entspannt wie jetzt wird es nie wieder." Dann schien sie sich zu besinnen und fügte schnell hinzu: „Aber so schön auch nicht."

Jetzt ertönte Geschrei von der Schaukel. Die Frau sprang auf. „Lennie", rief sie laut und ging hinüber zur Schaukel. Nina sah ihr nach, wie sie klein Lennie, der von der Schaukel gepurzelt war und wie am Spieß schrie, auf den Arm nahm und tröstete. Der Kleine wischte sich sein kleines Rotznäschen mit dem Arm ab und schmiegte sich an seine Mama.

Nina dachte kurz nach, dann zückte sie ihren Stift. *Gebraucht werden*, schrieb sie auf die Plusseite ihrer Liste. *Viel Stress / schnelleres Altern*, schrieb sie gleich im Anschluss auf die Minusseite.

Sie sah auf beide Punkte nochmal herab. Musste sie eigentlich gebraucht werden? Das war der Punkt. Sie hatte ihren Job. Das hatten viele Frauen nicht, oder er machte ihnen keinen Spaß. Sie suchten die Mutterrolle, um sich als Frau zu definieren. Das hatte sie nicht nötig. Jedem das Seine, dachte sie. War es Torben, der das immer sagte?

Nina lehnte sich zurück und ließ ihren Blick schweifen. Es war trotzdem irgendwie schön, hier zu sitzen und die Stimmung am Spielplatz einzusaugen. Die Kinder waren so wunderschön beschäftigt damit zu spielen. Ganz vertieft in die banalsten Dinge. Wie darin, Sand in einen Eimer zu schaufeln, ihn anschließend auszuleeren und dann wieder von vorne zu beginnen. Wie man an den beiden Jungen sah, die das seit bestimmt zehn Minuten taten. Und wie schnell die Kinder Kontakt miteinander schlossen. Eben noch Fremde, und schwupps, beste Spielfreunde. Faszinierend. Wann eigentlich verloren Menschen diese Eigenschaft?

In Gedanken hörte sie Lillys Stimme. „Nicht Menschen haben diese Eigenschaft verloren, DU hast diese Eigenschaft verloren."

Lilly. Die könnte sie eigentlich anrufen. Sie wählte ihre Nummer. Lennies Mama war noch in der Mitte des Spielplatzes beschäftigt. Alle anderen Mütter und der einzige Vater, der zu sehen war, waren ebenfalls außer Hörweite. Und die spielenden Kinder boten sowieso eine gute Geräuschkulisse für ein vertrauliches Telefonat.

„Nina, alles okay bei dir?", hörte sie Lillys besorgte Stimme, kaum dass es einmal geklingelt hatte.

„Ja. Ich dachte, ich verwirre dich vollkommen, indem ich dich jetzt sogar selbst anrufe. TAGSÜBER. ABSICHTLICH." Nina lächelte. Es fühlte sich gut an, zum ersten Mal heute zu lächeln. Als würde ihr Gesicht aus einem langen, starren Winterschlaf erwachen.

„Das bin ich, zutiefst verwirrt", bestätigte Lilly, „aber auch neugierig. Gibt es was Neues?"

„Ich war bei der Ärztin. Sie hat das leider bestätigt mit der Schwangerschaft. Jetzt hab ich mir frei genommen für den Rest des Tages. Die Ärztin hat mir nahegelegt, die Entscheidung noch einmal zu durchdenken, und genau das wollte ich jetzt abhaken."

„Du hast dir was? Wusstest du überhaupt, wo du den Antrag dafür findest?"

„Witzig. Mach dich nur lustig. Du glaubst nicht, wo ich gerade sitze."

„Hmmm … Es könnte ein Zoo sein. Höre ich da Affengeschrei?"

„Fast. Ich sitz an einem Spielplatz. Der kleine an der Kirche, dort bei dem afrikanischen Restaurant."

„Da ist ein Spielplatz?"

„Ist mir früher auch nie aufgefallen."

„Und wenn du an einem Spielplatz sitzt. Heißt das… ich meine… Ziehst du es in Erwägung?"

Wieder musste Nina lächeln. Da war so eine aufgeregte Freude in Lillys Stimme. „Momentchen mal, ja? Also, Fakt ist, ich mache gerade eine Pro- und Contra-Liste zum Thema Kind. Die einzelnen Punkte muss ich dann natürlich noch gewichten. Und dann guck ich ganz objektiv, welche Seite gewinnt."

„Du machst eine – ja, natürlich machst du das. Du bist Nina the Geek Bechtle. Und wie steht's? Welche Seite gewinnt?"

„Hmm, Contra hat – warte kurz, zwei, vier, acht - zehn Einträge. Pro hat nur einen. Aber ich streiche ihn gerade wieder weg. Er ist für mich eigentlich kein Pro."

„Wie bitte? Nina, dann bist du eindeutig biased. Natürlich gibt es Pros."

„Nenn mir welche."

„Meine Güte, ein süßes Wutzelchen daheim. Eine Babymaus, die ihre Ärmchen um dich schlingt und Mama ruft. Ein Würmchen, für das du die tollste Frau auf der ganzen Welt bist und der allerwichtigste Mensch im Leben. Ein süßes Bärchen, das die drolligsten Dinge tut und dich zum Lachen bringt und schon bald die allergrößte Freude in deinem Leben ist."

„Wow. Ich wusste gar nicht, dass du so viele Synonyme für das Wort Baby kennst. Und so viele Superlative."

„Siehst du, du bist biased. Du willst es nicht hören. Du willst nicht anerkennen, dass Kinder – ja, eine Herausforderung sind und sicher nicht jedermanns Sache. Aber doch auch eine Quelle der Freude. Weißt du was? Deine Liste hilft dir gar nichts. Frag dich vorher mal, seit wann und warum du so eine negative Einstellung zum Thema Familie hast."

Nina schwieg.

„Entschuldige", kam es etwas kleinlaut von Lillys Ende der Leitung. „Das hab ich nicht böse gemeint. Ich weiß, dass du da was mit dir rumträgst. Aber Nina, auf die Gefahr hin, dass du mich hasst, wenn ich das ausspreche. Du MUSST in dieser Situation ehrlich zu dir sein. Wenn du jetzt, ohne drüber nachzudenken, abtreibst und in ein paar Jahren darauf kommst, dass es dich unfassbar glücklich gemacht hätte, ein Kind zu bekommen, dass du dir das aber nie eingestehen wolltest … oder konntest … dann ist dir nicht geholfen. Vor allem, weil es sein könnte, dass du nie wieder die Chance auf ein Kind bekommst."

Nina rieb sich den Nacken. Wollte sie das hören, was Lilly da sagte?

„Ja", sagte sie dann. „Du hast ja Recht." Nach einer kurzen Pause fügte sie hinzu: „Du musst dich nicht entschuldigen, Lilly. Ich bin froh, wenn du die Dinge so aussprichst, wie du sie meinst, das weißt du."

„Okay, das freut mich." Dann fuhr Lilly fort, und ihre Stimme klang ungewohnt einfühlsam. „Weißt du, ich bin auch nicht gesegnet mit der perfekten Familie. Du weißt, wie verrückt meine Mutter ist. Wie sie austickt bei jeder Gelegenheit. Sie hysterisch zu nennen, wäre noch harmlos. Und mein Vater, das hab ich dir nie erzählt, der steigt echt jedem Rock hinterher. Sogar meinen Freundinnen hat er früher immer nachgeschielt. Irgendwann hab ich einfach keine mehr nach Hause gebracht, weil ich ehrlich Angst hatte, er lauert mal einer von ihnen auf."

Nina lachte dankbar. Es tat gut zu hören, dass nicht alle anderen Familien perfekt waren.

„Siehst du, wenn du mich fragst, wie vollkommen meine Familie ist auf einer Skala von eins bis zehn, dann rutsche ich sicher nicht über eine drei hinaus. Aber das hindert mich nicht daran, selber Kinder zu wollen. Ich lasse mich nicht durch meine Eltern beeinflussen. Und vielleicht hilft es mir sogar, dass meine Eltern nicht perfekt sind, weil ich jetzt schon Dinge im Kopf hab, auf die ich definitiv achten werde, wenn ich mal Kinder hab."

„Ja, ich verstehe."

„Siehst du, und du könntest auch eine tolle Familie haben. Du könntest eine tolle Mama sein und eine ganz tolle Beziehung zu deinem Kind aufbauen. Auch, wenn dein Vater euch früh verlassen hat, und auch wenn deine Mutter nicht mehr lebt. Oder… Ist das der Grund? Macht dich das traurig, der Gedanke, ein Kind zu haben, weil dabei Erinnerungen hochkommen könnten?"

„Hmmm", machte Nina. Sie wollte jetzt nicht über Lillys Frage nachdenken.

„Okay", sagte Lilly. „Nina, vielleicht ist das ja deine Chance. Deine Chance darauf, eine eigene Familie zu haben, gerade WEIL du keine wirkliche Familie hast. Jetzt gründest du einfach eine."

Langsam nickte Nina. Dann fiel ihr auf, dass Lilly das nicht sehen konnte. „Ein interessanter Gedanke." Sie musste sich räuspern. Ihr Tonfall klang ironischer als beabsichtigt. „Lilly, die Therapeutin."

„Da siehste mal. Und sag mal, weiß der Torben jetzt eigentlich schon Bescheid?"

„Nnnnein."

„Nina, du musst es ihm sagen."

„Ich weiß."

„Wann machst du es?"

„Heute?"

„Heute."

„Ja."

„Okay. Es ist ja auch für dich eine Entlastung. Du trägst die Nachricht mit der Schwangerschaft jetzt schon – wie lange? – na, deutlich über vierundzwanzig Stunden allein mit dir rum. Erzähl's ihm, und ihr könnt gemeinsam beratschlagen. Dann tust du dich auch leichter."

„Lilly?"

„Ja?"

„Du hast Recht". Nina seufzte. Dann fiel ihr ein, wie sie Lilly vom Thema ablenken könnte. „Sag mal, und wie läuft es eigentlich mit-?"

„Steve?" Lillys Stimme überschlug sich fast. „Oh Mann, Nina, ich glaube, ich hab mich verliebt!"

„Wie bitte? Das hab ich ja aus deinem Mund noch nie gehört."

„Ich weiß. Aber wir haben gestern noch ewig telefoniert am Abend. Und er ist einfach nur…"

„Der Wahnsinn?"

„Der Wahnsinn. Es wird einfach nicht langweilig mit ihm. Gestern hat er mich gefragt, ob ich mit ihm das Wochenende nach Barcelona fliegen will. Steve kennt die Stadt ganz gut. Er hat dort immer wieder geschäftlich zu tun. Und wenn wir Glück haben, tanken wir ein bisschen Sonne dort. Er hat auch schon viele Ideen, was wir dort machen können."

„Das klingt wirklich schön, Lilly. Du hast es verdient, dass ein Mann sich auch mal als längerfristig brauchbar für dich entpuppt."

„Ja, stell dir mal vor, seit meinem ersten Date mit ihm hab ich keinen anderen Typen mehr getroffen."

„Wirklich? Lilly, du wirst doch nicht etwa zum Beziehungsmenschen? Oder … hinterfragst du da etwa auch gerade ein paar Dinge, so wie du es mir gerade geraten hast?"

„Ach, jetzt mal ein Schritt nach dem anderen. Aber wer weiß."

„Ich freu mich jedenfalls für dich. Ach ja, bevor ich es vergesse. Ich hab mit unserer HR-Abteilung gesprochen wegen deiner Firmen-Fitnesskurse."

„Oh Nina, das hab ich dir noch gar nicht gesagt. Ich hab das Thema Firmenkurse doch wieder nach hinten geschoben. Ich hab das nochmal durchkalkuliert. Eine andere Trainerin hat mir gesagt, was sie verdient, wenn sie in die Unternehmen geht, und ehrlich gesagt, das lohnt sich für mich nicht. Das einzig Lukrative wäre, die Vorstände der DAX-Konzerne persönlich zu trainieren, und – nimm mir das nicht übel, Nina – da ist eure Firma doch noch weit von entfernt. Ich baue also lieber meine Online-Präsenz aus – tausendfünfhundert Follower sind es ja schon - und mach mir einen Namen, und dann geh ich die VIPs der Unternehmen an."

„Klingt nach einem Plan."

„Sorry, hab ich dir gar nicht gesagt. Danke trotzdem fürs Nachfragen."

„Kein Ding." Nina stand auf. „So, jetzt wird mir langsam kalt. Ich geh jetzt heim und schreib dort an meiner Liste. Klein Lennie ist schon wieder am Weinen. Er wollte die Rutsche raufklettern, aber die kleine Emma wollte gleichzeitig runterrutschen und hat ihn dabei gerammt."

„Kann ich mir mehr als bildlich vorstellen, das Szenario. Ist ja toll, was da so abgeht, während unsereins sich mit banalen Dingen beschäftigt. Obwohl … Wenn ich es mir so überlege, haben wir bei uns in der Arbeit schon auch so einen kleinen weinerlichen Lennie. Und ne kleine Emma, die alle beim Rutschen rammt."

Nina musste lachen. „Ich könnte wetten, dass DU dich mit ihr etwas identifizieren kannst. Mach's erstmal gut, Lilly. Bis dann."

Dann zückte sie Stift und Zettel noch einmal, um ihren allerersten wirklichen Eintrag auf die rechte Seite zu schreiben. *Tells you about life and human psychology*, wollte sie gerade ansetzen. Andererseits … Musste sie dafür eigene Kinder haben? Würde ein Spaziergang einmal die Woche zum Spielplatz nicht auch reichen? Oder ein Nachbarskind? Oder noch besser – ein Buch?

„Nein, tut mir leid", murmelte sie, als sie ihre Sachen zusammengepackt hatte und den Spielplatz verließ, um ihren Weg nach Hause fortzusetzen, „rechte Seite, du bleibst leer."

Natürlich fuhr sie doch noch ins Büro am Abend. Sie wollte eigenhändig die Flipcharts und die Brown Papers für den Workshop am nächsten Tag kontrollieren. Paula war noch neu, und damit sah sie es wieder als ihre eigene Verantwortung an, dass alles perfekt war. Bei der Gelegenheit würde sie auch noch ein paar andere Dinge fertigstellen können.

Bis auf ein paar Nachteulen war niemand mehr im Office. Es war schön, sich abends im Büro in der Stille konzentrieren zu können, ohne dass jemand störte.

Mittendrin im Beantworten von Nachrichten hielt Nina plötzlich inne. Die ganze Situation erschien ihr auf einmal wie eine Farce. Was genau machte sie eigentlich hier?

Sie stand vom Schreibtisch auf. Durch das Fenster sah sie das Nachbarhaus. Ein Wohnhaus mit mehreren Parteien. Etwa in der Hälfte der Fenster brannte Licht.

Nina starrte zu dem Haus hinüber. Es war seltsam. Das hatte sie schon immer in den Bann gezogen. Im Dunkeln zu stehen und Häuser zu betrachten, aus denen Licht durchs Fenster nach draußen schien.

Nach ein paar Minuten hörte sie Schritte auf dem Gang. Sie drehte sich um. Steffi stand in der Tür, wie immer strahlend.

„Aha! Du schon wieder."

„Ja", Nina lächelte, „und du. Wieder eilige Zahlen für die Geschäftsführung?"

„Ja." Steffi setzte sich auf einen der leeren Stühle und sah sie an. „Du weißt ja, für die Geschäftsführung ist es immer dringend. Aber ich bin jetzt durch für heute und wollte eigentlich nur schnell Tschüss sagen."

„Nicht ohne, dein Job, oder? Brauchst du nicht mal mehr Unterstützung?"

„Ach", Steffi strich sich durchs Haar, „eigentlich läuft es gut mit dem vorhandenen Team. Naja, Mark tut, was er kann. Er ist gut, sogar sehr gut. Ab und zu könnte er die Bereichsleiter noch mehr challengen. Aber er nimmt mir viel ab im Controlling. Und Jasmin ist auch super. Die hat viel Potenzial."

Dann seufzte sie. „Aber du weißt, wie es ist, Nina. Nicht alle geben immer die einhundertzwanzig Prozent. Es gibt auch einfach sehr viele Achtzig-Prozent-Leute auf dieser Welt."

„Ja, ich weiß, was du meinst."

„Weißt du was? Wir haben hinten in der Kommode noch eine Flasche Sekt stehen vom letzten Company Meeting. Wenn du magst, hol ich uns die und zwei Gläser?" Steffi stand auf, und ihre Augen blitzten.

„Gute Idee", wollte Nina gerade sagen. Dann griff sie sich an die Stirn.

„Obwohl … Sonst super-gerne. Aber heute schaff ich es nicht mehr. Ich muss gleich los, ich hab noch was zu erledigen."

„Sicher? Aber okay, kein Problem. Aufgeschoben ist nicht aufgehoben, versprochen?"

„Versprochen."

Als Steffi ging, fing Nina mechanisch an, ihre Sachen zu packen. Wobei … um heute noch mit Torben zu sprechen, war es wahrscheinlich eh schon zu spät.

Sie nahm ihr Handy in die Hand und zögerte für eine Sekunde.

Bist du noch wach? Soll ich vorbeikommen?, schrieb sie dann und schickte die Nachricht an Torben.

Klar, ich freu mich. Kuss.

In Ninas Magen tanzten die Schmetterlinge. Jetzt war es besiegelt. Jetzt würde sie mit Torben sprechen müssen. Noch heute Abend.

Warum eigentlich hatte sie den Sekt abgelehnt?, dachte Nina in der U-Bahn. Hatte sie Angst gehabt, sie könnte etwas ausplaudern? Angst, jemand könnte erfahren, in was für ein Schlamassel sie sich da gebracht hatte? Ansonsten nämlich hätte sie sich ja ruhig mal etwas Mut antrinken können ... Und - das Embryo musste sie ja wohl nicht schützen, oder? Oder warum sollte man etwas schützen, das in absehbarer Zeit sowieso... naja, beseitigt werden würde?

Nina schüttelte sich. Eigentlich wollte sie sich das Ding in ihrem Bauch gar nicht vorstellen. Da wollte sie lieber an Steffi denken. Sie war die erste Frau überhaupt in der ansonsten nur aus Männern bestehenden Führungsriege gewesen, als sie vor ein paar Jahren von der Controllerin zum Head of Controlling and Finance befördert worden war. Jeder in der Firma kannte ihre Geschichte. Jeder in der Firma kannte sie.

Was für eine Ehre, dass Steffi mit ihr ein Glas Sekt trinken wollte. Gefühlt war Steffi immer on. Sie war wie eine Maschine. Eine immer charmante, immer lächelnde, immer souverän wirkende Maschine. Irgendwie war sie stolz darauf, dass Steffi ihren Namen kannte und nett zu ihr war. Sie konnte auch anders, auch das wussten alle.

Dann dachte Nina an Lilly. An ihren Worten heute war schon etwas dran gewesen. Besonders objektiv war sie vielleicht wirklich nicht, was das Thema Familie betraf. Wahrscheinlich hatten die Menschen mehr Lust, eine Familie zu gründen, die behütet und voller Harmonie aufgewachsen waren. Aber das war wohl ein No-Brainer.

Die Frage für sie war jetzt eher: Wie sehr würde es Sinn machen, die Vergangenheit aufzuarbeiten, worauf sie mal, gelinde gesagt, so überhaupt keine Lust hatte? Man könnte die Dinge ja auch einfach so akzeptieren, wie sie waren. Familie, das war etwas für andere Frauen. Die Mutterrolle, das war etwas für andere Frauen. Es musste solche und solche geben. So war das eben. Sie war gut in der Arbeit, und das war doch super. Die einen sorgten für den Nachwuchs in der Gesellschaft, die anderen kurbelten die Wirtschaftsleistung an.

Lilly hatte es nur gut gemeint, das war ihr klar. Genau diese Ehrlichkeit schätzte sie ja auch an ihr. Natürlich, wenn sie in einigen Jahren feststellen sollte, dass es sich gelohnt hätte, ein bisschen tiefer zu graben und festzustellen, dass da doch ein Mutterwunsch verborgen lag, tief, tief in ihr drin … dann wäre es vielleicht zu spät. Dann hätte sie gleich noch ein weiteres Thema aufzuarbeiten, aber ohne die Möglichkeit, es gerade zu biegen.

Aber Moment mal, konnte man heutzutage nicht sowieso seine Eizellen einfrieren lassen als Frau? Das machten bestimmt viele, die sich erstmal auf den Beruf fokussieren wollten. Also mal keine Hektik in der Hinsicht. Und sooo alt war sie nun auch wieder nicht.

Die Kinder am Spielplatz kamen ihr wieder in den Sinn. Die beruhigende und gleichzeitig belebte Stimmung. Die Faszination der kleinen Stöpsel, die die Welt entdeckten. Und die mit einem Eimer Sand mit einem Eifer spielten, als wäre es die Antwort auf die Frage, warum wir alle auf der Welt sind.

Könnte sie eine dieser Mamas sein? Könnte sie dort am Spielplatzrand sitzen und Klein-Lenni trösten, wenn er von der Schaukel fiel? Könnte sie Klein-Emma an die Hand nehmen und sagen „Schau, kleine Maus, wenn dort unten ein anderes Kind sitzt, kannst du leider nicht rutschen, auch wenn du das möchtest." Sie fuhr sich mit beiden Händen über das Gesicht. Puuh, das war eigentlich nicht ihre Welt. Das war die Welt von anderen Frauen. Sie stellte sich vor, wie einige von ihnen glücksbeseelt dasaßen, am Rand des Spielplatzes, und sich freuten darüber, dass sich jetzt ihr Traum erfüllt hatte.

Nein, das war nicht ihre Welt. Ihre Welt, das waren Angebote und Meetings, schwierige Kunden, toughe Verhandlungen. Die Optimierung von Websites. Erlösauswertungen. Die Extra-Meile in der Arbeit zu gehen. Ihre Welt, das war die Beförderung, die anstand. Und die sie sich verdient hatte. Auf die sie hingearbeitet hatte. Ihre Welt, das waren Nachtschichten, um die letzte, relevante Information parat zu haben, die den Unterschied machen würde zwischen Kunde und Nicht-Kunde. Um ehrlich zu sein, ja, sie brauchte diese Wertschätzung. Es gefiel ihr zu wissen, dass sie anerkannt wurde. Auf Grund der harten

Arbeit, die sie leistete und auch auf Grund von Skills, die sie offenbar mitbrachte.

Leistung, das war schon immer ihre Möglichkeit gewesen herauszustechen. Und ja, das hatte sie über vieles hinweggetröstet.

Wem machte sie etwas vor? Wenn sie schon dabei war, ja, auch das Gefühl, zur Elite zu gehören bei *Recordance* gefiel ihr. Warum wohl kannte Steffi ihren Namen? Warum wollte sie mit ihr ein Glas Sekt trinken und nicht mit Andreas? Warum schätzte Martin sie so hoch? Weil sie gut war. Weil sie alles gab. Weil sie verlässlich war. Und diesem Ruf gerecht zu werden und ihn weiter auszubauen in den kommenden Jahren, DAS war ihre Welt.

An der nächsten Station stieg sie aus. Sie war nervös vor dem Gespräch mit Torben. Wie würde er reagieren? Würde er ihr Vorwürfe machen? Oder hatte sie mehr Angst davor, dass er sie zu einem Kind drängen könnte? Es war die Nicht-Planbarkeit dieses Gesprächs, die sie so unruhig werden ließ.

Er könnte ihr das Blaue vom Himmel versprechen. Dazu, was er nicht alles übernehmen würde, wenn das Kind da wäre. Und in der Realität würde es dann anders aussehen. Da würde er spät nach Hause kommen. Auf Dienstreisen gehen. Weiter Karriere machen. Und sie selbst? Sie würde mit dem Kind zu Hause sitzen. Und ihr Gehirn würde abbauen in der Zeit, jeden Tag ein bisschen mehr.

Obwohl … naja, steckte heutzutage nicht sowieso jeder sein Kind in die Kita, um bei den Worten von Torbens Vater zu bleiben, kaum dass die Nabelschnur durchtrennt war? Oder … würden Torbens Eltern dagegen etwas einzuwenden haben? Mit einem gemeinsamen Kind wäre sie ein Teil seiner Familie und hätte Diskussionen dieser Art vielleicht andauernd. Oh Mann.

Vielleicht würde sie seiner Familie aber auch beweisen können, dass sie eben doch beides unter einen Hut bekommen konnte, Kind und Karriere. Sie war organisiert, sie war effizient, sie war vorausschauend. Warum sollte es bei ihr nicht besser klappen als bei anderen Frauen? Und sie WOLLTE eine Karriere. Vielleicht war das auch der Unterschied zu vielen anderen Frauen. Vielleicht begaben sich die ja auch sehr bereitwillig in die zweite Reihe, wenn es etwa um eine

Beförderung ging. Oder darum, weiter im Job alles zu geben.

Eins stand jedenfalls fest: Rechnen würde Torben mit der Nachricht der Schwangerschaft nicht. Er wusste, dass sie die Pille nahm. Es war ihm wichtig gewesen, das abzuklären, und mindestens drei Mal, seit sie zusammen waren, hatte er sie gefragt, ob sie auch sicher verhütete.

„Torben", hatte sie einmal gesagt, „wenn bei einer Frau die Pille sicher wirkt, dann bei mir. Ich hab sie noch nie vergessen, nicht in fünfzehn Jahren, die ich sie schon nehme. Manchmal wache ich nachts auf, weil ich plötzlich denke, ich hätte vergessen, sie zu nehmen. Dann laufe ich im Halbschlaf zum Schrank, gucke nach – und sehe, dass ich es NICHT vergessen hab. So wichtig ist es mir."

Er hatte das beruhigt und anerkennend zur Kenntnis genommen. „Meine pflichtbewusste kleine Planerin", hatte er gesagt und ihr ein Bussi auf die Stirn gegeben.

Wie würde sie es ihm nun sagen?

Je näher sie seiner Wohnung kam, desto nervöser wurde sie. Warum fühlte sie sich wie kurz vor einem Zahnarzttermin?

Vor seiner Wohnungstür blieb sie kurz stehen und atmete einmal tief durch. Dann schloss sie auf. Alles war dunkel. Torben war also noch nicht daheim, oder war er noch einmal weggegangen? Sie legte ihre Sachen ab und machte Licht im Wohnzimmer. Dann ging sie ins Bad, um sich die Hände zu waschen. Das warme Wasser tat gut. Sie sah in den Spiegel. Eine blasse, müde Nina blickte ihr entgegen. Nach etwa einer Minute hörte Nina Torbens Schlüssel im Türschloss. Ihr Herz machte einen Salto.

„Hey", rief Torben, während er Schlüssel und Jacke ablegte. Dann kam er näher. „Gut siehst du aus. Steht dir einfach gut, dein blauer Blazer."

Er umarmte sie, und seine Hände streichelten ihren Rücken, während er ihr ein Bussi auf den Kopf gab.

Nina löste sich aus seiner Umarmung. „Danke." Sie sah ihn nur kurz an.

„Alles okay, meine Süße?"

Es machte keinen Sinn, es aufzuschieben. Besser, sie würde es gleich sagen, dann war es raus. Rumzudrucksen, das half eigentlich nie.

„J-ja. Ich bin nur ein bisschen nervös."

„Was ist los? Alles okay? Oder warte - hast du etwa ... deine Beförderung schon bekommen?"

„Nein. Es ist etwas Persönliches. Und es betrifft dich auch. Vielleicht setzt du dich lieber hin."

„Oh?" Zögernd ging Torben hinüber ins Wohnzimmer und setzte sich auf die Couch. Nina folgte ihm. Sie setzte sich neben ihn.

„Was gibt's?" Erwartungsvoll sah er sie an.

„Okay, also, das ist jetzt wahrscheinlich sehr überraschend. Aber ... es ist so, dass ich einen Schwangerschaftstest gemacht habe. Gestern Morgen. Und ... naja ... er war positiv."

Für einige Sekunden starrte Torben sie an. Die Zeit schien still zu stehen im Zimmer. Irgendwo im Hintergrund tickte eine Uhr. Dann begann er, ungläubig und etwas versteinert zu lächeln.

Mit etwas brüchiger Stimme sagte er: „Wie jetzt? Bist du wirklich schwanger? Oder ist das ein Scherz?"

„Hallo? Darüber scherze ich doch nicht. Ich hab's am Anfang selbst nicht geglaubt. Aber ich war heute Mittag bei der Frauenärztin. Naja," fügte sie dann etwas kleinlaut hinzu, „ich schätze, das ist das Ergebnis meiner Übelkeit letztens ... nach dem Barbesuch mit Lilly. Ich glaube, das hatte ich dir nicht erzählt. Und ich schätze, dadurch wurde die Pille unwirksam." Sie lächelte schwach.

Torben lächelte nicht mehr. Irgendwie wirkte er etwas mitgenommen. Mit beiden Händen fuhr er sich durch die Haare. „Puuuh", sagte er dann und stand auf. Er lief in die Küche. Nina hörte, wie er dort den Kühlschrank öffnete und etwas in ein Glas einschenkte.

Sie wollte etwas sagen. Warum konnte sie nicht? Es war, als wäre ihr Sprachzentrum plötzlich lahmgelegt. Jetzt hörte sie ihn trinken.

Dann kam Torben zurück, in der Hand ein Glas Rotwein. Vor Nina blieb er stehen, sah sie an und fragte: „Und, sag mal – du bist von MIR schwanger, ja?"

Nina wusste nicht, ob sie gekränkt oder belustigt sein sollte. „Natürlich von dir. Was denkst du denn? Ich geh doch nicht mit anderen Männern ins Bett."

Und nach einer Pause sagte sie: „Es ist ja so, dass ich selbst nicht gerade scharf darauf bin, ein Kind zu bekommen. Noch gibt es alle Möglichkeiten, weißt du. Es ist ja alles noch am Anfang. Ich wollte dir jedenfalls Bescheid geben, damit du im Bilde bist. Und … Wenn du willst, kannst du es einfach mir überlassen, das Thema aus der Welt zu schaffen."

War das zu entschieden? War es fair? Drängte ihn das zu sehr in eine Richtung? Nein, sie war nur ehrlich.

Torben sah zu ihr hinunter. „Okay." Er nickte. Dann ging er zum Wohnzimmerfenster und sah hinaus, in der Hand noch immer sein Rotweinglas.

Wow. Dass er so versteinert reagieren würde, hatte sie nicht gedacht. Was war los mit ihm? Warum eigentlich die Frage nach den anderen Männern? Das war irgendwie alles surreal. Es war, als würde sie gerade die ganze Szene von einem Punkt ganz oben an der Zimmerdecke aus beobachten.

Jetzt drehte Torben sich zu Nina um. Seine Stimme klang heiser und matt. „Nina", sagte er, „sei mir nicht böse. Ich glaub, ich muss das jetzt erstmal verdauen. Vielleicht kannst du das verstehen. Das ist alles etwas überraschend für mich. Ich glaub, ich brauch einen Moment für mich allein. Ist das okay für dich?"

„Okay", sagte Nina, „klar. Ich fahr besser nach Hause zu mir."

„Nein, bleib ruhig hier. Es ist schon spät. Du musst um die Zeit nicht nach Hause fahren. Ich geh ins Bad, okay? Und dann schlafen. Ich bin müde heute. Und wie gesagt … muss deine Neuigkeit erstmal verdauen."

Kurz zögerte Nina. War es wirklich klug zu bleiben? Torbens ganze Körpersprache forderte sie auf zu gehen. Der virtuelle Zaun, den er um sich herum aufgebaut hatte, war spürbar. Sie sollte lieber aufbrechen.

Aber sie würden darüber sprechen müssen. Warum war die Situation so angespannt? Gab es irgendwo einen Rewind-Knopf, den sie drücken konnte, um die ganze Szene noch einmal abspielen zu lassen?

Sie sprachen nicht mehr an diesem Abend. Torben ging zu Bett, nachdem er nur kurz im Bad gewesen war. An jedem anderen Tag hätte Nina sich darüber lustig gemacht. Es schien ihr nicht angemessen, einen Scherz zu machen in Anbetracht der Stimmung.

Nina wartete etwas ab, dann ging sie ebenfalls schlafen. Schweigend legte sie sich neben ihn. Sie wollte ihn berühren, doch sie hielt respektvollen Abstand. Eine Weile lagen sie nebeneinander. Nina hörte Torben atmen. Er schlief noch nicht, dafür war sein Atem zu flach. Doch er sagte nichts. Was sollte sie tun? Schließlich räusperte sie sich.

„Torben?"

„Hm," hörte sie es nach einer Pause.

„Tut mir leid, wenn ich dich überfallen hab mit der Nachricht. Das wollte ich nicht."

Stille. Sie horchte, doch er schien entweder nicht in der Stimmung sein zu sprechen oder seine Worte mit viel Bedacht zu wählen.

„Nina", sage er schließlich, und seine Stimme klang etwas gequält.

„Hm?"

„Nein", sagte er dann, „ich bin jetzt müde, lass uns wann anders sprechen. Ich weiß, dass du mich nicht überfallen wolltest. Ich glaub dir auch, dass für dich jetzt alles nicht so leicht ist. Ich …", er zögerte kurz, „ich würde mir gerade wünschen, dass ich anders reagieren könnte in der Situation. Wie gesagt, lass uns vielleicht morgen darüber reden, ja?"

Es raschelte, als er sich im Bett zurechtlegte.

Für ein paar Minuten lag Nina regungslos da. Sie konnte fast spüren, dass Torben mit offenen Augen dalag. Es lag eine durchsichtige Mauer zwischen ihnen, und sie fühlte sich nicht in der Lage, sie zu durchbrechen. Schließlich legte auch sie sich im Bett zurecht, drückte ihr Kopfkissen an sich und versuchte zu schlafen.

Es war mitten in der Nacht, als Torben sich im Bett zu ihr drehte. Sie war wohl eingedöst. Jedenfalls wusste sie sofort, worum es ging, als sie seine Stimme hörte.

„Nina", sagte er leise, „sei mir nicht böse. Aber ich denke nicht, dass ich das Kind will."

6. Kapitel: Unwetter

Irgendwie fühlte es sich ernüchternd an, diesen Satz so von ihm zu hören. Trotz der Müdigkeit. Und obwohl das doch eigentlich auch eine Erleichterung war. Oder nicht?

„Okay", sagte sie zögerlich und etwas fragend.

Seine Stimme klang entschuldigend, als er leise sagte: „Wir können ja noch darüber sprechen. Aber – ich wollte dir das schon mal sagen. Ich glaube, ich kann es mir einfach nicht vorstellen."

Am nächsten Morgen machte Torben sich bereits im Bad fertig, als Nina aufwachte. Es war halb sechs. Die Eindrücke des letzten Tages und der Nacht schlugen ihr mit aller Wucht entgegen. Die Schwangerschaft. Der Arzttermin. Die Überlegungen am Spielplatz, das Telefonat mit Lilly. Das Gespräch mit Torben. Seine Aussage von heute Nacht.

Torben sagte nichts, als er schließlich aus dem Bad kam. Nina setzte sich im Bett auf. Er wühlte mit dem Rücken zu ihr in seinem Kleiderschrank und zog sich schweigend an.

„Morgen", sagte Nina.

„Morgen", antwortete er, während er nur kurz den Kopf zu ihr drehte, und räusperte sich. Seine Stimme klang matt.

Er machte weiter, als wäre sie nicht da. Kein Kuss, keine Umarmung, kein Lächeln für sie. Dann ging er in die Küche. Sie hörte Geschirr klappern, das Rumoren der Espressomaschine. Es begann, nach frisch gemahlenem Espresso zu duften. Dann war er wieder draußen. Er ging in die Garderobe und begann, sich Schuhe und Jacke anzuziehen. Als er fertig war, hielt er einen Moment lang inne.

Dann kam er zurück ins Schlafzimmer, stoppte vor ihr und sah sie an. „Sei mir nicht böse", sagte er, „aber ich kann auf keinen Fall ein Kind mit dir bekommen. Und du … ich meine, du hast ja auch schon gesagt, dass du nicht gerade der Mutter-Typ bist." Sein Blick wirkte fast bittend.

„Wahrscheinlich bin ich das nicht, nein."

„Okay." Er gab ihr ein Bussi auf die Stirn. „Wir sehen uns heute Abend, ja? Dann können wir in Ruhe reden. Jetzt muss ich los. Meeting."

Wie durch einen Schleier nahm Nina wahr, wie Torben seinen Mantel nahm, ihn über den Arm legte, nach seinem Schlüssel griff und die Tür hinter sich ins Schloss fallen ließ. Was blieb, war der Duft seines Aftershaves.

Sie ließ sich wieder aufs Bett fallen. Für eine Minute lag sie da, ohne einen klaren Gedanken fassen zu können. Umso mehr konnte sich ein unbestimmtes Gefühl in ihr ausbreiten. Das Gefühl, dass das alles irgendwie gar nicht gut gelaufen war.

Mit einem Ruck setzte Nina sich auf. Ab ins Bad und dann so schnell wie möglich in die Arbeit. Sie brauchte jetzt ein paar Herausforderungen für ihr Gehirn.

(WhatsApp Lilly:) *Wie lief das Gespräch? Wie hat er reagiert?*
Es war kurz vor Mittag.

Nina beschloss, Lilly anzurufen. Ihre Stimme würde ihr guttun. Um die Ecke gab es ein kleines Bäckerei-Café, in dem Nina ab und zu ein belegtes Brötchen kaufte. Sie könnte versuchen, dort noch einen Platz zu ergattern, bevor die Meute an Arbeitnehmern in der Gegend um zwölf Uhr mobil werden und wie eine Heuschrecken-Plage sämtliche Restaurants und Cafés in der Gegend belagern würde.

Sie machte sich auf den Weg, setzte sich an einen der noch freien Tische und bestellte ein Käsebrötchen und einen Apfelsaft. Nach einem prüfenden Blick, ob sich auch wirklich noch keine Kollegen dort tummelten, wählte Nina Lillys Nummer.

„Hey Nina, der fängt sich schon," war Lillys relaxte Reaktion auf die Kurzfassung des Abends und des Morgens, die Nina Lilly gab. Nina hörte über die Leitung, wie Lilly etwas schlürfte.

„Ist das ein Kaffee?"

„Nein. Das ist ein Fitness-Saft. Selbst gepresst. Rote Bete, Karotte, Orange und ein kleiner Schuss Kurkuma."

„Hmm. Klingt lecker."

„Ist er. Aber glaub mir. Der Torben hat jetzt erstmal einen Schock. Ist doch auch klar. Es war für dich ja auch ein Schock. Du hast auch erstmal ne Weile gebraucht, bis du's begriffen hast. Und ähnlich wird es ihm auch gehen."

„Hm", machte Nina. „Ich frag mich halt, wieso er gar so extrem reagiert. Also, weißt du – überrascht, ja. Überrumpelt, ja. Nicht begeistert, alles okay. Aber du hättest ihn sehen sollen. Völlig neben der Spur. Dabei hab ich doch schon gesagt, ich bring's in Ordnung."

„Hmm, etwas komisch, ja. Aber gib ihm Zeit. Und – naja – eigentlich habt ihr ja dann nichts zu befürchten, ihr beiden. Anscheinend seht ihr ein paar Dinge ganz ähnlich. Und damit passt ihr doch dann eigentlich wieder ganz gut zusammen. Stell dir vor, du hättest jetzt so nen motivierten Papa-Typen, der nicht nur dieses Kind will, sondern gleich noch vier weitere."

„Oh Gott!" Ninas Augen weiteten sich. „Stimmt auch wieder. Daran hab ich noch gar nicht gedacht. Ist schon irgendwie lustig. Wir haben wirklich nie darüber geredet, ob wir jeweils Kinder wollen. Was wir aber kürzlich wohl abgehandelt haben, ist die Diskussion darüber, wer mit einem Kind zu Hause bleiben müsste. Und waren uns einig darüber, dass wir uns nicht einig sind."

„Das heißt, du wolltest den Stay-home-Dad, und er wollte die Stay-home-Mum?"

„So ungefähr. Zumindest sieht er die Frauen in der deutlich eingebundeneren Rolle als ich."

Jetzt hörte sie Lilly am anderen Ende schnaufen.

„Also mal ehrlich, kann einer von euch beiden wirklich sagen, wie er sich verhalten würde, wenn ein Baby erstmal da wäre? Vielleicht würdet ihr euch beide darum streiten, wer den Wutz betreuen darf."

„Lilly, nimm mir das nicht übel, aber mit dieser These bist du in der Liste der größten Optimisten dieser Welt gerade unter die Top Five gerutscht."

„Hey, ist alles möglich. Mein Kollege zum Beispiel, der Beat, den hat das total verändert, als er Vater geworden ist. Vorher war er absoluter Workaholic. Und jetzt macht er jeden Tag um fünf Feierabend, macht regelmäßig Home Office, und sogar zwei Monate Elternzeit hat er genommen. Wir haben den nicht wiedererkannt. Total verliebt war der in seinen kleinen Fridolin."

„Interessanter Typ."

„Also, ich für meinen Teil, ich hätte überhaupt nichts dagegen, mit einem Kind daheim zu bleiben. Überleg doch mal – da hast du die Wahl, ob du weiterhin jeden Tag zur Arbeit fährst, dich von Kunden, Chef und Kollegen doof anmachen lässt und von morgens bis abends Stress hast … oder ob du mit deinem niedlichen kleinen Baby in der Sonne spazieren fährst. Ihr singt zusammen, ihr bastelt zusammen, du triffst andere Mamis am Spielplatz und trinkst einen Cappuccino mit ihnen… Also, meine Wahl wär mal ganz klar das Zweite."

„Ja, und während du das machst, rauscht das Berufsleben an dir vorbei. Und mit ihm die Chancen auf Karriere und mehr Verantwortung.

Da hast du investiert in dein Studium, in die Firma, in deinen Job, bist gut in dem, was du tust. Und dann ziehst du dich zurück, um den ganzen Tag nur Windeln zu wickeln."

„Du wickelst nicht den ganzen Tag nur Windeln. Klar gehört das dazu. Aber das Wesentliche ist, dass du Zeit mit deinem Kind verbringst. Du bist dabei, wenn es das erste Mal lächelt, wenn es seine ersten Schritte macht und wenn es das erste Mal Mama sagt und seine Ärmchen um dich schlingt. Und das ist dein Privileg als Stay-home-Mum. Der Daddy, der morgens zur Arbeit geht, spätabends zurückkommt und viel unterwegs ist, der kann das nicht erleben. Der wird niemals auch nur annähernd so eine Bindung aufbauen zu seinem Kind."

„Okay." Nina wog ihren Kopf von einer Seite zur anderen. „Du hast schon Recht. Ich will ja nicht sagen, dass es nicht bestimmt auch schön ist. Für einige. Ich sage nur, es ist einfach nicht meins."

„Okay, okay. Alles andere hätte mich auch überrascht."

Für einen kurzen Moment herrschte Stille. Nina musste schmunzeln.

„Na los, Lilly, schieß schon los. Ich spüre, was du sagen willst. Erzähl mir den neuesten Stand."

„Darf ich? Darf ich? Oh Mann, Nina, ich bin sowas von hin und weg von ihm. Jedes Mal, wenn wir uns treffen, überrascht er mich mit etwas Neuem, das ich noch nicht wusste. Andere Männer hatten immer nur das Gleiche zu erzählen, und spätestens beim dritten Date hat sich eh alles wiederholt. Aber Steve - er ist so viel rumgekommen. Weißt du, dass er mal eine Rucksack-Tour durch Südamerika gemacht hat, genau wie ich? Und genau wie ich war er mal eine Zeit lang in Indonesien. Wir waren an den gleichen Orten. Wir haben die gleichen Sachen gedacht dort. Nur zu unterschiedlichen Zeitpunkten. Und er ist so selbstsicher und steht mit beiden Beinen im Leben. Er weiß, was er will. Er weiß, was er kann."

„Seit wann ist er eigentlich Single?"

„Ich glaube, so etwa ein halbes Jahr. Er war wohl zuletzt mal länger mit einer Frau zusammen. Aber sie wollte keine Kinder, er schon."

„Oh."

„Du siehst, du bist nicht allein auf der Welt."

„Tröstlich."

„Du, apropos …"

„Ja?"

„Wie sieht deine Pro- und Contra-Liste aus inzwischen? Gibt es ein Pünktchen auf der Pro-Seite?"

„Machst du Witze? Jetzt, wo Torben sich so klar gegen das Kind ausgesprochen hat? Welchen Sinn macht da diese Liste noch?"

„Hallo? Vielleicht ist es dein Bauch und nicht seiner?"

„Hallo? Vielleicht sind wir ein Paar und müssen die Entscheidung gemeinsam treffen?"

„Eben. Gemeinsam. Das beinhaltet seine Meinung und deine Meinung. Nicht nur seine."

„Okay, da hast du nen Punkt. Aber ich kann dir schon mal sagen: Auch ohne Torbens Statement hat die Contra-Seite deutlich mehr Inhalt. Allerdings …"

„Allerdings?"

„Naja. Sagen wir mal, du hast gestern ein paar schlaue Dinge gesagt."

„Ich? Da muss der Wind die Worte der kleinen Elsa zu dir herübergetragen haben."

„Emma."

„Emma."

„Nein, im Ernst, du kennst mich schon ganz gut, Lilly. Und du hast schon Recht damit, dass ich beim Thema Kind nicht so offen bin wie andere. Ich meine die Leute, die aus den Heile-Welt-Bilderbuch-Familien kommen."

„Ach, ich glaube eh, diese Familien gibt es nicht. Vieles ist auch Show nach außen."

„Vielleicht. Aber jedenfalls … Wenn ich mit meinen Überlegungen zu Ende bin und wenn die Entscheidung getroffen ist, dann weiß ich, dass ich mich damit auch wirklich auseinandergesetzt habe. Und dass ich berücksichtigt hab, dass ich… ja, dass ich wohl etwas biased bin. Und ich danke dir dafür, dass du den Punkt aufgebracht hast. Es ist schon wichtig, nichts auszublenden."

„Du wirst das schon richtig machen, Nina. Du wirst die Frage mit gründlichster Gründlichkeit bis in die tiefsten Gründe durchdenken und dann mit strukturiertester Strukturiertheit mega-strukturiert abwägen. Wie immer. Und dann wirst du mit konsequentester Konsequenz ultra-konsequent handeln. Ich mach mir gar keine Sorgen um dich."

„Das werde ich. Und ein Gutes hat die Sache."

„Nämlich?"

„Das wird mir eine Lehre sein. Wie ein dummer Teenager hab ich mich verhalten. Hab's einfach nicht gecheckt, dass meine Pille unwirksam war. Ich bin so blöd. Ich hätte reagieren können, verstehst du? Hätte die Pille danach besorgen können, oder wir hätten anders verhüten können. Und vor allen Dingen hätte ich mal nicht so viel trinken sollen."

„I-ich hoffe, du gibst nicht mir die Schuld, Nina. Es tut mir leid. Hätte ich gewusst-"

„Ach Quatsch, Lilly. Mach dir doch keinen Kopf. Ich bin erwachsen. Zumindest dachte ich das bis vorgestern. Ich ärgere mich über mich, nicht über dich. Aber das hilft jetzt nichts mehr, ich muss nur nächstes Mal einfach klüger sein."

„Hmmmmmmmmm…"

„Was heißt hmmmmmmmmmm?"

„Ach nichts. Außer …"

„Lilly?"

„Außer, dass das Universum manchmal seinen eigenen Weg geht."

„Ha, das könnte dir so passen. Mir jetzt das Universum in den Kopf zu setzen, damit ich mich umentscheide. Nur, damit DU Patentante wirst."

„Einen Versuch wars wert."

„So", Nina streckte sich und sah auf ihre Uhr. Und auf das Käsebrötchen, das noch halb-angebissen auf ihrem Teller lag. Sie wickelte es in eine Serviette und steckte es in ihre Tasche.

„Ich muss los, Lilly, die ersten Kollegen stehen schon in der Tür. Aber ich danke dir."

„Wir hören uns."

Nina legte auf.

Ein flaues Gefühl im Magen blieb trotzdem, trotz Telefonat mit Lilly und trotz der Arbeit, die sie ablenkte.

Gegen sechzehn Uhr summte ihr Handy. WhatsApp von Torben.

Es war fast neun, als Nina vorsichtig die Tür zu Torbens Wohnung aufschloss. Das eigenartige Gefühl in ihrer Magengegend, das sie den ganzen Tag schon gehabt hatte, wurde stärker. Was, wenn das Gespräch nicht gut laufen würde? Leise zog sie Schuhe und Jacke aus. Aus der geschlossenen Wohnzimmertür drang Licht, und gedämpft war Torbens Stimme zu hören.

Er schien zu telefonieren. Während Nina ihre Sachen ablegte, drangen ein paar Gesprächsfetzen zu ihr durch. „Nein, Mama, das glaube ich nun wirklich nicht. Nein, Mama, das ist nun wirklich nicht ihre Art. Ja, das mag schon sein, aber sie doch nicht. Und selbst, wenn – es wird ja nicht klappen."

Jetzt sah er auf, als Nina die Tür leise öffnete und ihren Kopf ins Zimmer steckte. „Mama, lass uns wann anders darüber reden." Er schien sie im Satz zu unterbrechen. „Ich muss jetzt aufhören. Ja, Nina ist gerade heimgekommen. Also, dann. Ja. Ja, Mama. Ja, Grüße an Papa", und er legte auf.

„Hast du-?", fragte er langsam und sah sie mit eigenartigem Blick an, irgendwie prüfend.

„Hab ich-? Ach so, nein, ich hab nicht zugehört." Was sollte die Frage? Sie hatte nicht aktiv zugehört. Sie hatte aber auch nicht gewusst, dass es relevant werden würde, ob sie zuhörte oder nicht. Es schien für ihn einen Unterschied zu machen, zumindest seinem Blick nach.

„Ist das wichtig?"

Er wich ihrem Blick aus und ging an ihr vorbei in sein Arbeitszimmer. Nina blieb zurück. Was hatte sie verpasst? Was war los mit ihm? Wieder spürte sie das mulmige Gefühl in der Magengrube. Sie ging ins Bad, wusch sich die Hände und fing mechanisch an, das Waschbecken mit dem Lappen zu putzen, der am Haken neben der Badezimmertür hing. Was war das für eine Stimmung, die in der Luft lag?

Als sie schließlich aus dem Badezimmer trat, kam Torben ihr aus dem Arbeitszimmer entgegen. Er blieb vor ihr stehen und sah auf den Boden. Sein Gesicht wirkte seltsam hager.

„Nina", sagte er und räusperte sich, „wir müssen reden."

Das Herz rutschte ihr in die Hose in Anbetracht der Kälte in seiner

Stimme. Sie sah ihn an und nickte wortlos. Er ging voraus ins Wohnzimmer. Sie folgte ihm und nahm Platz auf der Couch. Er blieb zunächst stehen. Dann schien er es sich anders zu überlegen und setzte sich auf den Sessel ihr gegenüber.

„Okay", er räusperte sich erneut. „Also, ich weiß nicht genau, wie ich anfangen soll. Aber ich hab heute viel nachgedacht." Er machte eine Pause und atmete tief durch. „Du sagtest gestern, du wolltest mich nicht überfallen. Die Wahrheit ist aber: Das alleine ist es nicht."

Nina sah ihn an und blinzelte mehrmals.

„Ich meine: Ja, die Nachricht war eine Überraschung. Das hat mich überrumpelt. Aber das ist nicht alles. Ich hab viel reflektiert seitdem. Und mir ist klar geworden: Ich bin noch nicht soweit."

„Okay."

Er fuhr fort. „Ich bin jetzt nicht in der Lage, ein Kind mit dir zu bekommen. Das fühlt sich nicht richtig an. Ich weiß nicht, wie du die Sache siehst. Es gibt ja mehrere Möglichkeiten. Du bist noch jung und musst nicht unbedingt jetzt ein Kind bekommen. Du hast noch viele Jahre Zeit dafür. Heutzutage kann man auch mit über vierzig noch locker ein Baby kriegen."

Nina atmete tief durch. Dann sagte sie mit fester Stimme: „Du meinst, du willst, dass ich das Kind abtreibe. Aber das ist doch okay. Ich hab dir gesagt, ich will auch nicht unbedingt Kinder. Passt also für mich absolut."

Torben schien erleichtert, dass sie es aussprach. „Ja", sagte er, „das ist ja eigentlich nichts Besonderes mehr. Viele Frauen machen das."

Nina musste kurz ihren Kopf schütteln. Das ganze Gespräch. Es war wie ein seltsamer Traum. Wie eine Parallelwelt. Würde bald endlich alles wieder zur Normalität zurückkehren?

„Okay", sagte sie schließlich, „ich kann die Abtreibung durchziehen. Dann sind wir uns einig, okay? Aber nur, um sicher zu gehen: Meinst du, du willst noch einmal über alles nachdenken? Ich meine, brauchst du noch Bedenkzeit?"

„Nein, ich brauche nicht mehr Zeit. Ich hab mir intensiv Gedanken gemacht. Vielleicht mehr, als du glaubst. Und ich weiß, was ich will und was nicht. Und ich will kein Kind mit dir."

Sie erstarrte kurz. Das waren klare Worte.

Etwas erschrocken über seinen Tonfall sah Torben zu Boden und ergänzte, jetzt in ruhigerem Ton: „Das klingt vielleicht hart, und es tut mir leid. Aber weißt du, wir kennen uns ja noch nicht so lange. Wie lange sind wir zusammen? Kein Jahr. Und wenn ich jetzt vor dieser Situation stehe, dann wird mir klar, dass ich nicht glaube, dass das funktionieren würde. Ein Kind ist einfach zu…", er suchte nach einem passenden Wort, „zu bindend."

Nina spürte, wie ihre Gesichtszüge entgleisten. Seine Stimme echote in ihrem Kopf.

Er schien noch etwas sagen zu wollen. Nina schwieg. Sie wartete. Und wusste gleichzeitig schon, was er sagen wollte. Wann würde er es aussprechen?

Dann fuhr er fort, mit leiser Stimme. Sein Blick war zu Boden gerichtet.

„Also… ich hab versucht, es mir vorzustellen. Und ich denke… Diese Nachricht hat mir etwas klargemacht. Weißt du, es war eine schöne Zeit mit dir. Ich meine… wir verstehen uns gut, wir haben ähnliche Interessen … ich mag deinen Humor. Aber – naja… Es war für mich nie DIESE Art von Beziehung."

Er sah kurz zu ihr hinüber, wie um sich zu vergewissern, ob sie verstand.

Nina schwieg. Dieses Gespräch konnte gerade nicht so stattfinden, wie es stattfand. Oder doch?

Er sprach weiter. „Du bist für mich nicht die Frau, die ich mal heiraten will. Und mit der ich eine Familie gründen will."

Langsam sickerte der Inhalt seiner Worte von ihrem Kopf hinab in ihre Magengrube, wie eine bittere Flüssigkeit, die auf ihrem Weg ein ätzendes Rinnsal hinterlässt.

Leise und ruhig sagte Nina: „Okay. Ich verstehe. Es ist also nicht so, dass du grundsätzlich keine Familie willst. Du willst nur keine Familie mit MIR. Seit wann denkst du so?"

„Es ist nicht so, dass ich das schon länger so sehe. Das heißt – ich glaub, es war mir nicht bewusst. Wie ich gesagt hab, ich fand es immer schön, mit dir zusammen zu sein. Es war immer lustig, und wir haben viel unternommen, und ich mochte die Gespräche mit dir. Du bist keine von den Frauen, die nur über Make-Up reden, weißt du. Ich mochte auch immer, dass du ein bisschen anders bist."

Nina hob fragend die Augenbrauen.

„Naja, du weißt schon. Das Thema, das wir neulich hatten. Du bist eben nicht die klassische Hausfrau, sondern du arbeitest gern und willst was erreichen und so. Irgendwie hat mir das immer imponiert."

„Aha."

„Ich hab da nie drüber nachgedacht, ob wir langfristig zusammenpassen. Ich hab es einfach genossen, ich fand es schön mit dir. Aber jetzt, wo die Situation sich so gewandelt hat…"

„Jetzt, wo ich schwanger bin?"

„Jetzt, wo du schwanger bist, ja. Da denkt man eben drüber nach, was man will. Ob man die Dinge so will, wie sie kommen. Und da ist es mir bewusst geworden."

„Ganz plötzlich, ja?"

„Na gut. Vielleicht nicht ganz plötzlich. Ich geb zu, ich hab ein paar Mal schon dran gedacht, ob das so die Bindung fürs Leben ist bei uns."

Nina stieß ein ungläubiges Schnaufen aus. Das wurde ja immer besser. Was passierte da gerade?

„Hey, ich hab nie gesagt, ich will dich mal heiraten oder Kinder mit dir. Das stand nie im Raum. Das musst du mir zugestehen."

Alles, was Nina sich gerade wünschte, war aus diesem Alptraum aufzuwachen. Wie dumm war sie nur gewesen. Wie unglaublich dumm.

„Und jetzt?", fragte sie. „Jetzt gehen wir getrennte Wege, ja? Das wars also. Deine Freundin ist schwanger, und tschüssikowski." Es klang vorwurfsvoller, als sie es gemeint hatte. Prompt schien er sich angegriffen zu fühlen.

„Also, das ist ein anderer Punkt. Weißt du, DU nimmst die Pille, und DU hast sie vergessen. ICH hab mich darauf verlassen, dass du verhütest. Das war unser Deal, wir haben darüber gesprochen am Anfang. Weißt du noch?" Er blickte zu Boden. „Oder war das dein Plan?" murmelte er.

Wie erstarrt sah Nina ihn an. „Mein PLAN?" Erst langsam dämmerte ihr, wovon er sprach. „Wie bitte? Du meinst, ich hätte GEPLANT, schwanger zu werden, heimlich?" Entgeistert sah sie ihn an.

Die Situation schien ihm jetzt etwas mulmig zu werden. „Naja", sagte er schließlich doch nach einer Pause. „Immerhin gibt es Frauen, die das machen. Und du musst zugeben: Du bist die Planung selbst, wenn es um andere Dinge geht. Du überlässt doch nichts dem Zufall - normalerweise. Du bist so stolz darauf, dass DIR keine Missgeschicke passieren, weil DU ja so überlegt bist und alles perfekt organisierst. Und dann wirst ausgerechnet DU urplötzlich schwanger? Schon komisch, oder?" Er sagte das sowohl anklagend als auch entschuldigend.

Nina wurde fast schwarz vor Augen. „Du glaubst, dass ich der Typ Frau bin, der einem Mann ein Kind anhängt? Sag mal, hast du sie eigentlich noch alle?"

Er sah nun wirklich etwas beschämt aus. Ihre Entrüstung war echt, das musste auch er spüren.

„Okay, vielleicht hast du es ja nicht absichtlich geplant. Vielleicht war es aber unbewusst. Ich meine, sag doch selbst, das wäre schon möglich. Wir wissen beide, dass du aus eher einfachen Verhältnissen kommst. Und du warst bei meinen Eltern daheim, du hast gesehen, wie sie wohnen und wo ich aufgewachsen bin. Es ist wohl klar, dass meine Familie etwas mehr Geld hat."

Und wie, um die Glaubwürdigkeit seiner Worte zu untermauern, fügte er hinzu: „Meine Mutter hält das für sehr wahrscheinlich."

Nina traute ihren Ohren nicht. Ja, ganz offenbar war das ein Alptraum. Der Mann, von dem sie noch vor drei Tagen gedacht hatte, dass er ihr Partner war, dass sie sich liebten, dass sie zusammenbleiben würden, dass sie seinen Rückhalt hatte, so wie er ihren hatte … Dieser Mann unterstellte ihr jetzt – ja, was? Dass sie eine berechnende Frau war, die ihren Partner mit einem Kind überfiel, bewusst oder unbewusst, um Zugang zum Geld seiner Familie zu erlangen? Das konnte nicht wahr sein, das musste sie träumen. Für einen kurzen Moment war sie sprachlos.

Dann brach es aus ihr heraus: „Torben, weißt du eigentlich, wie kackegal mir dein Geld oder das Geld deiner Eltern ist? Weißt du, wie arrogant du mir vorkommst? Und weißt du, wie schade es ist, dass du in so einer Situation nicht anders reagieren kannst? Ja, ich hab einen Fehler gemacht mit der Pille. Aber die Schwangerschaft ist ein Ergebnis von unser beider Handeln, nicht nur von meinem. Wie leicht, sich jetzt aus der Affäre zu ziehen und dann auch noch mit solchen

Vorwürfen zu kommen. Aber vielen Dank dafür, dass du mir dadurch deinen Charakter zeigst."

Sie stand auf und lief in den Flur. Hastig begann sie, ihre wichtigsten Sachen zusammenzupacken.

„Hey", legte Torben währenddessen los, während er selbst aufstand, und seine Stimme klang wieder sachlich und kalt. „Wenn du meinst, du müsstest mich jetzt beleidigen, dann mach das. Aber es ist ja wohl das Normalste auf der Welt, dass man als Mann einer Frau auch sagen kann, dass sie nicht die Traumfrau ist. Und ich weiß nicht, was du hast. Du musst das Kind ja nicht bekommen. Besser, ich sag dir jetzt, dass ich es nicht will und dass es vorbei ist, als in ein paar Monaten."

Wie durch Watte hörte Nina weiter Torbens Stimme, nun wieder etwas versöhnlicher. „Es tut mir leid, Nina, dass jetzt alles so gekommen ist. Ich glaube, ohne deine Schwangerschaft wäre mir das nicht gerade jetzt so bewusst geworden. Aber ich hab uns nie für immer zusammen gesehen, weißt du. Wir haben nie darüber gesprochen. Es ist sogar so … Weißt du, du hast eigentlich immer nur über deine Arbeit geredet und so, und ich glaube, ich war froh, dass man mit dir eine Beziehung haben kann, die so gar nicht darauf ausgelegt ist, dass man mal eine Familie gründet. Du warst so gar nicht der Typ Frau, der gleich ein Commitment eingefordert hat, so wie das viele Frauen tun."

In Nina stieg ein Mix aus Bitterkeit und Heiterkeit auf. Was sollte das heißen? Dass sie durch ihre Karriere-Ambitionen Männer anzog, die keine Verbindlichkeit wollten?

„Also, versteh mich nicht falsch. Du hast halt selbst auch nie angesprochen, dass du mit mir eine Familie willst. Wenn du das getan hättest, dann wäre der Moment wahrscheinlich früher gekommen, in dem ich gemerkt hätte, dass ich das nicht will. So hatte ich kein schlechtes Gewissen, weil ich dachte, du fühlst dich selbst auch ganz wohl, so ohne dieses ganze Werden-wir-mal-heiraten-Gedöns."

Als sie immer noch nichts sagte, sondern nur weiter Dinge in ihre längst volle Tasche packte, wiederholte er mit matter Stimme: „Wie gesagt. Es tut mir leid, Nina. Ich wünsch dir alles Gute, entweder mit dem Kind oder ohne. Und auch, dass du für dich die richtige Entscheidung triffst."

Nina erwiderte nichts. Jedes einzelne Wort von ihm und seine eiskalte, nüchterne Stimme taten ihr weh wie ein Nadelstich. Sie packte ihre Jacke, streifte in Windeseile ihre Schuhe über, hatte schon ihre Tasche in der Hand und verließ, so schnell es ging, seine Wohnung.

Es fühlte sich an, als würde hinter ihr alles wie ein Kartenhaus zusammenfallen.

Als sie in der U-Bahn saß, begannen ihr die Tränen über die Wangen zu laufen. Torbens Worte hämmerten in ihrem Kopf.

Er wollte sie nicht. Er hatte Schluss gemacht. Sie war schwanger. Sie war ihm nie so wichtig gewesen wie er ihr. Es ging um sie. Nicht darum, ob er ein Baby wollte oder nicht. Es ging um sie. SIE wollte er nicht. Sie war schwanger. Es war Schluss zwischen Torben und ihr. Sie war schwanger.

(WhatsApp Lilly:) *Nina? Hey, alles ok bei dir drüben? Hier ist es traumhaft. Wir genießen die Zeit in Barcelona. Mega-Hotel!*

(WhatsApp Lilly:) *Hey Süße, melde dich doch kurz. Ist alles ok? Ich schick dir nen dicken Schmatzer.*

(Unbeantworteter Sprachanruf von Lilly)

(Unbeantworteter Telefonanruf von Lilly)

Schließlich gab Nina sich einen Ruck.

(WhatsApp Nina:) *Hi Lilly, alles gut. Ich freu mich, dass es euch gut geht. Genießt es! Hasta muy pronto*

(WhatsApp Lilly:) *Wirklich alles gut? Habt ihr nochmal gesprochen, Torben und du?*

(WhatsApp Nina:) *Ja, soweit alles okay. Wir sprechen mal in Ruhe, wenn du wieder in München bist. Aber jetzt erst einmal: Viel SPASS! Und ganz viel AMORE!* Nina schickte Lilly ein paar Herzchen.

Dann legte sie ihr Handy weg und widmete sich wieder dem ausgedruckten Stapel Papier, der neben ihr auf dem Schreibtisch lag. Ein großer Automotive-Konzern hatte *Recordance* aufgefordert, ein Angebot abzugeben, und diese Chance mussten sie unbedingt nutzen. Zumal es da noch ein paar Konkurrenten gab, die sich bestimmt gerade ebenfalls alle zehn Finger leckten nach dem Projekt.

Die Unterlagen mussten bis Montagabend eingereicht werden. Es war Freitag. Naja. Freitag, achtzehn Uhr.

Andreas hatte Nina die Ausschreibung vor zwei Stunden auf den

Tisch gelegt mit einem „Nina, kriegst du das hin?" Sie hatte die Seiten kurz überflogen und dann genickt. „Ich denke, ja." Das würde eine echte Fleißarbeit werden, und noch dazu kurzfristig. Andreas musste es später bekommen haben als die anderen, denn das Datum der Unterlage war der Montag vor zwei Wochen. Aber sie würde es hinbekommen, so wie sie es immer hinbekam. Mit den anderen Angeboten, die nächste Woche raus mussten, war sie sowieso schon ziemlich weit.

Insgeheim dankte sie dem Himmel für diese Ausschreibung. Genau das brauchte sie jetzt. Einfach zu funktionieren. Es gab jetzt keinen Raum für die Trennung, keinen Raum für die Schwangerschaft. Sie hatte Wichtigeres zu tun, nämlich einen Kunden zu gewinnen. Das Angebot würde die Projekt-Verantwortlichen auf Seiten des Kunden umhauen.

Es war lieb von Lilly, dass sie sich so oft bei Nina meldete. Irgendwie hatte sie noch keine Muße gefunden zurückzurufen. Lilly war doch auch im siebten Himmel jetzt und sollte ihre Reise genießen.

Steffi steckte ihren Kopf zur Tür rein. „Hey, konntest du was anfangen mit meinen Zahlen?"

Nina drehte ihren Kopf zur Tür und zeigte Steffi einen Daumen nach oben. „Ja, die waren mega. Danke. Du hast alles super erläutert. Das werde ich gut einbauen können."

„Andreas schon im Wochenende?"

„Ja, er hatte wohl was vor."

„Soso. Weißt du was? Let's call it a week. Ich verschwinde ins Wochenende. Mein Mann und ich gehen snowboarden. Ich brauch das nach der Woche."

„Ich wünsch dir ganz viel Spaß."

„Danke. Mach nicht mehr zu lange, ja?"

Als Steffi ums Eck verschwunden war, fuhr Nina sich mit beiden Händen über das Gesicht. Eigentlich war es ziemlich trostlos, abends alleine hier zu sitzen. Auf eine gewisse Art fühlte sie sich wie übrig geblieben.

Sie dachte an den Mittwochabend zurück und verzog das Gesicht. Es fühlte sich immer noch an wie ein Alptraum. Der Streit, die Anschuldigungen, die Trennung. Erst war sie am Boden zerstört gewesen. Dann hatte ein anderer Impuls die Oberhand gewonnen. Okay, hatte sie gedacht, das hatte die Entscheidung wenigstens final gemacht. Das war der Sargnagel. Ohne Partner kein Baby.

Sie war so wütend auf sich selbst gewesen. Wie dumm, hatte sie gedacht, wie dumm sie doch gewesen war. Und das in zweierlei Hinsicht. Zum einen, dass sie gedacht hatte, dass das etwas Ernstes gewesen war mit Torben. Etwas Großes, etwas Besonderes, etwas mit Zukunft. Und zum anderen: Warum hatte sie eigentlich noch keinen Termin bei der Beratungsstelle vereinbart? Hatte sie etwa doch die Möglichkeit eingeräumt, das Kind zu bekommen? War da eine dumme, naive, romantische Seite in ihr gewesen? Warum sonst hatte sie gezögert? Warum hatte sie nicht gleich Nägel mit Köpfen gemacht?

Aber damit war jetzt Schluss. Ab jetzt keine Naivität mehr und keine Schwäche. Jetzt war es Zeit zu handeln. Der Beratungstermin für kommende war terminiert.

Sie wandte sich wieder dem Angebot zu.

7. Kapitel: Fruit Shake

Natürlich hatte Lilly nicht lockergelassen. Irgendwann, am Sonntagabend, war Nina doch ans Handy gegangen. Zuerst hatte Lilly fast zwanzig Minuten vom Wochenende geschwärmt. Barcelona war ein Traum gewesen. Das Wetter top, das Hotel beeindruckend, die Stadt außergewöhnlich und die Stimmung romantisch. Und Steve wie immer fantastisch.

Dann hatte Lilly nach Torben gefragt.

Jetzt saß Nina bei Lilly am Küchentisch. Auf dem Tisch standen zwei große Gläser mit Lillys Spezial-Get-over-Guys-Shake.

„Aus lauter Zutaten, die gute Laune machen. Bananen, Hafermilch, Heidelbeeren, Datteln, Kurkuma, Kakao, … ach ja, und etwas Zimt."

Nina zog am Strohhalm ihres Glases, und der Pegel des Getränks leerte sich in rasantem Tempo.

„Was für ein Arschloch", sagte sie nun zum vierten Mal.

„Er war schon immer ein Arschloch", fügte Lilly hinzu. „Sei froh, dass du ihn los bist."

Eigentlich hatte Nina gar nicht kommen wollen. Sie hatte genug auf dem Schreibtisch liegen, und vieles davon war wirklich dringend.

Aber Lilly hatte darauf bestanden. Als Nina am Telefon hartnäckig blieb, hatte Lilly damit gedroht, Nina in der Arbeit aufzusuchen und vor den Augen aller ihren Shaker auszupacken. Natürlich könnte das dazu führen, dass Ninas Kollegen ihr Fragen stellten. Und offen und transparent wie Lilly nun einmal war, würde sie sich sehr schwer damit tun, die Wahrheit zu verschweigen.

„Lilly, das ist Erpressung, und ich find's gerade gar nicht lustig", hatte Nina protestiert.

„Harte Nuss, harte Maßnahmen."

Schließlich hatte Nina sich geschlagen gegeben. Okay, sie würde bei Lilly vorbeischauen. Aber nicht gleich morgen.

Jetzt war es Mittwoch.

Sie musste zugeben, dass es ihr guttat, mit Lilly zu sprechen. Für einen Moment ließ Nina von ihrem Getränk ab und stützte ihren Kopf in beide Hände. „Warum hab ich das nicht gemerkt, Lilly? Dass er es nicht ernst meint? Warum haben wir eigentlich nie darüber geredet? Ich meine, wie kann mir das nur passieren, jetzt plötzlich dazustehen, so mir-nichts-dir-nichts von ihm sitzen gelassen?"

Lilly sah Nina an und legte ihren Arm sie. Vorsichtig sagte sie: „Es war einfach noch zu früh. Das kommt doch erst nach und nach, dass man über solche Themen spricht. Oder nicht?"

Nina überlegte eine Weile. Dann sagte sie langsam: „Ich glaube, das alleine ist es nicht. Wenn ich ehrlich bin … Ich glaub, wir haben absichtlich nicht darüber gesprochen. Ich meine, es kam NIE zur Sprache. In fast einem Dreivierteljahr einfach gar nicht. Und ich hätte das merken müssen. Und mich ehrlich fragen müssen, warum es noch kein Thema war. Ich hätte merken müssen, dass irgendetwas nicht stimmt. Dass er wahrscheinlich nur nicht allein sein will. Und dann hätte ich so mutig sein müssen, es zur Sprache zu bringen und zur Not den richtigen Schluss daraus zu ziehen und vor allem auch die richtige Konsequenz. Ich hätte es gleich beenden müssen. Wenn du mit jemandem zusammen bist, der sich eigentlich nicht vorstellen kann, mit dir langfristig zusammen zu bleiben… dann verschwendest du doch deine Zeit, oder?"

Lilly überlegte kurz. „Naja. Das kommt darauf an, was du willst. Was beide wollen. Und außerdem … Kann sich das nicht auch manchmal erst entwickeln? Dass aus etwas Lockerem etwas Festes wird, meine ich?"

Nina sog lautstark an ihrem Shake.

„Also", fuhr Lilly fort, als Nina nichts sagte, „ich will eigentlich nur sagen: Mach dir keine Vorwürfe. Soweit ich weiß, reagieren außerdem manche Männer nicht so positiv auf Frauen, die gleich von lebenslanger Bindung sprechen."

Nina begann, mit ihrem Strohhalm ein paar übrig gebliebene, matschige Dattelstückchen aufzusaugen.

„Wobei … Nina, nimm mir das jetzt bitte nicht übel. Aber über etwas anderes als über deine Arbeit sprichst du wirklich eher selten."

Nina schloss für einen kurzen Moment die Augen. Dann seufzte sie. „Okay. Also, wie auch immer. Das wirklich Gute an der Sache ist: Durch die Trennung ist die Entscheidung jetzt wenigstens klar, und ich muss mich zumindest damit nicht mehr beschäftigen. So gesehen: Gut, dass Torben mir so früh so klar gesagt hat, dass es mit uns nicht weiter geht. Stell dir vor, er hätte es gesagt, wenn es schon zu spät gewesen wäre für die Abtreibung."

„Hey, hey, hey, warte mal!"

Nina sah auf.

„Tu doch nicht so, als sei die Entscheidung dadurch getroffen." Empört sah Lilly Nina an.

„Aber das ist sie doch." Verständnislos blickte Nina zurück.

„Nein, das ist sie nicht. Nina, da wächst ein Mensch in deinem Bauch. Es ist dein Bauch. Es ist dein Leben. Und es ist deine Entscheidung. Torben wär doch eh keine Unterstützung gewesen, hast du mir gesagt. Also mach die Entscheidung nicht von ihm abhängig."

Nina sah Lilly an. Sie schien das wirklich ernst zu meinen.

Und sie war in Fahrt: „Ich will mich nicht einmischen, Nina. Aber bitte investier etwas Zeit und überleg dir, was du wirklich willst. Mach es dir nicht zu leicht mit der Abtreibungs-Entscheidung. Ja, vielleicht ist es ein schlechtes Timing, und vielleicht wirst du zu dem Schluss kommen, dass du lieber deine Karriere verfolgen willst. Fine. Aber weißt du, wenn es eine Frau gibt, der ich zutraue, beides zu meistern, dann bist du das."

„Danke, Lilly."

Für einen Moment lang herrschte Stille. Dann sagte Nina: Weißt du, was ich jetzt wirklich gerne hätte von dir?" Sie hob ihr leeres Glas. „Noch so einen Shake! Ich glaube, die Dinger wirken tatsächlich."

„Natürlich tun sie das." Lilly stand auf und nahm beide Gläser mit in die Küche. Fröhlich rief sie: „Ich mixe gerne noch einen Shake. Für dich. Für mich. Und für das Baby."

Als Torben am nächsten Tag in der Arbeit war, holte Nina ihre restlichen Sachen aus seiner Wohnung. Sie fühlte Erleichterung und Traurigkeit zugleich.

Hatte sie gehofft, dass er zu Hause war? Dass er auf seinem Pezziball sitzen könnte im Arbeitszimmer? Dass er traurig aussehen würde? Aufsehen könnte, sobald er sie hörte, und sie erleichtert in seine Arme nehmen würde? Dass alles nur seine Nerven gewesen waren, die Trennung, die Vorwürfe?

Nun, so war es jedenfalls nicht. Die Wohnung war leer und dunkel, und es gab keinerlei Anzeichen dafür, dass Torben bereute, was er gesagt hatte. Zeit also, in die Realität zurückzukehren.

Sie hatte alles eingepackt. Viel war es sowieso nicht. Sollte sie etwas vergessen haben, dann war es jetzt nicht mehr wichtig. Sie drehte seinen Haustürschlüssel von ihrem Schlüsselbund und legte ihn auf den Küchentisch. Sollte sie noch etwas dazu schreiben? Nein. Zu theatralisch. Es war schon mehr als genug gesagt worden für ihren Geschmack.

Also einfach die Tür zuziehen - für immer. Für einen weiteren Moment stand sie da. Plötzlich war es schwer, sich zu lösen.

Dann nahm sie ihre Sachen, trat ins Treppenhaus hinaus und zog die Haustür hinter sich zu. Prüfte ein letztes Mal, ob sie wirklich zu war. Torben würde jetzt lachen. Sich ungeduldig umdrehen nach ihr. Egal. Das war Vergangenheit.

Dann fiel ihr noch etwas ein. Der Faultier-Schlüsselanhänger. In die Wohnung kam sie jetzt nicht mehr rein, aber sie drehte den Anhänger von ihrem Schlüsselbund und legte ihn vor die Wohnungstür.

Sollte er ihn doch weiterverschenken. Oder wegschmeißen.

„Ich bin kein Faultier", murmelte sie und ging.

Am Abend saß Nina noch spät im Büro. Eine Sache nach der anderen konnte sie abhaken auf ihrer To-Do-Liste, und das fühlte sich gut an.

Schon als sie von Weitem Schritte auf dem Gang hörte, wusste sie, wer es war.

„Steffi."

„Nina. Hast du kein Zuhause, sag mal?"

Nina lächelte nur.

„Hey. Sag mal, ist alles okay bei dir?"

Nina biss sich auf die Lippen. Hatte Steffi etwas bemerkt? Ausgerechnet Steffi.

„Alles okay."

„Okay. Aber wenn es etwas gibt, dann komm zu mir damit, wenn du magst, hmm?"

„Danke." Nina lächelte. „Wie geht's dir denn? Ihr hattet heute wieder Management Meeting, oder?"

Steffi trat nun vor sie und lehnte sich an den Tisch, der mitten im Raum stand. „Weißt du, manchmal ist es etwas anstrengend mit den Jungs." Sie machte eine kurze Pause. Dann fügte sie hinzu: „Dein Andreas ist da nicht der leichteste."

Nina lächelte. „Das kann ich mir vorstellen. Er hat ein bisschen … seine eigene Welt, oder?

„Ja, so kann man es formulieren. Manchmal macht er mich wirklich wahnsinnig in den Meetings. Er schafft es, immer wieder vom eigentlichen Fokus abzudriften, und manchmal erzählt er uns plötzlich was vom Pferd. An welchen Leads er gerade dran ist, welche Vorstände er getroffen hat und welche Chancen wir bei welchen Unternehmen haben. Und wie viel Umsatz und Prestige dabei für uns rumkommt. So, und zwei Wochen später, wenn ich ihn auf eine Opportunity festnageln will, dann erinnert er sich plötzlich nicht mehr daran, dass er davon gesprochen hat. Und die anderen lassen mich hängen in der Runde. Wie machen es die Männer nur manchmal, dass sie so wenig Fakten nennen, aber so ein Riesen-Selbstbewusstsein dabei haben, ihr Revier zu verteidigen?"

Nina schmunzelte. „Das bleibt vermutlich ein Mysterium."

Steffi sah sie an. „Nina, weißt du, dass ich große Hoffnungen in dich habe? Ich freu mich drauf, dass du bald als zweite Frau ins Management Team einziehen wirst. Vielleicht hab ich dann etwas

Unterstützung. Und wir werden etwas ergebnisorientierter arbeiten können. Statt uns nur gegenseitig Märchen zu erzählen in den Meetings."

Das war Balsam auf Ninas Seele. „Ich werd mein Bestes tun, versprochen."

Steffi lächelte. „So, und jetzt Endspurt. Damit wir heute noch nach Hause kommen, wir zwei Hübschen."

Nina fühlte sich fehl am Platz. Wie immer, wenn sie einen Termin hatte, war sie früher da als nötig. In diesem Fall war das keine so gute Idee gewesen. Jetzt saß sie hier auf dem Flur der Beratungsstelle und wartete auf ihren Termin. Den Termin, den sie brauchte, um die Abtreibung durchführen zu lassen.

Eigentlich hatte sie ja eine Menge auf dem Tisch gerade. Wie lange der Termin denn dauern würde, hatte sie gestern telefonisch nachgefragt. Zwei wichtige Abstimmungstermine mit potenziellen Kunden waren reingekommen. Nina blickte auf die Uhr.

Und dann war da natürlich noch das Offensichtliche. Sie gehörte einfach nicht hierher. Hier, wo normalerweise Mädchen und Frauen saßen, die nicht aufgepasst hatten. Die HINEINGERATEN waren in ihre Situation. Sie war keine von denen.

Bei ihr passte das Kind einfach nicht in den Plan. Das war etwas völlig anderes. Das war eine bewusste Entscheidung. Sie saß im Driver's Seat. Sie wusste, dass sie das Kind bekommen könnte. Aber sie wollte es nicht. Das war die Perspektive einer modernen, selbstbewussten Frau, die aktiv ihre Karriere verfolgte. Hatten dafür die Frauen nicht jahrhundertelang gekämpft?

Nina sah sich um, während sie weiter wartete. Sie fühlte sich gläsern, als könnte man in sie hineinschauen. Was würde man in ihr sehen?

Was würde sie gleich zu hören bekommen? Vorwürfe? Sie sind schwanger und wagen es, noch an Ihren Job zu denken? Was ist schief gelaufen bei Ihnen? Wie sind Sie nur durchgerutscht in der Evolution? Und wieso ist Ihr Partner denn nicht bei Ihnen geblieben? Das muss wohl an Ihnen gelegen haben. Kein Wunder, wenn Ihnen Ihr Job wichtiger ist, als ein Baby zu haben.

Und noch etwas, Frau Bechtle. Wissen Ihre Kunden, in welcher peinlichen Lage Sie sind? Vor denen Sie ach so professionell auftreten und so seriös? Weiß es Ihr Chef? Der Sie für so strukturiert hält und organisiert? Der glaubt, dass Sie immer alles im Griff haben? Würde er Sie überhaupt noch befördern wollen, wenn er es wüsste?

Der Satz in ihrem Hinterkopf, der Nina begleitet hatte, seit sie an diesem Morgen aufgestanden war, und der lauter geworden war, als sie das Gebäude betreten hatte, wurde langsam zu einem Dröhnen.

WIE. KONNTE. ICH. IN. DIESE. SITUATION. GERATEN!

Miss Planung. Miss Perspektive. Miss Karriere.

Du bist nicht anders, sagte eine Stimme in ihr, nichts ist anders bei dir. Du bist keine Ausnahme, du bist genau wie all die anderen Frauen hier.

„Frau Bechtle?", sagte eine Stimme mitten in ihre Gedanken hinein. Eine Dame war aus einem Büro vor ihr getreten und sah sie lächelnd an. Nina stand auf. Ihr war nicht sonderlich nach Reden zumute, aber sie folgte der Frau in deren Büro. Na los, dachte sie, bringen wir es hinter uns.

Es wurden keine Vorwürfe. Stattdessen Fragen. Informationen. Viele Worte, von denen sie in etwa die Hälfte mitbekam. Dafür erhielt sie nach dem Gespräch einen Beratungsschein, der dafür sorgte, dass die Abtreibung, die sie durchführen würde, legal war.

Nina hatte Home Office eingeplant für den Rest des Tages. Kaum war sie in der Wohnung angekommen und hatte ihre Tasche neben dem Esstisch verstaut, merkte sie, wie ihr Magen knurrte. Das war echt neu. In den letzten hatte sie Hunger zu Zeitpunkten, an denen sie schwören konnte, früher nie gegessen zu haben. Seufzend griff Nina nach ihrer Müslischüssel. Okay, die Zeit, in der sie essen würde, konnte sie zumindest nutzen, um gleich den Arzttermin auszumachen. Wieder ein Haken mehr auf dem Weg zur unschwangeren Nina.

Am besten ein Gynäkologe in der Nähe. Nina googelte, während sie aß. Dann wählte sie eine Nummer. Sie hatte gerade noch Zeit, die letzten Haferflocken runterzuschlucken, so schnell meldete sich die Praxis.

„Bechtle ist mein Name", sagte sie zu der Dame am anderen Ende, „ich würde gerne einen Termin bei Ihnen vereinbaren."

„Gerne", antwortete die Dame, „waren Sie denn schon mal bei uns?"

103

„Nein", sagte Nina. „Es ist so - der Termin wäre etwas zeitkritisch. Ich bin jetzt in der siebten Schwangerschaftswoche, und es geht um einen Termin zur Abtreibung." Sie erinnerte sich an die Formulierung, die die Dame in der Beratungsstelle verwendet hatte und korrigierte: „Also, für einen Schwangerschaftsabbruch."

Am anderen Ende entstand eine Pause. Dann sagte die Dame, und ihre Stimme klang plötzlich abweisend: „Da würde ich Sie bitten, auf eine andere Praxis zuzugehen. Das machen wir nicht. Ja? Wiederhören."

Es klickte in der Leitung.

Nina blinzelte ein paar Mal verdattert. Sie ließ ihr Handy sinken. Hatte die Frau am anderen Ende gerade wirklich einfach aufgelegt? Nicht ihr Ernst, oder? Ihr Herz klopfte.

Okay, na gut, dann wurde dieser Arzt eben gestrichen von der Liste. Wegen Unhöflichkeit und Rüpelhaftigkeit. Und wegen Unprofessionalität. Rutschte eben der nächste nach oben.

Immer noch aufgewühlt wählte Nina die zweite Nummer. Es tutete. Dann meldete sich eine Frau mit dem Namen der Praxis. Etwas verunsichert nannte Nina ihren Namen und zur Sicherheit diesmal gleich ihr Anliegen.

Wieder entstand eine Pause. Dann sagte die Stimme am anderen Ende: „Ich muss Sie leider enttäuschen. Eingriffe dieser Art nehmen wir bei uns nicht vor. Und … ich weiß, es ist Ihre Entscheidung. Aber wenn ich Ihnen das sagen darf, gut finde ich es nicht, was Sie da tun. Auf Wiederhören."

Nina traute ihren Ohren nicht. Das durfte doch nicht wahr sein. Wurde sie hier gerade behandelt wie Abschaum? Musste sie sich das wirklich gefallen lassen, dass diese Sprechstundenhilfen moralisch über sie urteilten? Sie spürte, wie ihr Tränen der Wut in die Augen schossen.

Etwas zitternd stand Nina auf und ging zum Fenster, öffnete es und atmete ein paar Mal tief durch. Wie tief war sie nur gesunken? Jetzt beendeten auch noch Arztpraxen abrupt das Gespräch mit ihr, weil sie ihr ungewolltes Kind abtreiben lassen wollte.

Für eine Weile sah sie aus dem Fenster, hinaus auf die Straße, auf der die Leute auf und ab liefen. Es fühlte sich nicht fair an. Wer waren diese Menschen, sie zu verurteilen?

Nina schloss das Fenster wieder. Es wurde kalt. Sie begann, sich einen Tee zu machen. Wie hatte sie sich nur in diese Situation bringen können? Wie ein kleines Mädchen. Sollte sie jemals ein Kind bekommen und sollte es ein Mädchen sein, sie würde ihm die Ohren langziehen, sollte ihm so etwas hier passieren.

Und plötzlich dämmerte ihr etwas. Na klar! Wie hatte sie nur so auf dem Schlauch stehen können? Sie griff nach ihrem Rucksack und nahm die Mappe heraus, in die sie noch vor einer Stunde Notizen, Infoblätter und auch den Beratungsschein gepackt hatte. Ein paar Sekunden später hielt sie das gesuchte Blatt in den Händen. Plötzlich fielen ihr auch die Worte der Beraterin wieder ein, die ihr diese Liste hier mit Namen und Kontaktdaten von Ärzten mitgegeben hatte: „Weil es nicht ganz leicht ist, einen Arzt zu finden, der den Schwangerschaftsabbruch vornimmt, …"

Sie hatte noch eine Menge mehr dazu erzählt. Dass die rechtliche Situation kompliziert war, und dass Ärzte keine Werbung für Schwangerschaftsabbrüche machen dürften und so weiter.

Oh Mann, wie hatte sie das ausblenden können? War das ein Fall von Schwangerschafts-Demenz? Nein. Sie hatte schon eine Ahnung, was es war. Sie war zwar körperlich anwesend gewesen in ihrem Termin vorhin. Aber irgendwie wie hinter einem Vorhang gesessen.

Naja, und die Relevanz, die genau diese Worte der Beraterin für sie hatten, die war ihr in dem Moment irgendwie nicht bewusst geworden.

Okay, das hieß also, die ersten beiden Anrufe gerade hätte sie sich sparen können. Das hieß aber auch, die Ärzte, die solch einen Eingriff vollzogen, existierten durchaus. Man musste sie nur kennen.

Diesmal klappte die Terminvereinbarung gut. Die Empfangskraft hatte einen verständnisvollen Klang in ihrer Stimme. Es gab keine abwertenden Worte, stattdessen einige Hinweise zum Termin und zu den Tagen danach. Worauf sich Nina einstellen müsste und was sie berücksichtigen sollte.

Als Nina auflegte, versuchte sie, in sich hineinzuhorchen.

Nichts. Sie fühlte nichts. Das hier war einfach der logische nächste Schritt gewesen, fertig.

Naja. Eine Sache spürte sie doch. Da war ein Anflug von Triumph.

Sie hatte diesen blöden Termin doch ausmachen können und sich nicht von irgendwelchen Praxismitarbeitern behandeln lassen müssen, als wäre sie schäbig.

Nur aus Neugierde nahm sie ihr Handy und googelte. Sehr schnell stieß sie auf ein Forum, in dem Frauen von ganz ähnlichen Erfahrungen berichteten. Ablehnung, Verachtung, Unverständnis. Das Gefühl, allein gelassen zu werden.

Und dann waren da die anderen Frauen. *Warum tut ihr das?*, schrieb hier eine. *Ihr tötet ein Menschenleben. Ist euch das eigentlich klar?* Lotti24 stand darunter.

Hey Lotti24, schrieb darauf eine andere, *ich verstehe ja deinen Zorn, aber jeder soll sich so entscheiden, wie er möchte, findest du nicht? Du kennst den Hintergrund der Frauen nicht, also solltest du auch nicht vorschnell urteilen.* Linchen war das.

Hier wieder Lotti24: *Ich brauche keinen Hintergrund zu kennen, wenn es um Mord geht.*

Nina verließ die Seite. Ab jetzt kein Googeln mehr in Foren dazu. Wobei … Eigentlich verstand sie die beiden Seiten. Und eigentlich verstand sie auch die Arzthelferinnen. Warum wohl hatten sie sich für ihren Job entschieden? Warum Gynäkologie? Wahrscheinlich, weil sie mitwirken wollten dabei, Leben zur Welt zu bringen. Und dann riefen da Frauen an, die wollten genau das Gegenteil.

Nina legte ihr Handy weg. Oh Mann, es war fast zwölf. Das war mit Abstand der unproduktivste Home Office-Tag, den sie je gehabt hatte. Überhaupt, warum fühlte sie sich plötzlich so komisch, so orientierungslos? Und warum eigentlich war sie plötzlich so unendlich traurig?

Ein Anruf unterbrach sie. Paula. Na, vielleicht würde dieser unproduktivste aller Tage ja doch noch produktiv werden.

Von wegen. Der Arbeitstag ging so weiter, wie er begonnen hatte. Draußen war es schon dunkel. Das Gefühl, dass der Tag sich dem Ende zuneigte, half Nina nicht bei ihrer Konzentration.

In einem plötzlichen Impuls klappte sie ihr Laptop zu. Sie stand auf und ging zum Fenster. Was war nur los mit ihr? Sie sah hinunter auf die Häuser ringsherum. Viele Fenster waren noch dunkel. Aber aus einigen schien Licht heraus. Wieder einmal spürte sie den Bann, der von diesen erleuchteten Fenstern ausging. Warum eigentlich? Weil sie so nach Harmonie aussahen? Lillys Worte dazu fielen ihr wieder ein. Es gibbt keine perfekte Familie. Alles nur Show. Bestimmt hatte Lilly Recht. Und sie selbst arbeitete schließlich im Marketing.

Hinter wie vielen dieser hell erleuchteten Fenster wohnten wohl Frauen, die allein ein Kind großzogen? Und wie sah deren Realität aus? Nina gab sich einen Ruck. Sie sah auf die Uhr. Fast acht.

Eindeutig Zeit für einen Anruf bei Lilly.

„Das sind die Hormone", sagte Lilly sofort, als Nina von ihrem Gemütszustand berichtete. Die Telefonate mit Lilly taten Nina gut. Sie waren fast schon ein neues Ritual geworden. Vielleicht sollten sie das beibehalten, auch wenn die Situation … bereinigt war.

„Weißt du", sagte Nina, „vielleicht hätte ich das alles irgendwie schon gewollt. Ich meine", sie schluckte, „vielleicht hätte ich genau das auch für mich gewollt. Romantik. Commitment." Sie zögerte. „Familie."

Lilly schwieg für einen kurzen Moment. Dann sagte sie: „Das ist das allererste Mal, dass ich dich so etwas sagen höre. Aber in den letzten Tagen, da hab ich mir sowas schon gedacht. Sonst wärst du doch nicht so traurig. Sonst würdest du's eiskalt durchziehen. Du bist eben nicht nur die Karriere-Nina."

„Hmmm."

„Hast du mal daran gedacht, dass vielleicht all das gerade auch sein Gutes hat? Du kannst das noch haben, Nina, eine Familie. Entweder du nimmst gleich diese Chance wahr, und in weniger als neun Monaten bekommst du ein Baby. Oder du nimmst zumindest deine Einsicht mit. Dass du doch auch offen bist für das Thema Familie. Und wenn die Umstände dann alle passen, dann versuchst du es nochmal. Mit einem Mann, der etwas mehr draufhat als Torben. Wenn deine Schwangerschaft nicht gewesen wäre, hättet ihr euch nicht so schnell getrennt. So weh es dir jetzt tut, Nina, aber diese Entwicklung war gut. Torben hätte niemals wirklich zu dir gestanden. Und eine große Hilfe wär er dir auch nie gewesen."

„Hmmmm…", machte Nina wieder.

Lilly fuhr fort: „Das heißt, so oder so, egal wie du dich entscheidest, du hast etwas dazu gewonnen. Entweder ist es nur die Erkenntnis, dass du auch mal eine Familie willst. Oder du bekommst das Kind jetzt. Und damit hast du dann ja schon einen Teil der Familie. Und zwar den deutlich loyaleren und pflegeleichteren, wenn du mich fragst."

Für eine Weile schwiegen sie beide.

Es war Lilly, die die Stille durchbrach. „Wie weit bist du denn jetzt eigentlich mit deiner Entscheidungsfindung? Und sag jetzt bitte nicht, es wär doch eindeutig, wie die Entscheidung lautet."

„Naja. Also, der Termin beim Arzt steht."

„Der ließe sich ja auch noch absagen. Nina, bitte sag mir, dass du es dir nicht so leicht machst."

„Oh Mann, Lilly, ich weiß es doch nicht! Es ist so eine große Entscheidung. Ich meine, ich entscheide über das Leben oder Nicht-Leben eines kleinen Menschen. Und dazu kommt: Ich entscheide darüber, ob mein Leben in Richtung A weitergeht oder komplett in Richtung B steuert. Und wie kann ich wissen, welche Richtung ich nehmen soll, wenn ich keine Ahnung habe, wie B sich überhaupt anfühlt? Das gibt es ja nicht wirklich auf Probe … ein Kind."

„Das wär's", rief Lilly. „Man sollte das durch eine VR-Brille sehen können inklusive aller Empfindungen. Schlafmangel, Gerüche beim Windelwechseln, das volle Programm. Hey, vielleicht sollten das sogar alle Leute tun müssen, die überlegen, Kinder zu bekommen. So könnten die alle testen, ob sie das wirklich wollen."

Dann besann sie sich wieder auf Nina. "Eigentlich", sagte sie, „ich meine, wenn man es genau betrachtet, dann weißt du auch nicht, wie Option A sich anfühlt."

„Doch, das weiß ich genau. A kann ich einschätzen. A ist der Weg genau so, wie ich ihn geplant hab. Da ist mein Job, da ist mein Team, die Kollegen, das Einkommen, die Perspektive, die Marketing-Leitung. Dieser Weg reizt mich. Ich weiß, dass ich ihn gehen kann. Das ist das, was ich immer wollte. Da fühl ich mich sicher."

„Hmmm", machte Lilly, „das ist der TEIL des Weges, den du schon kennst. Aber fühlt sich der Weg später mal noch ganz genauso an?"

„Wie meinst du?"

„Ich meine", erklärte Lilly, „was ist, wenn sich der Weg später anders anfühlt als zu Beginn der Reise? Ein bisschen so, wie wenn du auf einen Berg steigst. Am Anfang bist du begeistert. Hey, mal wieder an der frischen Luft, du saugst den Sauerstoff ein, die Bienen summen, es riecht nach Harz, es ist noch kühl morgens, und du freust dich auf die Tour. Und dann wird es Mittag, du bist schon Stunden gegangen, du schwitzt wie Sau, und der Weg nimmt kein Ende. Du verjagst ständig Mücken, die Wespen verfolgen dich, dein Rucksack wird immer schwerer, deine Schuhe drücken, und dein Kopf brummt. DAS meine ich."

Jetzt musste Nina lachen. Lilly war der sportlichste Mensch, den sie kannte. Aber sie war definitiv kein Bergfan.

„Du wirst in diesem Leben kein Wanderfan mehr, oder?"

„Doch", widersprach Lilly eifrig. „Ich fang definitiv noch mit dem Wandern an. Aber erst einen Tag, bevor ich sterbe."

„Ist das nicht schon der Zeitpunkt, an dem du heiraten willst?"

„Bekomm ich bestimmt an einem Tag unter."

„Okay. Jedenfalls: Für mich ist der Weg kurz vorm Gipfel jedes Mal EXAKT so, wie ich ihn mir unten am Berg vorgestellt hab. Klar ist es anstrengend. Aber das gehört dazu. Und oben ist man umso stolzer, auch wenn es schwierig war."

„Ja, aber was ich meine, ist: Was ist, wenn es mit deinem Weg A so aussieht: Jetzt bist du jung und hast Energie. Du klotzt rein in den Job und schläfst kaum. Dein Privatleben besteht aus viel zu wenig Abenden mit mir und – bis vor kurzem – einer halbherzigen Beziehung mit einem Schnösel-Freund. Was, wenn du so weitermachst, dich gegen ein Kind entscheidest und mit fünfzig plötzlich aufwachst und denkst: Das macht keinen Spaß mehr. Du guckst dich im Spiegel an und siehst deine Falten, deine Augenringe sind tiefschwarz, und du kennst keinen Menschen mehr. Außer deiner treuen Freundin Lilly natürlich."

„Ja, ich versteh schon, was du meinst. Allerdings … Augenringe haben Mütter schon auch. Und überhaupt – ich glaube schon immer, dass das Kinderkriegen romantisiert wird in der heutigen Zeit. Das ist knallharte Arbeit. Füttern, Windeln wechseln, Kind beruhigen, Sachen waschen, Sachen kaufen. Kind ist krank, Kind schreit, Kind nörgelt. Und dann wieder alles von vorn."

„Ja, da kannst du schon Recht haben. Aber – das ist wenigstens Leben. Dein Job dagegen …" Sie verstummte.

„Mein Job dagegen?"

„Naja. Dieses Marketing-Zeugs… So richtig was erschaffen tust du ja nicht damit. Das ist alles nur Verkaufen. Es ist nichts Sinnstiftendes. Nicht, wie einen Menschen großzuziehen. Oder erstmal in die Welt zu setzen. Was, wenn du mit fünfzig merkst, dass das alles nur heiße Luft war? Was, wenn du auf deinem Sterbebett merkst, dass du immer nur gearbeitet hast? Stell dir vor, du guckst aus dem Himmel herab auf deine Beerdigung. Glaubst du etwa, da sitzen deine Kunden und dein Chef? Oder vielleicht dieser Martin, von dem du immer so begeistert erzählst?"

„Okay, momentan fallen mir wirklich wenig Leute ein, die auf meine Beerdigung gehen würden. Aber ich bin ja dann tot, also kümmert es mich nicht. Und was das Marketing betrifft: Du weißt, dass ich das nicht so sehe. Es ist der psychologische Aspekt, der mich schon immer gereizt hat am Marketing. Die Möglichkeit, durch kleine Details Entscheidungen beeinflussen zu können. Den Kunden zu kennen, besser als er es selbst tut. Und dadurch Win-win-Situationen zu schaffen."

Während Nina sprach, ging sie hinüber in die Küche. Irgendwie hatte sie gerade unbändige Lust auf eine heiße Schokolade.

Bevor Lilly etwas sagen konnte, fuhr sie fort. „Aber ich weiß, was du meinst. Es ist nicht so, dass ich nicht ein bisschen dasselbe spüren würde. Jetzt bekomme ich eine Chance, wirklich etwas zu erschaffen. Einen Menschen. Dem ich etwas mitgeben kann. Etwas, das ich der Nachwelt hinterlassen würde. Weißt du, vielleicht könnte ich mir sogar mittlerweile beides vorstellen, die Karriere und das Kind. Aber mit einem Partner, der genauso bei der Kindererziehung unterstützt oder vielleicht sogar das meiste dabei macht. Der mich weiter zur Arbeit gehen lässt und der nicht erwartet, dass ich nur Mutter bin."

„Auf den kannst du lange warten."

„Kann sein, ja. Aber dann ist es auch gut, dann muss es kein Kind sein für mich. Trotzdem … Weißt du, es ist der Druck, der mich fertigmacht. Das ist so, als müsstest du die wichtigste Entscheidung in deinem Leben treffen, und über dir hängt ständig eine riesige Uhr, und die macht TICK-TACK-TICK-TACK, sodass du dich gar nicht mehr konzentrieren kannst. Wenn ich abtreiben will, dann muss ich es JETZT tun. Ich kann nicht warten bis kurz vor der Geburt und dann reinspazieren in den Kreißsaal und sagen: ‚Wissen Sie was? Ich hab's mir spontan anders überlegt. Danke für Ihre Mühe, aber ich mache es doch nicht.' Und ich wünsch mir, dass dieser Druck nicht wär. Ich kann vor lauter Angst, die falsche Entscheidung zu treffen, gar nicht klar denken."

„Oh", machte Lilly. Dann sagte sie nach einer Pause: „Die Nina, die ich von früher kenne, hatte nie etwas gegen Druck. Im Gegenteil. Sag mal, was sagt denn nun eigentlich deine Liste? Pro und contra?"

„Meine Liste ist mittlerweile ein Tool, in dem ich meine Kriterien unterschiedlich bewerten und gleichzeitig Eintrittswahrscheinlichkeiten einschätzen kann. Damit kann ich unterschiedliche Szenarien bilden und bekomme je nach Szenario unterschiedliche Handlungsempfehlungen ausgespuckt."

„Klar. Was sonst? Nichts anderes hätte ich von dir erwartet. Okay, also was sagt dein Tool?"

Jetzt seufzte Nina. „Das ist es ja. Diesmal funktioniert es nicht. Mein Kopf und das Tool sagen mir das Gleiche. Alles spricht gegen das Kind. Aber irgendwas daran lässt mich das Thema nicht abschließen. Ich gucke auf die Argumente, und sie tanzen vor meinen Augen hin und her. Ich wünschte, Lilly, ich hätte deine Intuition. Und weißt du, da wäre ein Kind, für das man für immer verantwortlich ist. Und eine Aufgabe, von der man eigentlich keine Ahnung hat, wie sie sich anfühlen wird. Warum gibt es das nicht?"

„Was gibt es nicht?"

„Na, ein Programm dafür. Eine Art Game Learning für die Mutterrolle."

„Du hast Recht. Das wär's. Du arbeitest dich von Level zu Level, und am Ende erfährst du dein Ergebnis. Von *Lassen SIE bloß die Finger vom Kinderkriegen – wenn überhaupt, dann kaufen Sie sich nen Hund* bis hin zu *Superpower Mom – bekommen Sie mindestens sieben Kinder, sonst ist Ihr Potenzial vergeudet.* Und so ganz nebenbei merkst du, ob dir das Spiel Spaß macht."

„Ich hab versucht, einen Überblick zu gewinnen, was alles auf mich zukommen würde. Das A und O ist die Betreuung. Die ist in München leider nicht so der Hit. Wenn man überhaupt einen Betreuungsplatz findet, dann geht das ganze Einkommen dafür drauf."

„Warte mal, Nina. Andreas schätzt dich doch sehr, oder? Na, dann könntest du doch ganz mutig auf ihn zugehen und ihm sagen, was du künftig bräuchtest, wenn du Mama wärst. Kitaplatz, Babysitter, Kinderraum, Flexibilität, genügend Home Office, ... Wenn er dich behalten will, dann soll er all das möglich machen."

„Hmmmm", machte Nina, „deine Idee ist nicht schlecht. Ich könnte ein paar von den Dingen bei der Beförderung anbringen. Wir haben noch nie über das Gehalt gesprochen, das damit verknüpft sein wird."

„Na also", Lilly strahlte. „Er soll dir ein gutes Paket schnüren. Das macht er bestimmt. Und außerdem – schau dir doch nochmal die ganzen Sachen von der Beratungsstelle an. Ich meine, was es so gibt für Mamas, die allein erziehen. Da gibt es doch eine ganze Menge an Unterstützung."

„Ja, das stimmt."

„Schade, dass du dich gerade nicht betrinken kannst."

„Stimmt. Wieso?"

„Wenn man sich nicht entscheiden kann, muss man sich betrinken. Dann weiß man die Antwort auf egal welche Frage."

„Wird das dein Standard-Ratschlag, wenn du deinen Coachees später bei Entscheidungen helfen willst?" Nina lächelte.

„Hey, da fällt mir grad was ein. Ich hab in meinen Fortbildungen wirklich ein paar Coaching-Methoden gelernt, die bei Entscheidungen helfen."

„Oh Lilly, bitte nicht. Dafür bin ich null der Typ."

„Na gut. Dann nicht. Ein Coachee muss offen dafür sein, gecoacht zu werden."

„Puuh. Danke." Dann fügte sie hinzu: „Weißt du, wenn ich ein Filmstar wär mit unendlich viel Geld, einem riesigen Haus und Angestellten ohne Ende. Dann wär alles viel leichter. Dann gäbs ne Menge Leute um mich rum, die mich unterstützen könnten. Die wüssten Bescheid, und die könnten mir Dinge abnehmen, und ich wäre einfach nicht allein mit dem Kind. Und könnte weiterarbeiten."

„Was die Frage aufwerfen würde, ob du das Kind wirklich wollen würdest. Wenn du es den ganzen Tag eh nicht siehst? Ich glaub außerdem, wenn du ein Filmstar wärst, würde dein Kind das große Geld darin wittern, ein Buch darüber zu schreiben, was für eine schlechte

Mutter du warst."

„Du weißt, wie ich es gemeint habt. Schau mal, ich habe", sie begann, an ihren Fingern aufzuzählen, „keinen Mann. Keine Wohnung, die groß genug ist, um ein Kind darin aufzuziehen. Ein ganz gutes Einkommen, okay, zumal es bald mehr sein sollte mit der Leitungsfunktion. Aber keine Eltern, Großeltern, Tanten, was weiß ich was, die einspringen könnten."

Sie seufzte. „Zusammenfassend, ich hab überhaupt nichts, das eine gute Basis darstellen würde, um so ein Kind großzuziehen."

Lilly räusperte sich. „Doch, Nina", sagte sie dann, „das hast du. Es klingt vielleicht kitschig und ist nicht das, was du im Kopf hast. Aber du bist ein toller Mensch! Du wärst eine unglaublich gute Mami – gerade, weil du kein Filmstar bist, sondern bodenständig und nicht verwöhnt. Du hast klare Ansichten, du kannst dich organisieren, du hast Humor. Du hast übrigens auch das Zeug dazu, mal ein richtig großes Einkommen zu haben, so schlau wie du bist und so ehrgeizig und diszipliniert. Und damit kommt dann auch mal die große Wohnung – falls du die überhaupt brauchst. Und was den Mann betrifft – ohne gibt es wenigstens keinen Streit darüber, wer die Windeln wechselt.

Und weißt du, was du auch noch hast? Eine Freundin, die dich dabei unterstützen wird. Du wirst nicht allein sein mit deiner Entscheidung. Zum Beispiel wird deine beste Freundin sich zur Tante Lilly mausern und so oft babysitten, dass du sie rausschmeißen musst, wenn du mal wieder mit der Kleinen allein sein willst."

Nina lachte. Sie fühlte sich deutlich besser. „Also, ich denke nochmal darüber nach. Noch sind es ein paar Tage bis zu meinem Termin in der Klinik."

„Wirklich, du denkst drüber nach? Das ist eine tolle Neuigkeit! Nina wird Mama! Das müssen wir feiern. Du wirst tatsächlich ein süßes, kleines Baby bekommen!"

„Halt, halt, halt, halt! Ich hab lediglich gesagt, dass ich es mir nochmal überlege. Aber Lilly, mach dir nicht zu viele Hoffnungen, ja? Wie gesagt, der Termin für die Abtreibung ist vereinbart."

„Nina! Das kleine Ding in deinem Bauch ist gerade zusammengezuckt. Du musst flüstern, wenn du das A-Wort in den Mund nimmst."

„Okay, dann müssen wir ab jetzt flüstern, denn aus der Welt ist das

Wort nicht."

Lilly gab einen enttäuschten Laut von sich.

„Lilly?"

„Ja?"

„Du bist eine tolle Freundin. Weißt du das? Ich bin froh, dass ich dich in meinem Leben habe."

„Nina?"

„Ja?"

„Wenn wir gerade dabei sind, dann muss ich dir auch etwas sagen. Ich hab immer akzeptiert, dass du so bist, wie du bist. Du antwortest nicht auf Nachrichten? Okay, darf man bei dir nicht persönlich nehmen, hab ich begriffen. Du meldest dich nie von alleine? Okay, auch gut, ich bin selbstbewusst genug, nicht beleidigt zu sein. Du sagst Treffen kurzfristig ab? Na gut, ich bin flexibel. Du gehst nicht ans Handy, wenn ich dich tagsüber anrufe? Du bist eben im Job sehr committed, auch gut.

Aber jetzt, in den letzten Tagen, da hab ich das Gefühl, du öffnest dich das erste Mal mir gegenüber. Du lässt mich an dich heran. Du zeigst mir deine Gefühle. Du lässt mich dich trösten. Du teilst mir mit, was in dir vorgeht. Nina, ich klinge jetzt wahrscheinlich wie der egoistischste Mensch auf der Welt. Es ist nicht so, dass ich es dir gönne, traurig zu sein und das durchzumachen, was du gerade durchmacht. Aber wenn es zur Konsequenz hat, dass du mich deine Freundin sein lässt – ich meine, wirklich eine Freundin sein lässt, dann muss ich dir sagen, dass ich auch etwas Gutes an der Situation finde."

Nina schwieg. Lilly hatte ihr nie gesagt, wie sie ihre Freundschaft bisher wahrgenommen hatte. War sie tatsächlich so egoistisch? Sie war irgendwie davon ausgegangen, dass für Lilly alles so okay war, wie es war.

„Nina?"

„Ja. Ich … tut mir leid, Lilly, wenn ich bisher immer anscheinend sehr … abweisend war."

„Nein, du brauchst dich nicht zu entschuldigen. So war das nicht gemeint. So bist du eben. Ich wollte dir nur sagen, dass es mich sehr freut, dass du mich jetzt etwas mehr an deinem Leben teilhaben lässt."

Für einen Moment herrschte Stille. Das waren die Situationen, in denen Nina spürte, dass ihr Talent woanders lag. Wie sollte sie jetzt reagieren, ohne etwas kaputt zu machen?

Es raschelte in der Leitung. Gedämpft war Lillys Stimme zu hören.

„Okay, ich verstehe", sagte Nina etwas zu heiter. „Und jetzt darfst du dich wieder Steve zuwenden. Er ist bei dir, richtig?"

„Vor ein paar Minuten angekommen. Er hat was zum Essen mitgebracht, und das duftet ganz toll."

„Ich danke dir, Lilly, dass du so für mich da bist. Und ich wünsch euch beiden einen ganz tollen Abend."

8.   Kapitel: Neue Perspektiven

„Wow." Nina sah sich im Raum um. Ein Flipchart, ein Moderationskoffer, Moderationskarten in unterschiedlichen Farben und Formen, … Sogar eine Karaffe mit Flavoured Water und ein Tablett mit zwei umgedrehten Gläsern, adrett auf einer Serviette drapiert, standen auf einem kleinen Tisch bereit. Außerdem ein paar Stühle, die ganz offensichtlich aus verschiedenen Teilen der Wohnung zusammengewürfelt waren. Lilly hatte sich sichtlich Mühe gegeben bei ihrer Vorbereitung.

„Du meinst das wirklich ernst mit dem Coaching, oder?"

„Absolut. Und auch, wenn die Fortbildung schon etwas her ist, ich hab alles nochmal nachgelesen. Die Methode ist echt gut, du wirst sehen."

„Und du bist dir ganz sicher, dass du mir nicht einfach einen Lillys Spezial Shake Typ Decision Maker machen kannst? Das wäre eher mein Ding, glaub ich."

„Nix da. Wir ziehen das jetzt durch."

„Na gut. Wir ziehen das jetzt durch."

Lilly hatte nicht lockergelassen, und schließlich hatte Nina sich doch irgendwann breitschlagen lassen. Lilly war unersetzlich für sie momentan. Sie war da, wenn Nina sie brauchte. Sie half ihr, ihre eigenen, entgegen ihrer Erfahrung wirren Gedanken zu strukturieren. Sie war ehrlich und offen, was genau das war, was Nina jetzt brauchte. Also, warum sollte sie nicht Lilly den klitzekleinen Gefallen tun, sie zu coachen? Und im Endeffekt sollte das Coaching ja sowieso ihr selbst und ihrer Entscheidungsfindung dienen.

„Also, was muss ich tun?"

Lilly strahlte. „Wir fangen also offiziell an mit unserer Coaching-Stunde, ja? Super! Danke, Nina."

Dann wurde sie ernst. „Lieber Coachee, herzlich willkommen. Du bist heute mit einem Thema zu mir gekommen, über das du schon länger und intensiv nachdenkst, richtig? Möchtest du mir erzählen, worum es geht?"

Nina sah Lilly an.

Lilly wiederholte ihren letzten Satz. „Möchtest du mir erzählen, worum es geht?" Sie sah Nina aufmunternd an.

Ninas Augen wanderten von links nach rechts und wieder zurück. „Lilly, du weißt doch, worum es geht."

„Ach Nina, mach doch bitte mit. Fass es doch einfach nochmal in deinen Worten zusammen."

„Ist das wichtig?"

„Ja, das ist wichtig, damit wir ins Thema reinkommen."

„Ich wünsch mir eher, aus dem Thema wieder rauszukommen."

„Dafür müssen wir aber erstmal ins Thema reinkommen", säuselte Lilly zuckersüß. „Also, auf geht's. Sei nicht so störrisch!"

Nina seufzte leise. „Also gut. Lieber Coach, es geht um die Frage, ob ich mein Baby abtreiben lassen soll oder nicht."

Sie schwieg. Lilly schwieg ebenfalls und sah sie erwartungsvoll an.

Als Nina weiterhin nichts sagte, machte Lilly eine aufmunternde Handbewegung. „Magst du vielleicht in deinen Worten noch den Kontext dazu erläutern?"

„Das Baby ist ungewollt. Es gibt keinen Vater. Meine Karriere ist mir wichtig, und da ist ein Baby nicht hilfreich."

Wieder machte Lilly eine ermunternde Handbewegung.

Nina sah sie fragend an.

„Na", fing Lilly an, „so klingt es ja, als sei die Entscheidung klar. Und kannst du erläutern, warum du dir trotzdem schwer tust mit der Entscheidung?"

„Stimmt. Guter Punkt. Naja, warum tue ich mich trotzdem schwer? Vielleicht, weil es so etwas Gravierendes ist. Und weil meine Freundin Lilly mir den Floh ins Ohr gesetzt hat, ich könnte auch beides hinkriegen, Baby bekommen und Karriere machen." Sie lächelte.

Lilly nickte. „Dankeschön, Nina. Welche Frage stellst du dir also?"

„Soll ich das Kind wirklich und ganz sicher abtreiben lassen? Oder warte, ich formuliere es lieber andersherum: Soll ich das Kind bekommen?"

Lilly lächelte zufrieden. Sie notierte die Frage in Großbuchstaben auf einer Moderationskarte und heftete sie an das offenbar vorher schon mit Leim versehene Flipchart.

„Also", sagte sie feierlich und drehte sich wieder zu Nina um, „wir gehen jetzt ein paar Methoden durch, die dir bei dieser Entscheidung helfen werden."

„Ein paar?" Ninas Stimme klang entsetzt.

„Ja, die anderen hab ich zufällig noch in meinen Unterlagen gefunden. Hatte ich komplett vergessen."

„Na sowas."

„Ja", Lilly lächelte geheimnisvoll, „die erste Methode heißt", sie machte eine kleine Pause und betonte dann alle drei Silben, „Zeitreise. Dafür hab ich mal diesen Stuhl hier vorbereitet." Lilly deutete auf den leer stehenden Stuhl, der einige Meter weiter stand.

„Ach, und ich dachte, es kommt noch jemand."

Lilly hörte Nina kaum. Sie war damit beschäftigt, vor den Stuhl eine große Karte zu legen, auf der *IN 10 JAHREN* stand.

„Du, liebe Nina, darfst jetzt gleich auf diesem Stuhl hier Platz nehmen."

„In zehn Jahren?"

„Genau. Und dann wirst du – die Nina, die in zehn Jahren lebt – von diesem Moment erzählen. Das heißt, du wirst uns erzählen, wie dein Leben gerade aussieht. Und wirst rückblickend sagen, was dir damals bei der Entscheidung für oder gegen das Kind wichtig war. Und wie es dir jetzt – also in zehn Jahren – damit geht."

„Puuh." Nina blies hörbar die Luft aus.

„Probier's einfach aus. Mit jedem Schritt auf den Stuhl zu wirst du mehr zur Nina, die in zehn Jahren lebt."

„Aber Lilly, wie soll ich denn von meinem Leben erzählen, wenn ich eben gar nicht weiß, wie dieses Leben aussehen wird? Habe ich ein Kind oder habe ich keins?"

Lilly raschelte kurz mit ihren Unterlagen. Sie schien etwas zu überfliegen.

„Äh- also, ich glaube … Ich würde sagen, versuch es einfach mal, ja? Setz dich erstmal hin dort, okay?"

Zögernd stand Nina auf und ging auf den leeren Stuhl zu. Für einen kurzen Moment blieb sie stehen. Dann setzte sie sich. Fragend sah sie Lilly an.

„Also, Nina", fing die an und machte ein paar Schritte auf Nina zu, „du bist jetzt", sie überlegte ganz kurz, „siebenunddreißig Jahre alt. Jetzt kannst du uns von deinem Leben erzählen. Wie sieht dein Leben aus? Was spielt für dich eine Rolle? Was ist dir wichtig? Was tust du so?"

Nina nickte ein paar Mal vor sich hin. Sie schien sich zu sammeln. Als Lilly schon dachte, sie müsste noch einmal nachfragen, fing Nina zögernd an zu sprechen.

„Also. Wer bin ich und wie sieht mein Leben aus? Ich bin Marketing-Leiterin bei *Recordance*. Ich führe ein Team, und das sehr erfolgreich. Wir können richtig was bewegen und haben richtig was gerockt in den letzten zehn Jahren. Wir arbeiten hart dort, aber unser Ruf ist gut. Die Firma ist richtig groß mittlerweile."

Lilly war anzumerken, dass sie etwas einwerfen wollte, aber sie hielt sich zurück.

Nina fuhr fort. „Zum Beispiel haben wir eine ganz neue Art der Lead-Nachverfolgung eingeführt. Wir arbeiten viel mit Analytics und künstlicher Intelligenz, wenn es um die Bedürfnisse der Kunden geht. Wir schaffen es, eine gute Bindung zu unseren Kunden aufrecht zu erhalten, sodass sie uns als Partner wahrnehmen, nicht als Verkäufer. Was wir außerdem gut hinkriegen, ist-"

Lilly schien etwas nervös zu werden. „Okay, okay", unterbrach sie Nina. „Also verstanden, du gehst in zehn Jahren voll auf in deinem Job."

Überrascht sah Nina sie an. „Ist das nicht gut?"

„Doch. Ich frag mich nur… Also Nina, es gab da vor zehn Jahren für dich eine Entscheidung zu treffen. Da ging es um dein Privatleben."

Jetzt verstand Nina. „Ah. Äh, ja. Die gab es."

„Vielleicht fangen wir mal so herum an: Gibt es denn außer deinem Job für dich noch etwas anderes im Leben? Hast du ein Privatleben?

Denk dran, es ist jetzt zehn Jahre später. Du bist siebenunddreißig."

Nina rückte ein Stück auf ihrem Stuhl nach hinten. Sie überlegte. „Ja", sagte sie dann, „ich denke, ich hab ein Privatleben."

„Eine Beziehung? Bist du verheiratet? Hast du ein Kind? Mehrere vielleicht? Hobbies?"

Nina zögerte. Ein paar Mal sah sie so aus, als wollte sie den Mund aufmachen und etwas sagen. Jedes Mal schloss sie den Mund wieder.

Schließlich sah sie Lilly hilfesuchend an. „Lilly, ich kann das nicht! Tut mir leid. Ich bin der schlechteste Coachee ever. Aber ich kann diese Frage nicht beantworten. Ich meine, ja, ich will natürlich in zehn Jahren sagen können, dass ich irgendwie sowas wie ein Privatleben habe. Klar. Aber wie das genau aussieht, das weiß ich einfach nicht. Mein Kopf blockiert. Genau das ist ja mein Dilemma."

Lilly nickte. „Okay, ich merk schon. Weißt du was? Wir probieren einfach die nächste Methode."

„Okay." Dankbar sah Nina Lilly an.

„Also, vielleicht fangen wir mit dieser Zwischenübung hier an. Mal angenommen, wir kommen heute der Beantwortung deiner Frage näher." Sie deutete auf das Flipchart, auf der einsam die Karte hing mit der Frage SOLL ICH DAS KIND BEKOMMEN ODER NICHT?.

„Also, stell dir vor, wir können diese Frage heute klären, was ändert sich dann für dich?" Lilly warf einen weiteren Blick in ihre Unterlagen. Dann stand sie auf, nahm einen Stift und einen ganzen Packen an Moderationskarten und ging zum Flipchart hinüber.

„Soll ich mitgehen?"

„Nein, du kannst sitzen bleiben."

„Okay."

„Ich meine", beharrte Lilly, als Nina sonst nichts sagte, „wie würde dann dein Leben aussehen?"

„So wie vorher?"

„Na gut, dann beschreib mir, wie es aussehen würde."

„Ähm. Ich wäre entweder wieder unschwanger und glücklich damit oder aber weiter schwanger und glücklich damit."

Lilly sah kurz so aus, als ob sie hier einhaken wollte, besann sich aber dann anders und notierte das auf eine Moderationskarte: UN-SCHWANGER/GLÜCKLICH ODER SCHWANGER/GLÜCKLICH.

„Wie würde dein Leben noch aussehen?" Als Lilly sah, dass Nina mit der Frage haderte, fügte sie hinzu: „Was wäre anders als jetzt?"

„Puh. Ich könnte mich wieder auf meinen Job konzentrieren. Ich hätte keine Abtreibung vor mir, von der ich nicht wüsste, ob sie der größte Fehler meines Lebens oder die Rettung meines Lebens ist. Ich müsste mir nicht dauernd die Frage stellen, ob ich nun die linke oder die rechte Tür nehmen soll."

„Gut." Lilly kam kaum mit dem Schreiben hinterher: KONZENTRATION AUF JOB. NICHT DAUERND FRAGE STELLEN: ABTREIBUNG FEHLER ODER RETTUNG. Jeder der Punkte bekam eine eigene Moderationskarte.

„Haben die Farben eine Bedeutung?"

„Was? Ach so, nein. Ist Zufall, welche ich nehme."

„Ach so. Ich dachte nur … Bei mir haben sie immer eine Bedeutung."

„Aha, aha." Lilly war auf das Schreiben der letzten Buchstaben konzentriert. Als sie damit fertig war, sah sie Nina erwartungsvoll an. Die blickte ebenso erwartungsvoll zurück.

„Beschreib mir doch gern noch einmal, wie sich der neue Zustand ANFÜHLEN würde."

„Anfühlen? Na, gut eben."

„Okay, sehr gut. Und wie noch?"

„Wie noch? Sicher."

„Aha. Und sonst? Wie noch?"

Nina überlegte. „Ich hätte einfach Klarheit, wie es weitergeht. Du weißt, Lilly, ich brauche Klarheit. Nicht zu wissen, wie es weitergeht, das macht mich total unruhig. Ich muss die Dinge planen können. Wie soll ich planen, wenn ich noch nicht mal weiß, ob ich in neun Monaten allein oder zu zweit bin?"

Lilly kritzelte wild mit. Dann war sie fertig mit den Karten.

„Klasse." Sie lächelte zufrieden.

„Und jetzt?", fragte Nina.

„Jetzt starten wir mit der eigentlichen Methode."

„Na gut. Schieß los. Was muss ich tun?"

„Also", Lilly spickte wieder in ihre Unterlagen, „es geht darum, dass du dir Unterstützung von fiktiven Ratgebern suchst bei deiner Frage, die du hier nochmal siehst." Sie deutete erneut auf das Flipchart, auf dem Ninas Kind-bekommen-oder-nicht-Karte hing.

Nina nickte.

Lilly fuhr fort: „Du darfst dir also eine Person aussuchen, die dich im Hinblick auf deine Fragestellung beraten kann."

Nina blickte Lilly an und blinzelte mehrmals.

„Ich meine", erläuterte Lilly, „die Person kommt nicht wirklich hier her, wir befragen sie nicht WIRKLICH. Sondern es geht darum, dass du ihre Perspektive einnimmst. Und das wiederum wird dir bei der Abwägung helfen."

„Aha."

„Ja, genau. Also Nina, welche Person wählst du?"

Nina schwieg.

Lilly half ihr auf die Sprünge: „Du könntest Freunde nehmen, Familie, Kollegen. Du könntest sogar Gegenstände nehmen. Comic-Figuren, Tiere, … was du möchtest."

„Okay". Nina schwieg erneut.

„Nina, du hast Freunde, oder?"

„Klar. Ich muss nur erstmal überlegen."

Lilly war ihre Ungeduld deutlich anzumerken. „Na, nimm doch zum Beispiel Andreas."

„Andreas? Gott bewahre! Von dem hab ich im Leben noch keinen brauchbaren Ratschlag bekommen."

„Okay. Sollte ja nur ne Hilfestellung sein. Dann nimm doch Martin."

„Hm. Schon eher. Aber ob der mit seiner Life-is-a-party-Einstellung wirklich genau bei der Frage ein guter Ratgeber-"

„Ist ja schon gut. Dann nimm jemand anderen. Nina. Irgendjemanden?"

Jetzt hellte sich Ninas Gesicht auf. „Lilly!"

Für eine winzige Sekunde zeigte sich eine Abwehrhaltung in Lillys Gesicht. Dann sagte sie: „Na gut, meine Güte. Ich weiß zwar nicht, ob das der Sinn der Methode ist … Aber bevor dir gar niemand einfällt, warum eigentlich nicht? Also, du nimmst mich."

Nina strahlte.

„Okay, also was du jetzt tun musst …", offenbar versuchte Lilly, einige Notizen in ihren Blättern zu entziffern, „du stehst jetzt bitte auf und gehst auf diesen Stuhl hier drüben zu. Und mit jedem Schritt auf den Stuhl zu wirst du mehr und mehr zu deiner bezaubernden, wunderbaren Freundin Lilly."

Nina warf ihr einen Blick zu.

„Was? Genau so geht die Methodik. Also, du nimmst jetzt Lillys Perspektive ein, okay? Wenn du so weit bist, setzt du dich auf den Stuhl."

Nina zögerte kurz. Dann stand sie auf und ging mit wenigen Schritten auf den freien Stuhl zu, den Lilly einige Meter entfernt platziert hatte. Für einen kurzen Moment zögerte sie. Dann setzte sie sich sehr aufrecht hin und schlug ihre Beine übereinander. Strahlend warf sie ihre Haare zurück.

„Alles gut?"

„Ja", antwortete Nina. „Ich bin du, schon vergessen?"

„Na gut." Lilly trat auf Ninas Stuhl zu. Dann wurde ihr Tonfall ernst, fast beschwörend.

„Lilly", sagte sie, zu Nina gewandt, „schön, dass du hier bist. Du hast gehört, um was es Nina hier", dabei deutete Lilly auf den mittlerweile freien Stuhl, auf dem Nina anfangs gesessen hatte, „ganz dringlich geht. Sie möchte gerne wissen", und hierbei zeigte Lilly auf die Moderationskarte mit der Frage darauf, „ob sie das Kind bekommen soll oder nicht, das sie in ihrem Bauch trägt."

Nina schwieg abwartend.

„Ja", ermunterte Lilly Nina, alias Lilly, „liebe Lilly, was sagst du dazu? Was soll Nina tun?"

„Okay", begann Nina, „da hat sich Nina ja in eine blöde Situation reinmanövriert."

Lilly nickte aufmunternd.

„Hätte ich ja nicht gedacht bei ihr."

Wieder nickte Lilly ihr zu.

„Ja", fuhr Nina fort, „wie wir wissen, wollte Nina eigentlich nie ein Kind. Und jetzt schafft sie es, schwanger zu werden, wenn sie noch nicht mal einen zuverlässigen Partner hat. Tolle Leistung!"

„Äh", Lilly hob ihren Zeigefinger, „Nina, du musst bitte in der Rolle bleiben. Meinst du wirklich, dass … Lilly so über dich sprechen würde? Ich meine, Lilly ist doch auch viel positiver und lösungsorientierter, so wie ich sie kenne."

Nina zögerte kurz. „Na gut", sagte sie dann. Sie räusperte sich und sammelte sich für einen Moment. Dann fuhr sie fort. „Okay, also Nina wollte nie ein Kind. Das hat sie immer gesagt und sich immer auf ihre Karriere konzentriert."

Lilly nickte bekräftigend.

„Aber jetzt ist sie nun mal schwanger", machte Nina weiter. „Und", sie sah etwas fragend zu Lilly hinüber, „ich denke, dass sie in Anbetracht dessen nochmal genauer überlegen sollte, ob sie bei ihrem Nein zu einem Kind bleiben will."

Als Lilly nicht widersprach, kam Nina in Fahrt. „Ein Kind ist eigentlich was Tolles. Ja, anstrengend und ja, man muss es organisieren, wenn man gleichzeitig Karriere machen will. Ich denke aber, dass Nina das schaffen könnte."

Lilly wartete kurz ab, ob Nina noch etwas hinterherschieben wollte. Als die stumm blieb, fragte Lilly: „Und Lilly, so wie du Nina kennen gelernt hast. Was würde sie denn glücklicher machen: das Kind zu bekommen oder das Kind abzutreiben?"

Nina alias Lilly seufzte kurz. Dann sagte sie: „Ich denke, dass beides seine Vor- und Nachteile hätte. Wenn Nina nur die Karriere will, dann passt da kein Kind rein. Und dann muss sie es abtreiben.

Wenn sie allerdings noch mehr will – eine Familie, einen Ausgleich, etwas Nachhaltigeres als diese Marketing-Sachen, die sie macht – dann könnte sie diese Chance jetzt nutzen."

„Aha, aha", machte Lilly, „danke, Lilly. Und noch eine Frage an dich, Lilly, wenn du schon mal hier bist: Was sollte denn Nina als Nächstes tun, um bei ihrer Entscheidung weiterzukommen? Sie hadert, wie du mitbekommen hast, sehr mit dem Thema. Gleichzeitig hat sie nicht ewig Zeit. Also, was würdest du ihr raten? Was sollte sie deiner Meinung nach als nächstes tun?"

Die Antwort von Nina alias Lilly kam wie aus der Pistole geschossen. „Sich fragen, was sie wirklich will. Und dabei ganz, ganz ehrlich zu sich selbst sein. Denn die Entscheidung, die sie jetzt trifft, könnte sie für immer bereuen. Sie sollte beides mal durchspielen in Gedanken. Sicherstellen, dass sie ein möglichst klares Bild von beiden Alternativen bekommt. Auch recherchieren, wer oder was ihr helfen könnte. In beiden Fällen. Und auch mal gucken, wie sich beides für sie anfühlt, wenn sie es mal durchgeht im Geiste. Und sich dann für das entscheiden, was sich besser anfühlt und richtiger."

Entschlossen sah Nina Lilly an. Die nickte beeindruckt.

„Okay, Lilly", sagte sie zu Nina gewandt, „gibt es sonst noch irgendetwas, das du Nina gerne mitgeben möchtest. Du kannst es ihr ganz direkt sagen." Dabei deutete Lilly wieder auf den jetzt freien Stuhl, auf dem Nina gleich wieder sitzen würde.

„Ja", erwiderte Nina wieder ziemlich zügig und sah hinüber zu dem leeren Stuhl. „Liebe Nina. Bitte, bitte sei offen. Du redest immer nur über deinen Job. Ist ja toll, dass dir der so viel Spaß macht und dich so erfüllt. Aber bitte frag dich, ob dir ein Job ausreichen wird. In zehn Jahren. In zwanzig Jahren. In dreißig Jahren." Sie verstummte.

Lilly schwieg ebenfalls. Ninas Worte klangen noch nach in dem kleinen Raum, den Lilly so schön dekoriert hatte.

„Wow", sagte Lilly dann, „vielen Dank für deine Hilfe, Lilly. Dann verabschieden wir uns hier von dir."

Ihre Stimme wurde wieder natürlicher, als sie fortfuhr: „So, Nina, du darfst jetzt von diesem Stuhl aufstehen und wieder zu deinem alten Nina-Stuhl zurückgehen. Und mit jedem Schritt auf deinen alten Stuhl zu wirst du wieder zu Nina."

Nina stand auf und tat wie geheißen. Als sie saß, fragte Lilly erwartungsvoll: „Und?"

Nina nickte ein paar Mal. „Hm, interessant. Das macht wirklich was mit einem, wenn man die andere Perspektive einnimmt."

„Was macht es mit dir?"

„Es fühlt sich für einen Moment lang nicht so schlimm an. Weil man für einen kurzen Augenblick nicht man selbst ist. Und aus der Distanz der anderen Person sieht das Problem auch schon nicht mehr ganz so schlimm aus." Sie sah Lilly an. „Danke, Lilly. Das war ein guter Einfall von dir."

Lilly lächelte. „Du warst ein guter Coachee bei der zweiten Übung. Ich glaube, dieser Perspektivwechsel funktioniert gut bei dir. Auch wenn ich diesen Punkt mit dem Recherchieren vermutlich niemals gesagt hätte als echte Lilly. Aber das Durchspielen, wie beides sich anfühlt, das könnte wohl aus meinem Mund stammen. Und auch der Punkt mit der Offenheit. Aber", sie zuckte mit den Achseln, „das weißt du ja schon."

„Ja, schon." Nina runzelte die Stirn. „Nur ist genau das absolut nicht meine Stärke. Beides. Beides ist deine Stärke, Lilly. Nach Gefühl entscheiden, nach Intuition, dabei offen sein, die Dinge auf sich zukommen lassen, … Im Ernst, Lilly, ich wüsste gar nicht, wie sowas geht."

„Hmm", machte Lilly und überlegte. „Was könnte denn im allerschlimmsten Fall bei beiden Alternativen passieren? Nimm mal das erste: Du lässt abtreiben. Was ist der worst case?"

„Ich bereue es zutiefst, rutsche in eine tiefe Depression, wünsche mir nichts sehnlicher als ein Kind, und der Arzt stellt fest, dass ich keins mehr bekommen kann. Vielleicht sogar aufgrund der Abtreibung. Niederlage auf ganzer Spur."

„Für wie wahrscheinlich hältst du das?"

„Ich bin eigentlich nicht der Typ für eine Depression. Aber weiß man's?"

„Und dass du danach keine Kinder mehr bekommen kannst?"

„Da müsste ich einen Arzt fragen."

„Willst du das machen?"

„Naja, warum eigentlich nicht?"

„Okay." Lilly notierte es auf einer Karte.

„Und dann der andere Weg. Nimm an, du bekommst das Baby. Was passiert im worst case?"

„Wieder: tiefe, tiefe Depression. Weil ich nicht mehr schlafe, das Kind ein kleiner Schreihals ist, ich im Job nicht mehr klar komme und ich irgendwann mit meinem ganzen Leben nicht mehr zu Rande komm. Ach ja, und die Männer wollen mich natürlich auch nicht mehr. Eine Alleinerziehende."

„Okay. Und für wie realistisch hältst du das?"

„Naja… Man hört schon oft, dass Kinder echt, echt herausfordernd sein können."

„Und dass du im Job nicht mehr klar kommst?"

„Ich kann's mir irgendwie nicht vorstellen. Es gibt ja auch Babysitter. Neben der Kita, meine ich."

Nina wollte aufstehen. Doch Lilly hielt sie zurück. „Warte. Wir sind noch nicht fertig."

„Nein?"

„Nein. Ich hab ein paar der Punkte mitgeschrieben, die du – und auch Lilly – vorhin gesagt hast. Schau, hier." Sie verstreute etwa fünfzehn Karten vor Nina auf dem Boden, sodass die alle lesen konnte.

„Du guckst jetzt nochmal über alle drüber, und dann sagst du mir, welche dich besonders ansprechen. Das heißt, welche scheinen dir besonders bedeutsam zu sein. Die nehmen wir uns dann raus, okay? Und du entwickelst darauf aufbauend einen ganz konkreten Plan, was du als nächstes machen wirst. Und bis wann, mit genauer Timeline."

Nina schnaufte erleichtert aus. Plan, konkret, Timeline – das war definitiv eher ihr Home Turf.

Als Nina sich an dem Abend von Lilly verabschiedete, nahm sie einen kleinen Strauß an Hausaufgaben mit. Vor allem würde sie noch stärker recherchieren, ob bestimmte Dinge möglich waren. Mehr Unterstützung durch die Firma zum Beispiel beim Thema Kinderbetreuung. Es war ein bisschen schwierig, das zu eruieren, wenn sie die Tatsache, dass sie schwanger war, noch gar nicht kommuniziert hatte. Aber vielleicht würde ihr etwas einfallen. Sie könnte Tanja im HR ja ganz generell mal dazu befragen, was so an kinderfreundlichen Maßnahmen geplant war. Vielleicht aus Marketing-Sicht, weil sie dazu etwas auf LinkedIn posten wollte.

Und dann müsste sie es endlich einmal schaffen, beide Optionen in Gedanken mal durchzuspielen.

„Hast du keine Verwandte oder Freundin, die gerade ein Baby hat?", hatte Lilly gefragt. Tatsache war: Nein.

Naja. Dann müsste sie vielleicht nach Erfahrungsberichten suchen im Netz. Es gab doch Persönlichkeiten, die beruflich sehr eingespannt waren und Kinder hatten. Wie machten die das? Bestimmt würde sie was dazu finden.

Und der Punkt mit dem Reinfühlen… Sie fasste einen weiteren Entschluss. Sie würde am nächsten Tag in die Berge fahren, um den Kopf etwas frei zu bekommen. Am liebsten allein, aber aus Höflichkeit fragte sie Lilly, ob die mitkommen wollte.

Lilly verneinte. „Erstens kennst du meine Einstellung zum Wandern. Und außerdem, sei mir nicht böse, aber… Ich bin mit Steve zum Frühstück verabredet."

Nina lächelte. Das hatte sie fast erwartet. „Umso besser. Schaff ich mehr Höhenmeter." Sie streckte Lilly die Zunge heraus. Dann umarmte sie sie zum Abschied. Auch das war neu.

In der Nacht träumte Nina davon, dass sie die Frist zum Schwangerschaftsabbruch verpasst hatte und die Schwangerschaft weiter und weiter lief, bis das Baby schon fast auf der Welt war.

„Wir können jetzt nichts mehr tun", sagte die Krankenschwester zu ihr. „Sie hätten sich früher darum kümmern müssen. Viel früher."

Schweißgebadet wachte Nina auf, und ihr Herz klopfte. Bis sie langsam im Dunkeln zu sich kam und begriff, dass es noch nicht zu spät war. Es würde alles gut werden. Es war noch nicht zu spät.

Um fünf Uhr früh klingelte Ninas Wecker. Trotz Müdigkeit schälte sie sich aus dem Bett und schlurfte ins Bad. Der Traum der letzten Nacht war noch viel zu real und greifbar. Als Nina in der Küche saß und ihren Kaffee trank, spürte sie noch den Schrecken, der ihr in den Gliedern saß.

Na, da würde sich die Wanderung ja mal richtig lohnen. Sie spülte ihre Tasse ab und packte ihre Sachen.

Kein Wunder, dachte sie, dass sie solche Träume hatte. Weil sie einfach so herum-eierte mit der Entscheidung. Warum? Warum konnte sie nicht einfach bei ihrer allerersten Reaktion bleiben und das Ding in ihrem Bauch einfach abtreiben?

Das war alles Lillys Schuld. Die hatte da irgendetwas losgetreten, und jetzt rollten die ganzen Steinchen völlig unstrukturiert durcheinander.

Sie zog die Wohnungstür von außen zu.

9. Kapitel: Entscheidung

Es knackste aus dem Lautsprecher. „Ksta Halt n Kürze Brannenburg." Um die Uhrzeit waren nur wenige Menschen unterwegs, und Nina entspannte sich auf der Fahrt mit der Bahn in Richtung Rosenheim. Auch für den Bahnfahrer lohnte es sich wahrscheinlich nicht, für die wenigen Fahrgäste auf eine deutliche Aussprache zu achten.

Auf dem Bahnsteig in Brannenburg atmete Nina tief durch und sog die frische Luft ein. Sie kannte die Tour gut, die sie laufen wollte. Vom

Fahnenkogel aus hatte man einen fantastischen Blick über die umliegenden Bergkämme.

Es war noch kühl so früh am Morgen, aber es würde später deutlich wärmer werden, wenn einmal die Sonne draußen war.

Sie begann ihren Weg und konzentrierte sich auf ihre Schritte. Der erste steilere Anstieg kam hier schon kurz nach dem Start. Da konnte man gut vorankommen und Höhenmeter gut machen.

Für gut eine Stunde lief Nina voran wie eine Maschine. Es war eine gute Idee gewesen, rauszufahren. Wie gut es sich anfühlte. Der Sauerstoff, das Grün der Natur, der Duft nach Gras, nach Harz, nach Holz. Die Steinchen knarzten unter ihren Bergschuhen, während sie weiterwanderte. Wahrscheinlich würde oben am Gipfel noch Schnee liegen.

Nina dachte an Lilly. Die jetzt vermutlich noch im Tiefschlaf war und sich beim Aufwachen auf ihr Frühstück mit Steve freuen würde. Lilly, die das Leben so sehr genießen konnte. Lilly, die wäre in ihrer Situation nicht so hin- und hergerissen. Lilly, die fühlte einfach in sich hinein, und dann kannte sie die Antwort auf jede Frage. Immerhin hatte sie erzählt, dass sie selbst schon einmal abtreiben wollte. Es schien kein großes Ding für sie gewesen zu sein. Und warum nicht? Wahrscheinlich, weil sie mit sich im Reinen war. Sie wusste genau, was sie wollte und was sie nicht wollte.

Das Leben musste viel einfacher sein, wenn man nach seinem Gefühl entscheiden konnte, dachte Nina. Für sie selbst hatte das nie funktioniert. Sie musste Fakten analysieren und gegeneinander abwägen. So funktionierte ihr Gehirn. Warum nur war es diesmal so schwierig?

Naja, da war ein Kind in ihr. Hätte sie sich nicht zu diesem letzten Cocktail überreden lassen, dann wäre es jetzt nicht da. Und was wäre dann? Wahrscheinlich wäre sie jetzt noch mit Torben zusammen. Würden sie jetzt auch gerade nebeneinander auf der Couch sitzen und frühstücken? Wie lange würden sie das tun? Bis er ihr eines Tages eröffnen würde, dass er und seine Mutter eine geeignete Frau für ihn gefunden hatten? Eine mit angesehenen Eltern? Bei der man keine Angst haben musste, dass sie auf das Familienerbe aus war, weil sie nämlich selbst Geld wie Heu hatte? Ach ja – und eine, die schön brav daheim bleiben würde, sobald ein Kind anstand. War es das, was sie für ihn wollten?

Nina beschleunigte ihren Schritt. Es war komisch. Irgendwie fühlte es sich an, als hätte die Schwangerschaft etwas angestoßen. Einen Prozess, der gerade alles aufwühlte. In ihrem Leben, aber auch in ihr. Es ging um mehr als nur um die Frage, ob sie Windeln wechseln oder nicht Windeln wechseln sollte. Es ging um sie als Person. Irgendetwas sagte ihr, dass - sobald diese Verwirrung einmal nachlassen würde – das alles hier zu einer neuen und zu einer wichtigen Erkenntnis für sie führen würde. Sie wusste nur noch nicht zu welcher, und das machte sie verrückt.

Wieder zog Nina das Tempo an. Mal sehen, wie schnell sie diesmal den Weg zum Gipfel schaffen würde. Vielleicht würde sie ihren neuen Rekord aufstellen für die Strecke.

Nach einer weiteren Dreiviertelstunde musste Nina das erste Mal innehalten. Das war ungewöhnlich zeitig auf dieser Strecke. Vielleicht war sie doch zu flott unterwegs. Oder… konnte es vielleicht sein, dass sie gerade zum ersten Mal eine Veränderung an ihrem Körper spürte? Irgendwie strengte sie der Weg mehr an als sonst. Aber das konnte unmöglich an der Schwangerschaft liegen. Man sah ihr nichts an davon, und das war auch gut so. Also weiter jetzt. Nur nicht nachgeben. Sie führte, nicht ihr Körper.

An einer Weggabelung ein paarhundert Meter weiter blieb sie erneut stehen. Was war denn nur los heute? Die Strecke zum Fahnenkogel nahm sie normalerweise komplett ohne Pause. Aber diesmal ging es nicht. Sie sah sich um. Dort hinten war eine Bank. Sie setzte sich und schnaufte ein paar Mal durch. Vielleicht etwas trinken. Vielleicht war der Grund für ihre Erschöpfung auch einfach nur Flüssigkeitsbedarf.

Sie trank, atmete ein paar Mal tief durch und steckte die Flasche wieder ein. Genug Pause gemacht, der Gipfel war noch weit.

Für eine Weile stapfte sie weiter. Jetzt kamen ihr einzelne Wanderer entgegen und grüßten. Höflich grüßte sie zurück. Wie immer, würden sie sie sofort als Städterin erkennen, nur an dem einen Wort „Hallo".

Sie schnaufte erneut. Kurz blieb sie stehen. Wieder musste sie nach ihrer Flasche greifen.

So, weiter jetzt. Da hinten kam die nächste Weggabelung. Vor den Schildern blieb sie stehen. Zum Gipfel waren es noch viereinhalb

Stunden. Sie hatte es meistens schneller geschafft. Aber ob das heute auch so klappen würde? Wenn sie jetzt schon schwächelte …

Mit einem Seufzer ließ sie den Blick über die Vielzahl an Schildern gleiten. Hier gab es ein Ziel, das in eineinhalb Stunden zu erreichen war: *Mittneralm* stand auf dem Wegweiser. „Nichts da, Nina", murmelte sie, „du bist nicht hierher gekommen, um jetzt abzukürzen. Die lange Wanderung wird dir guttun. Also, auf zum Gipfel."

Sie setzte sich wieder in Bewegung. Nach ein paar Metern blieb sie erneut stehen. Irgendetwas war heute anders. Sie würde den Gipfel nicht schaffen. Es war nicht wie sonst.

Sie blickte zurück zur Weggabelung. Wie ferngesteuert drehte sie um und ging zurück. Noch einmal warf sie einen Blick auf die Optionen auf den Wegweisern. Ihr Ziel war ganz klar der Gipfel gewesen. Sie überlegte kurz. Was war jetzt ihr Ziel?

Prüfend lief sie ein paar Meter in Richtung der Mittneralm. Sie könnte ja ein paar Minuten laufen und gucken, wie der Weg so war. Wahrscheinlich nicht so schön wie der andere.

Nach ein paar Minuten Gehen blickte sie sich um. Weite Wiesen. Viel grünes Gras. Da hinten ein paar Kühe. Jetzt stieg der Weg steil an. Aber nur ein Stückchen. Gleich darauf ging es eben weiter. Ein paar Kinder begegneten ihr. „Servus", grüßten sie.

„Hallo", sagte Nina. Der Weg wurde schmaler und schlängelte sich jetzt durch ein Waldstück. Ein kleiner Bach rauschte neben ihr den Hang runter. Wann sollte sie umdrehen?

Mechanisch lief sie weiter. Wollte sie noch umdrehen? Der Weg war angenehmer für sie zu laufen. Nicht so anstrengend, zumindest bisher. Nein, sie wollte nicht umdrehen. Es war schön hier. Es war schön, diesen neuen Weg auszuprobieren, den sie noch nicht kannte.

Etwa eine Stunde folgte sie der Strecke. Hier kam ein steiles Stück. Mannmannmann, das hatte es in sich. Da oben war eine Lichtung. Sie kämpfte mit der Strecke. Schritt für Schritt kam sie voran. Ihr Schnaufen war laut zu hören. Sie schwitzte. Bis da oben noch, dachte sie, nur bis da oben noch.

Schließlich kam sie oben an. Hier endete das Waldstück mit einem Mal, und eine breite, helle Lichtung tat sich auf. Nina pfiff kurz durch die Lippen. Hier also lag die Mittneralm. Eine gemütlich und einladend aussehende Hütte mit großem Schild vorne dran. Sie lief auf die Hütte zu. Von der großen Terrasse aus bot sich ein wunderschöner Blick über eine Schlucht. Und da unten war auch der Bach wieder zu sehen. Er plätscherte und gurgelte über Felsen und Steine. Fasziniert schaute Nina seinem Treiben zu. Irgendwo in ihrem Kopf meinte sie, *Smetana* zu hören.

Nach einer Weile löste Nina ihren Blick und drehte sich um, um auf eine der Holzbänke auf der Terrasse zuzusteuern. Trotz der noch frühen Uhrzeit saßen zwei etwa fünfzig Jahre alte Männer auf einer Bank und unterhielten sich angeregt. Die Hütte war offenbar ganzjährig geöffnet. Nina setzte sich an einen Tisch direkt am Geländer. Sie hielt ganz still und lauschte. Was für eine Ruhe. Nur das Gurgeln des Baches war zu hören. Was für ein Ausblick.

Sie atmete tief durch, sog die Luft ein und schloss kurz die Augen. Neben sich hörte sie Schritte.

„Griaßdi, guten Morgen, so früh schon unterwegs? Kriagst du wos?" Eine Frau von etwa vierzig Jahren stand neben ihr und sah sie an.

„Äh – ja. Haben Sie eine Apfelschorle für mich, bitte?"

„Kummt sofort." Die Dame verschwand wieder.

Nina setzte sich auf ihrer Bank zurecht und lehnte sich über das Geländer. Wie wunderschön war diese Stelle hier. Ein kleines Paradies. Sie wollte den Anblick einsaugen. Genau danach hatte sie sich gesehnt. Ruhe, Einsamkeit, ein herrlicher Ausblick. Zeit und Raum. Kein Alltag. Und trotzdem war sie nicht allein.

Die Wirtin brachte ihr die Apfelschorle.

„Dankeschön."

Nina zückte ihr Handy und schoss ein paar Bilder, die sie Lilly schickte. *Schau, was ich entdeckt hab. Das Paradies. Genießt euer Frühstück.*

Es surrte. *Ui, schön. Genieß du das Paradies.* Und Lilly schickte ihr ein Herzchen.

Eine ganze Stunde saß Nina auf der Terrasse. Eine ganze Stunde und zwei Apfelschorlen lang. Sie genoss die Sonne mit geschlossenen Augen. Hier wollte sie nicht über die Schwangerschaft grübeln. Hier wollte sie nur den Moment genießen.

Die Berge um sie herum beruhigten sie. Sie waren einfach nur da, so gewaltig und so massiv. Ganz egal, was einen beschäftigte, hier in den Bergen war es klein und unwichtig. Welche Bedeutung konnte man selbst schon haben zwischen Gestein, das vor Millionen von Jahren entstanden war, und das noch lange da sein würde, wenn man selbst schon längst zu Staub geworden war?

Als Nina schließlich aufbrach, beschloss sie, bald wiederzukommen. Das hier könnte ihre Strecke für schwache Tage werden. Die würde sie immer schaffen.

Ein letztes Mal sah sie sich um, um den Ausblick zu genießen.

Dann trat sie den Rückweg an. Für den konnte sie sich jetzt ganz viel Zeit lassen.

Im Zug auf dem Heimweg nach München fand Nina ein Abteil für sich allein und setzte sich ans Fenster. Gedankenverloren blickte sie zum Fenster hinaus. Die Landschaft zog rückwärts an ihr vorbei.

Zurück in die Realität, dachte sie, zurück nach München. Zurück zu ihren Herausforderungen.

Für die kommende Woche war der Termin in der Frauenarzt-Praxis terminiert. Am Donnerstag würde er stattfinden. Sie würde gleich morgens um acht Uhr drankommen. Dann würde sie für den Rest des Tages Home Office machen. Ihr erster fixer Call war erst um elf. Die Sprechstundenhilfe hatte ihr bestätigt, dass das möglich sein müsste. Der Eingriff an sich würde nur ein paar Minuten dauern. Dann würde sie aus der Narkose erwachen und noch für eine halbe Stunde in der Praxis bleiben müssen, nur für alle Fälle.

Sie dachte an ihre ersten Anrufe zurück, die Versuche, einen Abtreibungs-Termin zu vereinbaren. Und an die Einträge in dem Forum, auf das sie kurz danach gestoßen war.

Mord, dachte sie. Das war ein starkes Wort. Und trotzdem…

Und trotzdem was? Nina sah weiter aus dem Fenster. Die oberbayrische Landschaft zog an ihr vorbei.

Mord, dachte sie wieder. Es war seltsam, aber… intuitiv fühlte sie ähnlich. Überrascht über diese Einsicht atmete Nina ein paar Mal kurz aus.

Ein kleines Leben war dabei, sich in ihr zu entwickeln. Es würde sich anstrengen, damit es auf die Welt kommen würde. Es würde einen

Charakter entwickeln und eine Persönlichkeit. Es würde Träume haben und Gefühle, Gedanken und Reaktionen. Es würde seinen Platz im Leben behaupten wollen. Noch wäre sie selbst in der Lage, das mit einem einzigen Eingriff zu verhindern. Für ihre Karriere. Für ihren Weg. Den Weg, den sie für sich geplant hatte.

Pläne ...

So klein dieses Pünktchen momentan noch war, harmlos und unschuldig war es nicht. Mal angenommen, der Termin am Donnerstag würde nicht stattfinden. Dann würde das Pünktchen sich für die nächsten acht Monate von ihr ernähren, rücksichtslos und egoistisch. Dann würde es zur Welt kommen und ihr dabei Schmerzen verursachen. Und dann würde es sich von ihr versorgen lassen, füttern und anziehen und einfach laut schreien, sobald es Bedürfnisse hatte. Es würde impulsiv und trotzig sein, unvernünftig und dazu auch noch teuer. Und es würde ihren Karriereplan durchkreuzen. Genau, wie es heute schon ihren Weg zum Gipfel durchkreuzt hatte. Ungefragt.

Das Kind würde krank werden, wenn sie wichtige Termine hatte. Es würde Aufmerksamkeit wollen, permanent, und schreien, wenn sie Präsentationen vorbereiten musste. Es würde sie von Nachtschichten abhalten. Obwohl – könnte sie stillen und gleichzeitig arbeiten?

Und die ganze Zeit würde das nur passieren, weil sie einen einzigen Cocktail zu viel getrunken hatte. Dieses Wesen hatte den Zufall genutzt und die Gelegenheit. Es hatte voreilig gehandelt. Es war noch nicht an der Reihe gewesen. Hätte es doch besser aufgepasst.

Die Fahrt nach München dauerte eine Stunde und vierzehn Minuten. Nina verschränkte ihre Arme auf dem kleinen Tischchen vor sich und legte ihren Kopf darauf. Sie sah weiter aus dem Fenster. Die Bäume zogen draußen an ihr vorbei.

Irgendwie konnte sie nicht umhin, zwei Dinge für das Ungeborene zu empfinden: zum einen Mitgefühl. Was konnte das kleine, voreilige Wesen dafür, dass es sich verirrt hatte? Man würde es beschützen müssen, damit es künftig vor solchen Irrtümern gefeit war und etwas sicherer auf seinem Weg. Wer weiß, was ihm alles passieren könnte, wenn es wieder so tollpatschig unterwegs war?

Und das andere war: Respekt. Da hatte dieses Wesen also einfach die

Lücke abgepasst. Da hatte es das Licht gesehen, das Licht des Lebens, es war mit einem Köpfer ins Wasser gesprungen und darauf zugekrault. Und jetzt war es auf dem Weg, dieses mutige kleine Wesen. Was für ein Wesen! Was für ein Mensch es werden würde! Sie empfand plötzlich so etwas wie Stolz. Das könnte ihr mutiges kleines Wesen sein.

Mit einem Mal wurde ihr klar, dass der Punkt in ihrem Bauch in ihrer Vorstellung schon lange kein Klecks mehr ohne Bewusstsein war. In ihren Augen war es schon längst ein Wesen auf dem Weg zu einem kleinen Menschen mit Persönlichkeit. Würde sie einen kleinen Menschen abtreiben können? Ihn wegmachen? Wegwischen. Aussaugen. Könnte sie das tun? Wie könnte sie das tun?

Es dämmerte ihr, was sie insgeheim schon wusste. Aber plötzlich genoss sie den Prozess und die Langsamkeit, mit der es ihr bewusst wurde. Sie wollte auskosten, wie das Bild immer klarer wurde in ihrem Geist.

„Kleiner Mensch", flüsterte sie, und kleine Tränen schossen ihr plötzlich in die Augen. Mit beiden Händen umfasste sie ihren Bauch. „Kleiner Mensch, ich werde dich zur Welt bringen. Hörst du? Du wirst mein kleines Baby sein. Hörst du mich?" Sie streichelte über ihren Bauch. Für einen Moment lang war ihr, als könnte sie das kleine Pünktchen sehen, das darin lag. „Kleines Menschlein, hab keine Angst. Ich werde dich nicht wegmachen lassen, ich werde dich zur Welt bringen und für dich sorgen. Hörst du? Mein kleines Menschlein... ich bin es ... deine Mama."

Durch die Glastür sah Nina, wie sich der Schaffner draußen dem näherte. Schnell wischte sie über ihre Augen und setzte sich gerade hin. Sie würde dieses Kind nicht abtreiben lassen. Sie würde dieses Kind bekommen.

Mit ihrem Entschluss fand etwas Seltsames statt. Die Unsicherheit der letzten Tage hatte Nina viel Energie gekostet. Es war, als wären eine Menge Ressourcen in ihr nur dafür gebunden gewesen. Dafür, Argumente für und wider zu wälzen, Gedanken hin- und herzuschieben, die Dinge immer wieder neu zu beleuchten und immer und immer wieder zu diskutieren. Als wären in ihr drin tausend kleine Männchen nur damit beschäftigt gewesen. Ihr Kopf war der Schauplatz einer riesigen Veranstaltung gewesen namens *Entscheide dich, Nina!*

Und jetzt, mit der getroffenen Entscheidung, war die Veranstaltung vorbei. Die kleinen Autos in ihrem Kopf fuhren ab, beladen mit Event-Equipment und Akteuren. Die Geräusche nahmen ab, die Luft wurde reiner, die Lichtung wieder klar. Auf einmal war sie wieder bei sich selbst.

Und nun, gemeinsam mit der Entscheidung, kam der Energieschub. Sie würde das Kind zur Welt bringen. Sie würde es schaffen. An was musste sie dabei alles denken? Das war ein völlig neues Projekt. Aber neue Projekte hatte sie schon immer gemocht.

Sobald Nina zu Hause angekommen war, warf sie ihren Rucksack in eine Ecke und setzte sich entschlossen an den Schreibtisch. Sie öffnete ihr Laptop und begann, einen Projektplan zu erstellen. Vorsorgetermine, Kurse, Babybett, Kleidung … und natürlich den Termin zur Abtreibung absagen. Immer mehr Punkte landeten auf ihrem Plan. Zu einigen fand sie sofort nützliche Quellen und notierte in Kurzform alles Wichtige, das es zu beachten galt.

Zwei Stunden später sah Nina zufrieden auf ihre Projektliste. Alle To Do's enthielten Deadlines und ein Feld, in dem sie jeweils den Status der Aktivität in Prozent festhalten konnte. Momentan standen fast alle Felder noch auf Rot. Das würde sich nun bald ändern.

Sie zoomte in ihren Plan. Eine Sache würde sie gleich am Montag angehen. Es war Zeile vier: Info an Andreas. Ihm wollte sie so bald wie möglich Bescheid geben. Sie wusste nicht, ob es für ihn überhaupt eine Bedeutung haben würde, ob sie schwanger war oder nicht. Aber es wäre bestimmt nicht falsch, ihm frühzeitig die Sicherheit zu geben, dass es eben keinen Unterschied machen würde. Sie würde beides stemmen können.

Ob er Vorschläge hatte zum Thema Kinderbetreuung? Nina schüttelte den Kopf. Nicht Andreas.

Noch am selben Abend stellte sie ihm einen Termin ein und bat ihn um ein Gespräch unter vier Augen.

Ach ja. Und Lilly musste sie es natürlich mitteilen.

(WhatsApp Nina:) *Du*

(WhatsApp Nina:) *wirst*

Dann ließ sie eine Minute verstreichen. Lilly war online und schickte ihr ein paar Fragezeichen.

(WhatsApp Nina:) PATENTANTE

Es dauerte keine vier Sekunden, bis ihr Handy klingelte. Mit einem Lachen ging Nina ran.

„Sag mal", hörte sie Lillys ungläubige Stimme, „das heißt jetzt nicht das, was ich glaube, das es heißt, oder doch? Nina, hast du dich entschieden? Bekommst du das Baby? Bekommst du es? Bekommst du es?"

„Genau das heißt es." Nina sagte es betont nüchtern und unterdrückte dabei ein Schmunzeln. „Ich hab mich entschieden. Ich werd das Baby bekommen."

Das Jubeln, das Nina am anderen Ende hörte, zwang sie, ihr Handy weit weg vom Ohr zu halten. Dann hörte sie Lillys Stimme, immer noch aufgeregt: „Was ist denn passiert? Woher der Sinneswandel? Da gehst du einmal in die Berge, und schon willst du ein Kind? Oder war das etwa mein Coaching?"

„Vielleicht beides, ich weiß es nicht. Aber ich will das versuchen, Lilly. Und irgendwie werd ich es schon schaffen. Ich hab mir Gedanken gemacht, was wichtig ist und was zu tun ist. Und ich glaube … naja, ich denke, es ist eine Sache der Planung. Wie eigentlich alles im Leben. Und mit den richtigen Vorkehrungen – Kitaplatz, Babysitter, regelmäßigen Home Office-Tagen – da müsste ich es eigentlich hinbekommen. Mutter zu sein, meine ich, und trotzdem meine Karriere nicht zu vernachlässigen."

„Nina, das ist eine tolle, tolle, tolle Entscheidung! Und ich freu mich so für dich! Wenn ich eine Person auf der Welt kenne, die alles genau so hinbekommt, dann bist du das."

Etwas aufgeregt stand Nina zwei Tage später vor Andreas' Büro. Sie sah auf die Uhr. Ihr Termin hatte eigentlich vor vierzehn Minuten starten sollen, aber durch die Glastür sah sie Andreas telefonieren, dabei auf und ab laufen und gestikulieren.

Jetzt legte er auf. Nina hob den Arm, um an die Tür zu klopfen, hielt aber im letzten Moment inne. Andreas setzte sich an seinen Schreibtisch und warf einen Blick in sein Laptop. Er tippte etwas.

Jetzt klopfte Nina. Andreas sah zur Tür, erkannte sie und winkte sie herein. Sein Blick war nach wie vor finster.

„Nina, hi. Geht es um das Kunden-Event?"

„Nein, das läuft." Nina trat ein, und Andreas bedeutete ihr, sich zu setzen. „Paula und ich sind so gut wie fertig mit der Vorbereitung."

Andreas schwieg und sah Nina erwartungsvoll an.

„Es gibt eine andere Sache", fing Nina zögernd an, „die ich dir mitteilen will."

Andreas' Augen weiteten sich. „Du willst nicht kündigen, oder?"

„Nein", sagte sie und schüttelte den Kopf, „wie käme ich denn dazu?"

Sein Gesicht entspannte sich wieder.

„Aber eine kleine Veränderung wird es geben." Nina atmete einmal tief durch. „Es sieht so aus, als wäre ich schwanger."

Die Überraschung war Andreas deutlich vom Gesicht abzulesen. Er öffnete seinen Mund, um etwas zu sagen, und schloss ihn wieder, was ihn ein bisschen wie einen Fisch aussehen ließ.

„Schwanger," sagte er dann, und seine Augenbrauen hoben sich. „Wow. Also, das … das sind ja Neuigkeiten."

„Wir haben noch ganz viel Zeit", sagte Nina. „Ich wollte dir nur so früh wie möglich Bescheid geben."

Da Andreas ohnehin nichts sagte, fuhr Nina fort: „Ich plane nicht, lange weg zu sein. Wenn du einverstanden bist, nehme ich einfach mein Laptop mit in den Mutterschutz und arbeite ganz normal weiter."

Andreas schien sich wieder zu fangen. „Äh – ja klar, warum nicht? Du machst das einfach mit der IT aus, ja? Und sag mal, du willst nicht länger weg bleiben? Es soll schon andere Frauen gegeben haben, die nach der Geburt anders über ihren Job gedacht haben als vorher."

„Ja, ich weiß. Aber zu der Sorte Frau gehöre ich nicht. Ich bin kein reines Muttertier, ich möchte so schnell wie möglich wieder arbeiten. Ich such zwar noch eine Kita, die ein Kind schon so früh nimmt. Ich hab am Wochenende schon alle angeschrieben, die ich im Umkreis von zehn Kilometern gefunden hab. Und sobald das unter Dach und Fach ist, steh ich wieder hier."

Andreas machte Anstalten aufzustehen. „Gut. Danke für die

Mitteilung. Ach ja, und eine Sache noch. Magst du bitte deine Schwangerschaft noch für dich behalten hier im Unternehmen? Oder weiß schon jemand Bescheid?"

„Nein, niemand. Auch kein Wort zu HR?"

„Nein, lass die Tanja noch raus. Wir überlegen uns eine Kommunikation, ja? Bis dahin bitte kein Wort zu irgendjemandem."

„Klar, wenn du das möchtest, gern."

Erleichtert stand Nina auf und ging zur Tür. Dieser Schritt war geschafft. Andreas hatte es ziemlich natürlich aufgenommen.

So langsam nahm das Projekt Baby Fahrt an. Ein leichtes Lächeln huschte über Ninas Gesicht. Sie würde noch richtig Gefallen daran finden. Ein ganz neues Projekt, eine ganz neue Herausforderung. Spannend.

Auch jemand anderes begann, Gefallen an der Situation zu finden: Lilly. An einem Tag hatte sie einen speziellen Schwangerschafts-Tee aufgetrieben für Nina, am anderen Tag schrieb sie Nina, sie hätte einen Spoil-myself-and-my-Baby-Shake kreiert, den sie Nina bei nächstbester Gelegenheit mixen wollte. Und dann wieder schickte sie ihr eine Liste mit Lebensmitteln durch, die Nina jetzt bevorzugt essen sollte.

„Wusstest du das?", fragte sie Nina ein paar Tage später, als sie telefonierten, „Chia-Samen. Wegen der Omega-drei-Fettsäuren. Sehr wichtig."

„Ja, die gebe ich mir seit ein paar Tagen jeden Morgen ins Müsli."

„Oh", machte Lilly etwas enttäuscht, „und ich dachte, ich erzähl dir was Neues. Aber wusstest du, dass du Kaffee nur noch in Maßen trinken solltest? Es gab eine Studie dazu, und man hat festgestellt, dass ab zwei Tassen pro Tag das Baby Reaktionen wie-"

„Ich trinke tatsächlich gar keinen Kaffee mehr."

„Gar keinen?"

„Ist gar nicht so schwer, wie ich dachte. Hast du noch was?"

„Ähm – Hülsenfrüchte?"

„Wegen des hohen Eisengehalts. Sind bei mir neuerdings vorrätig und kommen regelmäßig auf den Tisch."

„Hätte ich mir eigentlich denken können. Nina the Recherchator war mir von Anfang an einen Schritt voraus."

Nina lachte. „Naja, du musst es mal so sehen: Es hat halt für mich auch nochmal eine andere Relevanz. Jetzt hab ich einen genauen Ernährungsplan. Ich achte jeden Tag darauf, dass ich von allem etwas bekomme, das für das Kind wichtig ist."

„Natürlich. Wie sollte es auch anders sein? Nina the Geek als Schwangere."

„Psst", machte Steffi und legte einen Zeigefinger über den Mund, „jetzt kommt die Ansprache der Geschäftsführung."

„Psst", „Psst", hörte man es durch den Raum raunen. Die letzten Gespräche verstummten. Zuletzt wurde es auch um Martin herum ruhig.

Klaus, Andreas und Jonas, die drei Geschäftsführer, warteten noch einen kurzen Moment, bis auch wirklich Ruhe eingekehrt war im Raum und begannen dann mit ihrer Rede.

Das alljährliche Kunden-Event, zu dem *Recordance* eingeladen hatte, war in vollem Gange. Bei dieser Veranstaltung, zu deren Konzept Nina vor zwei Jahren Andreas überredet hatte, und die jetzt schon zwei Mal ein voller Erfolg gewesen war, ging es vor allem darum, Kunden und Interessenten zusammenzubringen und damit zu glänzen, was die selbst entwickelte Software alles konnte. Dafür gab es erst einmal Experten-Workshops zu verschiedenen Themenbereichen und danach leckeres Essen, exotische Drinks und die Möglichkeit, in entspannter Atmosphäre ganz viel zu networken.

Jetzt gerade begann der entspannende Teil. Die drei Geschäftsführer bedankten sich bei allen Teilnehmenden herzlich für ihr Kommen und ihr Interesse an den Workshops, fassten wesentliche Erkenntnisse daraus zusammen, skizzierten ein paar der kommenden Highlights und eröffneten dann das Buffet und damit den Ausklang des Abends.

Eigentlich bestand Ninas Job auch für den Rest des Abends darin, Kunden und Interessenten bei Laune zu halten. Keiner sollte sich langweilen, keiner allein in der Ecke stehen. Aber so richtig viel war dafür nicht zu tun, denn die Stimmung war gut, und die Gäste, die sich vielfach im Lauf des Nachmittags schon untereinander kennen gelernt hatten, unterhielten sich sowieso schon munter miteinander.

„Hey, Nina", hörte Nina es aus einer Gruppe von Mitarbeitern rufen, die ein paar Meter entfernt standen. „Wir sprechen gerade über das

Mysterium Espressomaschine."

Nina näherte sich der Gruppe. Auch Maja vom Empfang stand dabei.

„Sag mal Nina, kann es sein, dass die Maschine sich in den letzten Wochen immer wieder von allein ausschaltet? Du schaltest sie doch jeden Morgen an, oder? Das ist echt komisch. Seit ein paar Wochen ist sie trotzdem aus, wenn ich morgens komme, und muss jedes Mal Ewigkeiten aufwärmen."

Nina bemühte sich um einen überraschten Gesichtsausdruck.

„Wirklich? Das ist ja ein Ding."

Bevor die Diskussion weiter Fahrt aufnehmen konnte, murmelte sie schnell etwas, zuckte entschuldigend mit den Schultern und entfernte sich. Soweit sie sehen konnte, waren all ihre Kunden-Schäfchen versorgt, unterhielten sich angeregt und hatten ein Getränk in der Hand oder vor sich stehen.

Dort hinten, um Martin herum hatte sich eine Traube an Menschen gebildet. Lautes Lachen war zu hören. Wie machte er das bloß immer? Eigentlich hätte er auch Entertainer werden können.

„Himbeer-Spritz?" Dominik stand plötzlich neben ihr, Martins rechte Hand. Er deutete zu Martin und dessen Fangemeinde hinüber. „Nächstes Mal erhöhen wir die Eintrittspreise. Und drucken Martins Gesicht auf die Flyer."

Nina musste lachen. „Keine schlechte Idee." Sie griff nach dem Spritz. „Und Martins Gesicht kommt ab jetzt auch auf die Software-Hüllen. Ich leite das gleich morgen in die Wege."

Sie wollte das Glas an die Lippen setzen.

„Äh, warte. Der ist mit Alkohol, richtig?"

„Denke ja. Ein Spritz eben. Nicht gut? Willst du nüchtern bleiben, damit du unseren Kunden nicht aus Versehen die Wahrheit über unsere Bugs erzählst?"

„Das hatte ich mir fest vorgenommen für heute Abend. Wer weiß, was ich sonst alles preisgebe."

Dominik sah sie kurz von der Seite an, aber Nina sah schon einen neuen Abnehmer, der sich näherte.

„Hey, Paula. Kannst du ein Wahrheits-Serum vertragen?"

Paula, die gerade den Gang entlanglief, nahm das Glas. „Ich kann den trinken, ja. Da ich die Software eh noch nicht kenne, kann ich auch nichts ausplaudern."

Sie stellte sich dicht neben Dominik. „Na, zufrieden mit dem Event, Herr Developer?" Dabei warf sie ihm ein charmantes Lächeln zu.

Für einen kurzen Moment sah Nina Paula überrascht an. Ihr war noch nie vorher aufgefallen, dass Paula Interesse an Dominik hatte. Aber derartige Antennen waren auch nicht ihre Stärke. Hübsch, wie Paula war mit ihren langen dunklen Haaren und den grünen Augen, hatte sie bestimmt gute Chancen bei ihm. Vom Alter her durften die zwei auch eine Linie sein. Naja, Pech hätte sie nur dann, wenn die Gerüchte stimmten, dass Dominik für Martin doch noch etwas mehr war als nur ein Kollege.

Nina wandte den Blick ab und sah Steffi ein paar Meter weiter an einem Tisch stehen und zu ihr herüberwinken. Neben ihr standen ein paar Mitglieder des Managements, unter anderem Andreas, Klaus und Jonas, jeweils in Gespräche mit Kunden verwickelt. Nina schlenderte zu ihr hinüber.

„Hey."

„Hey, Nina. Ein paar von unseren Kunden hier haben gerade von deinen Workshops geschwärmt. Wie waren doch ihre Worte? Auf den Punkt, sehr gut aufbereitet und super moderiert."

„Cool, freut mich, danke."

Lautes Lachen ertönte neben ihnen. Andreas hatte offenbar gerade die Pointe einer Anekdote erreicht.

„Noch gar kein Drink?", fragte Steffi. „Hier, probier den Melonen-Spritz. Ich hab noch nicht daraus getrunken. Gerade erst geholt." Sie hielt Nina ihr Glas hin.

Diesmal nahm Nina ihn. Nicht nochmal ablehnen. Sie würde ihn einfach irgendwo abstellen. Gleich morgen würde sie mit Andreas über dieses Kommunikations-Verbot sprechen, das er ihr auferlegt hatte. Was sollte das bringen? In Kürze würde man sowieso schon etwas von ihrem Bauch sehen. Warum also lügen bis dahin?

Steffi erzählte, ein paar der potenziellen Kunden klinkten sich ein, mechanisch spulte Nina ein Unterhaltungs-Programm ab. Sie sah, wie der Fotograf sich näherte, den sie für die Feier gebucht hatte. Hey, vielleicht würde sie es mit ihrem Melonen-Spritz in der Hand sogar auf ein Foto schaffen.

Ninas Wecker klingelte um halb sechs. Mit noch geschlossenen Augen unternahm sie einen Versuch, sich zur Seite zu rollen. Einmal. Zweimal. Beim dritten Mal rollte sie sich aus dem Bett und schlurfte ins Bad. Was war nochmal der Grund dafür, dass sie heute so früh im Office sein wollte? Ein paar Mal blinzelte sie sich im Spiegel an, aus dem eine zerzauste Nina sie mit halbgeschlossenen Augen ansah.

Ah. Sie wollte diese Dankeschön-Email entwerfen, die an die Teilnehmer des Events und an alle Kunden, die den Newsletter abonniert hatten, rausgehen sollte. Mit all den Highlights des Abends, in Worten und in Bildern.

Der Fotografen hatte ihr versprechen müssen, ihr das gesamte Bildmaterial bereitzustellen, ungesichtet und ungefiltert und direkt nach dem Event, sodass sie gleich heute Morgen darauf zugreifen konnte. Dazu kamen die Fotoprotokolle der Workshops.

„Mannmannmann", murmelte Nina, als sie eine Stunde später im Büro die Zeitstempel der letzten Fotografen-Bilder sah. Fünf Uhr dreiundzwanzig. Um die Zeit war sie schon seit mehr als vier Stunden im Bett gelegen.

„Hey", sagte Paula, die gegen neun in Büro kam, „seit wann bist du denn schon wieder hier? Warte … du BIST nach Hause gegangen, ja?"

„Na, ich hoff, ich muffel nicht. Hey, warte", sie blickte ein zweites Mal in Paulas Gesicht, „du siehst ja ganz besonders hübsch aus heute!"

Paula wandte ihren Blick ab, streifte ihren Rucksack ab und legte ihre Jacke über ihren Stuhl. „Ach, ich dachte heute Morgen spontan, ich probier mal was aus."

„Aha, aha", machte Nina. Dann fügte sie etwas leiser hinzu:

„Ich bin mir ziemlich sicher, dass Dominik dich auch sehr hübsch finden wird."

Ertappt blickte Paula zu Nina hinüber. Dann nahm sie auf dem Stuhl direkt vor Nina Platz und sah Nina offen an. „Oh Mann, Nina, ich werd nicht schlau aus ihm. Ich kann null einschätzen, was er von mir hält. Ich kann noch nicht mal sagen, ob er überhaupt Frauen mag. Ich nehm an, du weißt nicht zufällig-"

Abwehrend hob Nina die Hände. „Ich fürchte, nein. Soll ich mal nachforschen? Bei Martin vielleicht?"

„Nein, nein", sagte Paula hastig, „das fällt bestimmt bloß auf. Lieber geh ich selbst auf die Suche nach Antworten."

Nina lächelte. „Ihr wärt auf jeden Fall ein schönes Paar, ihr beiden."

„Ja, das finde ich schon auch." Gedankenverloren drehte Paula an einer ihrer kastanienbraunen Haarsträhnen. Dann stand sie auf. „So, und deshalb werd ich jetzt ganz zufällig am Bereich der Entwickler vorbeischlendern und erwähnen, dass ich mir einen Kaffee hole und auf dem Weg dorthin eine Begleitung schätzen würde."

Sie verschwand in der Tür. „Wenn heut überhaupt schon jemand im Office ist nach dem Abend gestern."

„Viel Erfolg", rief Nina ihr nach und vertiefte sich wieder in die Zusammenstellung des Maillings, das fast fertig war. Da waren ein paar richtig schöne Fotos im Fundus des Bildmaterials. Unter anderem eines, in dem sie mit vollem Melonen-Spritz-Glas in die Kamera prostete.

(WhatsApp Nina:) *Rate mal*

Es war 11 Uhr zweiundfünfzig, und sie wusste, dass Lilly schon sehnsüchtig auf ihren Newsflash wartete. Diese Woche, wo die ersten drei Monate der Schwangerschaft abgelaufen waren, wollte Ninas Frauenärztin sich melden.

(WhatsApp Lilly:) *MÄDCHEN*

Nina nahm sich eine Tasse, schenkte sich etwas von Lillys Schwangerschaftstee ein und setzte sich an den Schreibtisch. Genüsslich und in langsamen Schlucken trank sie, bis das Glas leer war.

(WhatsApp Lilly:) *NINA?*

Nina lachte leise. Was sie tat, war gemein, das wusste sie. Trotzdem. Einen Moment lang wollte sie ihren Informationsvorsprung noch auskosten. Sie stand auf und brachte das Glas zur Spüle.

(WhatsApp Lilly:) *NINA!*

(WhatsApp Nina:) *Okay, okay. Du hattest Recht, es wird ein Mädchen*

Lilly antwortete mit einem Meer von kleinen Herzchen und Blümchen. Nina lächelte und legte ihr Handy weg. Dann hörte sie es erneut surren. Einmal. Zweimal. Dreimal. Viermal. Es hörte gar nicht mehr auf. Sie nahm ihr Handy und las.

(WhatsApp Lilly:) *Vorschlag: Bibi Bechtle*

(WhatsApp Lilly:) *Noch besser: Bella Bechtle*

(WhatsApp Lilly:) *Nein, ich hab's: Bärbel Bechtle*

(WhatsApp Lilly:) *Stopp, jetzt hab ichs: Beatriz Bechtle*

(WhatsApp Lilly:) *Oder Bebé Bechtle?*

Nina schüttelte den Kopf. Sollte das jetzt pausenlos so weiter gehen? Wie viel Speicherplatz hatte ihr Handy? Es waren noch sechs Monate bis zur Geburt.

Sie seufzte, während im Hintergrund ihr Handy immer wieder surrte.

„Ach, Nina!" rief Andreas, als sie, mit dem Kopf einen Gruß nickend, an seinem offenen Büro vorbeispazierte. „Kommst du grade kurz rein, bitte?"

„Klar." Nina steuerte auf seinen kleinen Besprechungstisch zu und setzte sich. „Geht es um deine Nachricht von heute Morgen? Ist erledigt."

„Okay. Danke."

Andreas stand auf, schloss die Bürotür, die Nina offen gelassen hatte, und nahm ihr gegenüber Platz. Er wirkte etwas unbehaglich.

„Ist was passiert?" Jetzt klang Nina doch etwas besorgt.

Andreas wand sich etwas.

„Es ist so", sagte er dann und räusperte sich, bevor er fortfuhr, „es wird eine Veränderung bei uns im Team geben, und ich möchte dir das vorab mitteilen, noch bevor es alle anderen erfahren."

Nina sah Andreas erwartungsvoll an.

„Du weißt, dass wir aus unserem Team zwei machen wollen. Vertrieb wird weiterhin unter meiner Leitung laufen, aber das Marketing soll eine eigene Leitung bekommen, die das Thema eigenständig ausbauen kann."

„Klar weiß ich das", lächelte Nina. „Darüber sprechen wir doch schon seit Monaten."

Andreas fuhr fort. „Wir wollen das zwar erst im vierten Quartal umsetzen, es aber jetzt bald schon kommunizieren."

Ninas Augen begannen zu glänzen. Jetzt wurde es also ernst? Wobei, Moment, im vierten Quartal erst umsetzen? Genau da war doch ihr Projekt Baby in der heißen Phase.

Andreas fuhr fort. „Wir haben das im Management-Team nochmal von allen Seiten durchgesprochen."

Nina nickte. Klar, das machte absolut Sinn.

„Naja, und wir haben uns entschieden", sagte Andreas. „Wir werden Hubert die Marketingleitung übertragen. Es wird diese Woche noch kommuniziert werden."

Für einen kurzen Moment erstarrte Nina. Dann verzog sich ihr Mund zu einem Lachen. „Sehr witzig, Andreas. Fast wär ich drauf reingefallen."

Andreas lachte nicht. Sein Blick wich ihrem aus, und er rutschte auf seinem Stuhl etwas nach hinten. „Das ist kein Scherz. Es ist das Ergebnis der Durchsprache im Management. Am Schluss wurde gemeinsam so entschieden."

Nina blinzelte ein paar Mal. „Hä?" brachte sie dann nur heraus.

Andreas beeilte sich zu erklären: „Ich weiß, dass du dir auch Hoffnungen auf die Rolle gemacht hast. Das ist der Grund, warum ich zuerst mit dir sprechen wollte. Ich fand es nur fair, bevor du enttäuscht bist, wenn du es mit allen anderen zusammen erfährst."

In Ninas Hirn ratterte es. „Andreas, bist du ganz sicher, dass du mich nicht gerade veräppelst?"

„Wie gesagt, ich bin mir bewusst, dass auch du-"

Sie unterbrach ihn. „Natürlich bist du dir dessen bewusst. So war es vereinbart."

„Ich weiß, dass wir in der Vergangenheit darüber gesprochen hatten, dass es eine Option sein könnte, dass auch du in Frage kommst, ja. Trotzdem – nachdem wir nochmal alle Möglichkeiten durchgespielt haben im Management-Team, ist uns diese Lösung als die insgesamt beste erschienen."

Ganz langsam sickerte die Nachricht durch in Ninas Gehirn. Andreas meinte es ernst. Sie fühlte sich, als hätte ihr jemand mit einem dicken Boxhandschuh einen Schlag in den Magen versetzt.

Wie durch Watte hörte sie ihn weitersprechen. „Das heißt nicht, dass du nicht auch eine hervorragende Kandidatin gewesen wärst, keine Frage. Letzten Endes ist es immer sehr schwer, so eine Entscheidung zu treffen, und egal wer den Zuschlag nicht bekommt, ist natürlich enttäuscht."

Jetzt dämmerte es Nina. „Andreas, kannst du mir bitte mal erklären, was dieser plötzliche Sinneswandel soll? Es kann wohl nicht sein, dass meine Schwangerschaft etwas damit zu tun hat?"

Andreas rutschte mit seinem Stuhl etwas zurück. „Dass du gerade jetzt auch noch schwanger bist, ist natürlich Zufall. Wobei ich dir ja schon mal gesagt hab: Warte erstmal ab, bis das Kind auf der Welt ist. Wer weiß, wie du dann über deine Arbeit denkst. Und ob du überhaupt Lust hast auf mehr Verantwortung. Oder auch die Zeit dafür."

„Okay, guter Gedanke. Aber willst du die Entscheidung nicht vielleicht mir überlassen, ob ich mehr Verantwortung will oder nicht?"

„Wie gesagt", beeilte er sich zu sagen, „das war auch nicht der Grund, warum wir so entschieden haben. Dass du jetzt schwanger bist, hat damit nichts zu tun."

Prüfend sah Nina Andreas an. „Dann sag mir doch bitte, welche anderen Gründe es gab, ausgerechnet Hubert zum Marketing Lead zu machen."

Sie merkte, wie sie zitterte vor Wut und Enttäuschung.

Andreas war die Unbehaglichkeit vom Gesicht abzulesen. „Es ist wohl kaum angemessen, dass ich dir im Detail die Gründe für unsere Entscheidung mitteile. Das wäre nicht fair allen Kandidaten gegenüber. Aber Hubert ist seit mehr als fünf Jahren bei uns, er macht einen absolut soliden Job, und wir sind uns sicher, dass er ganz hervorragende Ideen in den Ausbau des Themas einbringen wird."

„Hm-hm", murmelte Nina, „das wäre dann das erste Mal."

Dann hob sie beschwichtigend beide Hände.

„Okay. Es ist so. Es ist nicht Huberts Schuld. Ich will nichts Schlechtes über ihn sagen. Ich danke dir dafür, dass du mich vorab informiert hast. Das war sehr anständig von dir. Was die Entscheidung selbst betrifft … Nimm es mir nicht übel, aber die kann ich nicht nachvollziehen. Die Beförderung war schon lange als nächster Schritt für mich angedacht, und ich kann die Rolle von jetzt auf gleich übernehmen. Du hast mich seit fast einem Jahr darauf vorbereitet. Insofern – ja, ich bin enttäuscht, und es verletzt mich umso mehr, dass der Grund für deinen oder auch euren Sinneswandel anscheinend meine Schwangerschaft ist. Zumindest ist das der einzige Grund, der mir einfällt. Nenn mich eingebildet oder wenig selbstreflektiert – aber ich wäre die beste Kandidatin für den Job gewesen."

Nina stand auf und ging zur Tür. Andreas machte keine Anstalten, sie aufzuhalten oder das Gespräch weiter zu führen. „Wir sehen uns später."

In der Küche saßen Paula und Dominik. Beide sahen auf, als Nina vorbeistapfte.

„Hey", rief Dominik und runzelte die Stirn, „ist alles okay bei dir?"

„Klar", rief Nina, „alles gut, danke."

In ihrem Büro angekommen, schloss sie die Tür von innen. Sie war allein, zum Glück. Plötzlich begann sich alles um sie herum zu drehen, und sie ließ sich auf ihren Stuhl fallen. Zumindest hoffte sie inständig, dass es ihre Kehrseite war, die auf dem Stuhl landen würde. Ihr Herz raste noch immer. Hatte das Gespräch mit Andreas gerade wirklich so stattgefunden?

„Kaffee", dachte sie, „ich brauch jetzt einen Kaffee." In Ermangelung eines Schnapses und in Anbetracht der Tatsache, dass es noch vor zehn Uhr vormittags war ... und sie außerdem schwanger.

„Hmmmm, nicht gut, gar nicht gut." Das war Lillys Kommentar, als Nina ihr am Abend am Telefon von ihrem Gespräch mit Andreas erzählte.

„Nein."

„Die Frage ist, was kannst du machen? Hat er dir mal schriftlich gegeben, dass du die Marketing-Leiterin werden sollst?"

„Nein, das hat er nicht."

„Und selbst, wenn er es getan hätte ... Es wäre wahrscheinlich schwer, ihm nachzuweisen, dass er dich jetzt wegen der Schwangerschaft nicht befördert."

„Ja. In der Tat."

„Und Nina, ganz ehrlich. Willst du deine Energie – die du nun wirklich für andere Dinge brauchst gerade – darauf verschwenden, Andreas ans Bein zu pinkeln?"

„Hmmm."

„Und wie würde er reagieren, falls du das tust? Du willst doch eigentlich dort bleiben, oder? Zumal – jetzt als Schwangere etwas anderes zu suchen, das ist vielleicht auch nicht ganz so leicht."

„Hmmm."

„Schon grotesk. Da arbeitest du Tag und Nacht, sieben Tage die Woche, für diese Firma. Und kaum bist du schwanger, ist die Beförderung gekappt und die Perspektive den Bach runter. Oder gab es da noch etwas anderes? Irgendwas? Kann es einen anderen Grund geben?"

„Ich wüsste nicht, welchen." Ninas Stimme klang bitter. „Ich hoffe, es tritt jetzt nicht genau das ein, was ich befürchtet hatte. Der berühmte Karriereknick. Nur viel schneller als gedacht."

Lilly erschrak. „Du willst dich doch jetzt nicht nochmal umentscheiden, oder? Du wirst das Kind doch nach wie vor bekommen? Nina?"

„Ja, das werde ich. Ich geb nicht so leicht auf, Lilly. Vielleicht hat Andreas Zweifel, ob ich das so packe und ob ich überhaupt noch Interesse an der Firma hab nach der Geburt. Aber ich werde ihm genau das beweisen. Und wenn er sieht, wie gut das alles auch mit Baby klappt, dann kann er sich's ja nochmal überlegen."

„Könnte klappen."

„So, und überhaupt. Genug gejammert. Wie geht's dir, Lilly? Alles gut? Was machen die Kurse? Was machen die Follower? Was macht Steve?"

„Ach, der war gestern ganz schön eifersüchtig. Dabei wollte ich ihm eigentlich nur erzählen, dass ich jetzt schon dreitausend Follower hab. Stell dir vor, Nina, ich hab dreitausend Follower! Tendenz weiter steigend."

„Hey, wow! Ich gratulier dir! Das ist echt mega. Und wieso war Steve eifersüchtig deswegen?"

„Nein, nicht deswegen. Und eigentlich hab ich mich auch tadellos verhalten."

„Aber?"

„Naja, es war doch so ein schöner, sonniger Nachmittag vorgestern."

„Stimmt. Fast, als wär's schon Sommer."

„Genau. Also hab ich mich etwas gesonnt auf dem Balkon."

„Klingt harmlos. Warum war er dann eifersüchtig? War dein Bikini zu knapp?"

„Er konnte nicht zu knapp sein. Ich hatte keinen an."

„Sondern?"

„Gar nichts. Ich werde am liebsten nahtlos braun."

Nina lachte laut auf. „Du hast dich nackt auf deinem Balkon gesonnt?

Sag mal, du hast doch nicht mal wirklich Pflanzen dort stehen. Oder gibt es neuerdings welche?"

„Was soll ich denn mit Pflanzen? Wenn ich auf Reisen bin, sterben die den Hungertod."

„Das heißt aber, jeder im Hof kann dich sehen, wenn du dich sonnst."

„Möglicherweise."

„Und das hast du Steve erzählt?"

„Eigentlich hab ich ihm nur erzählt, dass ich gerade einen Zettel aus dem Briefkasten gefischt hab, den wohl ein Nachbar dort reingeworfen hat."

„Und was stand drauf?"

„Ich dürfte mich gerne auch bei ihm auf dem Balkon sonnen. Der sei durch Pflanzen abgeschirmt, und er würde auch für den Gin Tonic sorgen."

Lachend schüttelte Nina ihren Kopf. „Du bist echt unverbesserlich. Hoffentlich war das kein alter lüsterner Greis, der dich mit dem Fernglas beobachtet hat."

„Nein, ich glaub, ich weiß schon, wer das war. Zumindest hat ein junger Typ ein paar Mal rübergeguckt, als ich so dalag."

„Lilly, nimms mir nicht übel, aber irgendwie kann ich deinen Steve schon verstehen, wenn er eifersüchtig ist."

„Ich hab ihm gesagt, ich sonn mich gerne auch mal bei ihm. Er muss mich halt nur mal einladen zu sich."

„Hat er immer noch nicht?"

„Nein, hat er nicht. Ich versteh ja, dass er gerne mit zu mir kommt, nachdem er anscheinend weiter draußen wohnt. So langsam werd ich aber tatsächlich neugierig, wie's bei ihm zu Hause aussieht. Oh warte, ich bekomm grad einen Anruf."

„Alles klar", rief Nina schnell, „bis dann, Lilly."

Nina legte auf. Einen kleinen Moment lang überlegte sie. Dann stand sie auf und ging hinüber zur Garderobe, um sich die Schuhe anzuziehen. Sie musste über die neue Situation nachdenken, und ein kleiner Abendspaziergang war dafür genau das Richtige.

Trotz der Müdigkeit schlief Nina schlecht in dieser Nacht. Das Gespräch mit Andreas ging ihr wieder und wieder im Kopf herum. Und was sie empfand, als ihr Wecker frühmorgens klingelte, war vor allem eines: Wut.

„Andreas!"

Er sah auf, als er seinen Namen hörte. Nina stand in seiner Bürotür.

„Können wir mal sprechen?" Es klang nicht nach einer Frage.

Den ganzen Morgen lang hatte sie sich ihre Worte zurechtgelegt. Sie wusste, sie würde das Gespräch jetzt gleich durchziehen müssen, solange sie noch wütend war.

Andreas warf einen Blick auf seine Armbanduhr.

„Klar", sagte er dann, betont gelassen. „Komm rein. Ein paar Minuten hab ich für dich."

Sie trat ein, schloss diesmal die Tür selbst und setzte sich ihm gegenüber.

„Andreas", sagte sie, „ich bin gekommen, um dir zu sagen, wie unglaublich enttäuscht ich bin von deiner Entscheidung. Ich meine, ehrlich – Hubert?"

Andreas holte bereits Luft, um zu antworten, doch Nina fuhr fort.

„Ich kenne deine Aufgaben besser als jeder andere im Team. Ich hole Aufträge an Land. Die Kunden geben gutes Feedback über mich ab. Ich entwickle unser Geschäft besser weiter als jeder andere in diesem Team, abgesehen von dir. Ich arbeite unsere Neuen ein, ich kümmere mich um sie, ich entwickle sie und gebe ihnen Rückmeldung zu ihrer Arbeit. Ich bringe an Marketing-Kompetenz alles mit, was die Position erfordert. Ich hab in den letzten Jahren meine ganze Energie und mein Herz in diese Firma gesteckt. Ich hab alles andere zurückgesteckt. Warum? Weil es mir Spaß gemacht hat, weil ich wie die Faust aufs Auge zu dieser Firma passe und weil ich eine Perspektive gesehen hab. Und jetzt kommst du und beförderst Hubert, nur weil ich schwanger bin? Und erzähl mir nicht, dass es andere Gründe dafür gibt."

Wieder setzte Andreas zu einer Erwiderung an, doch Nina setzte ihre Rede fort und sprach zur Sicherheit noch etwas lauter.

„Ich meine, wie lange werde ich ausfallen? So lange, wie andere Urlaub machen oder krank sind, länger nicht. Du gehst einfach davon aus, dass ich, nur weil ich ein Kind bekomme, plötzlich nicht mehr die Richtige für den Job bin. Andreas, das ist nicht fair, und es enttäuscht mich maßlos."

Jetzt musste sie Atem holen, und Andreas nutzte die Chance.

„Meine liebe Nina", sagte er, „ich spreche jetzt offen zu dir, weil ich immer offen zu dir war. Du kommst zu mir und erzählst mir was von Enttäuschung? Was meinst du denn, wie ich mich fühle? Ich hab fest mit dir gerechnet, Nina. Ich hab auf dich gebaut. Du bist schon lange meine Allzweckwaffe. Dass du die Head-of-Stelle übernimmst, das war eine schöne Lösung für eine Herausforderung, die ich hatte. Und dann kommst du eines Tages hier rein und eröffnest mir – hoppladihopp und mirnichtsdirnichts – dass du schwanger bist. Im Vorbeigehen. Ohne Vorwarnung, ohne Gespräch vorab, einfach so. Und machst damit ein Loch auf an einer Stelle, von der ich dachte, die Straße wäre gepflastert."

Jetzt war Nina perplex. Sie schwieg.

„Ich bin froh, dass es einen Hubert gibt und dass er mir den Hals rettet. Du willst wissen, ob ich ihn für genauso kompetent halte wie dich? Nein. Er hat nicht deinen Biss, nicht deinen Verstand, nicht deine Eloquenz und schon gar nicht deine Leidenschaft. Und er ist zum Teil von der langsameren Sorte, das wissen wir beide. Aber, liebe Nina, er ist willens, und er ist DA. Er wird nicht plötzlich fehlen und mich und die Kunden im Stich lassen."

Nina schnaufte. „Im Stich lassen? Das ist deine Meinung über Frauen, die schwanger werden? Was sollen wir denn tun? Willst du deine Firma rein mit Männern aufbauen? Und willst du sie unterschreiben lassen, dass sie nie gehen werden? Was ist, wenn sie mal ausfallen? Einen Unfall haben oder krank werden oder eine Auszeit brauchen?"

„Das ist es nicht, was ich erwarte. Jeder darf gehen, wenn er nicht mehr bleiben möchte. Und jeder wird mal krank. Aber eine schwangere Frau – was soll ich denn mit der anfangen? Du bist jetzt noch ein paar Wochen da, und dann bist du weg. Du sagst, du kommst sofort wieder, aber kannst du mir das garantieren? Das Kind ist doch noch nicht mal auf der Welt. Nehmen wir an, du fehlst ein Jahr lang oder länger, so wie es meistens der Fall ist. Dann muss ich jemanden finden, der dich ersetzt. Ich darf aber nur befristet einstellen, weil du wiederkommen könntest und dann deinen alten Job wieder willst. Wen soll ich denn bei dem Jobmarkt finden, der sich befristet einstellen lässt?"

Nina setzte zu einer Erwiderung an, aber Andreas war schneller.

„Und Nina, du wirst anders sein, wenn du wiederkommst. Du hast dann einen anderen Lebensmittelpunkt, dein Schwerpunkt liegt nicht mehr auf dem Job. Wirst du in Vollzeit arbeiten wollen? Sehr wahrscheinlich nicht. Und selbst, wenn - spätestens um fünf wirst du den Stift fallen lassen. Und du weißt, wie lang der Tag eigentlich geht bei uns. Wenn wir abends Pitches vorbereiten, wirst du gehen. Deine Kollegen werden deine Arbeit mit auffangen müssen. Wenn dein Kind mal krank ist, wirst du fehlen. Du wirst das alles nicht böse meinen, aber ab dem Moment, in dem das Kind auf der Welt ist, wirst du maximal fünfzig Prozent der früheren Nina sein, wenn es um deine Arbeitskraft geht. Du fühlst dich von mir unfair behandelt, Nina, aber ganz ehrlich – ich fühle mich von DIR unfair behandelt."

Andreas hatte sich in Rage geredet. Während seiner Worte hatte Nina immer wieder ungläubig den Kopf geschüttelt. Sie setzte an zu einer Antwort, doch Andreas schnitt ihr mit einer Handbewegung das Wort ab. Seine Stimme war jetzt schärfer als sonst.

„Nina, bevor du anfängst, stell ich dir eine Frage, und ich will, dass du mir ehrlich antwortest oder zumindest ehrlich darüber nachdenkst." Er machte eine Pause und lehnte sich weit vor.

„Stell dir vor, wir wollen DEN Auftrag holen. Eine Riesenchance bietet sich, und ich mache dich zum Pitch Lead. Du darfst dir selbst ein Team zusammenstellen, die Besten der Besten, wen immer du willst. Und jetzt sag mir ehrlich: Wen wählst du? Den Mann oder die kinderlose Frau, die mit dir bis nachts um drei dasitzen? Die sich konzentrieren können auf die Arbeit ohne Murren? Die nicht weg müssen, sondern auf die Verlass ist? Oder wählst du die Mutter? Die um drei das erste Mal mit ihrem Kind telefoniert, dann eine Stunde nervös auf ihr Handy schaut und um vier schließlich abhaut und dich völlig allein lässt, sodass du bis drei Uhr nachts alleine dasitzt und dich fragst, ob du jetzt überhaupt noch schlafen gehen brauchst vor dem Kundentermin.

Ach ja, und genau dann, wenn du am nächsten Tag doch mit der Mutter rechnest, dann ruft sie dich an und sagt dir, die Kita hat zu. Oder ihr Kind ist plötzlich krank. Oder, oder, oder. Und ob du bitte allein den Termin stemmen kannst. Ganz ehrlich, bitte, Nina, sag mir - WEN wählst du in dein Team?

Oh, und ein Punkt noch: Gerade als Führungskraft, als Führungskraft MUSST du erreichbar sein für dein Team. Immer. Das Team braucht dich, und zwar nicht nur zwischen neun und fünf. Das weißt du. Es geht einfach nicht, Nina. Ich glaube, dass du das auch verstehst."

Nina schwieg. Noch nie hatte sie Andreas so emotional erlebt. Schließlich sagte sie matt:

„Ich danke dir für deine Offenheit. Das hilft mir nachzuvollziehen, warum du dich so entschieden hast."

Sie nickte ihm noch einmal zu, dann stand sie auf und ging zur Tür.

„Ach ja", sagte Andreas, „bevor ich es vergesse. Wenn du möchtest, kannst du so in ein, zwei Wochen auch allen erzählen, dass du schwanger bist. Bis dahin warte bitte noch kurz, ja?"

Sie nickte matt und verließ sein Büro.

So schwer es ihr fiel, aber sie musste zugeben - sie verstand seine Entscheidung.

Andreas' Worte gingen Nina an dem Tag nicht mehr aus dem Kopf. Wieder und wieder hörte sie seine Stimme, eindringlich, bestimmt, energisch: „Ganz ehrlich, bitte, Nina, sag mir - WEN wählst du in dein Team?"

Da war es wieder, dieses Gefühl. Dasselbe, das sie empfunden hatte, als sie mit Torben über die Geschlechter-Rollen diskutiert hatte. Es war einfach so unfair. Warum war es so normal, dass eine Frau mit Kind früh Feierabend machte? Was war mit den Männern mit Kind? Wenn es im Job mal länger ging, dann griffen die Väter zum Telefon, riefen ihre Frauen an und sagten ‚Schatz, es wird heut wieder später – rechne nicht mit mir. Ja, grüß mir den Kleinen. Bussi, ja – ich euch auch.' Und sie legten auf und schoben die Überstunden, die nötig waren. Und wenn sie heimkamen, stand ihr Abendessen auf dem Tisch, zur Not mit Liebe nochmal aufgewärmt.

Und was war mit den Frauen? Andreas hatte Recht. Die hetzten nach Hause. Oder in die Kita, kaum dass es sechzehn Uhr war. Riefen die jemals daheim an und sagten ‚Hey Schatz, wartet nicht auf mich mit dem Essen. Oh, Lasagne, wirklich? Danke, Stefan, mach sie mir einfach später nochmal warm, ja?' Und dann vielleicht noch, in leicht genervtem, aber betont geduldigem Ton: ‚Du, das weiß ich wirklich nicht, Schatz. Es könnte schon elf werden heute. Aber ich muss Schluss machen. Ja, ich euch auch. Bis dann, Bussi, Schatz, und grüß die Kleine.'

Gestern noch war sie so sauer gewesen auf Andreas. Aber war es wirklich seine Schuld? Allmählich sah sie die Dinge in einem anderen Licht.

Andreas erwartete Höchstleistungen, und das von allen. Wer konnte es ihm verdenken? Aber wie jeder sein Privatleben managte – das war nicht seine Baustelle.

War es seine Schuld, dass sie niemanden vorweisen konnte, der ihr den Rücken freihielt mit dem Kind? Einen Stay-home Dad, der sich um Kind und Haushalt kümmerte, während sie im Job alles gab?

Wenn sie es Andreas anders hätte verkaufen können. Wenn sie gesagt hätte „Hey, mach dir keine Sorgen. Ich bekomm das Kind, Mutterschutz brauch ich keinen, und dann bin ich nach zwei Wochen wieder zurück. Mein Mann, der rockt das alleine daheim, der hat erstmal drei Jahre Elternzeit. Die Schwiegereltern wohnen auch um die Ecke, die können jederzeit übernehmen. Du wirst gar nicht merken, dass sich was ändert. Und klar kann ich die Leitungsstelle annehmen."

Oder noch besser: In einigen Monaten hätte sie Andreas gesagt: „Du, du fragst dich sicherlich, wieso ich seit einiger Zeit etwas müde ausseh. Die Wahrheit ist: Ich hab ein Kind bekommen vor ein paar Monaten. Ich hab dir nichts gesagt bisher, sondern nur, dass ich zwei Wochen Urlaub nehm. Die Wahrheit ist, da war ich in einer Geburtsklinik. Ja, aber wie du siehst, es ist alles wie vorher, was meinen Job betrifft. Nur ist es super-schön, wenn ich abends heimkomm oder am Wochenende mit dem Kleinen spielen kann. Guck mal, hier, ein Foto – ist er nicht süß, der kleine Mann?"

Machten es nicht so in der Art die Väter? Na gut, die bekamen keinen runden Bauch, der irgendwann weg war. Trotzdem bezweifelte kein Arbeitgeber, dass bei den Männern daheim jemand war, die sich um alles kümmerte, Kinder, Haushalt, Behördengänge, alles.

Oder wurden die Chefs etwa nervös, wenn Frank oder Xaver morgens reinkamen und sagten ‚Hey Chef, eine Neuigkeit – ich werd

Vater!' Wurden da die Chefs hektisch und sagten ‚Dass das klar ist – das darf auf keinen Fall deine Arbeit beeinflussen. Wer kümmert sich überhaupt um die Betreuung? Und bist du überhaupt noch bei der Sache, wenn das Kind auf der Welt ist? Nicht, dass du um sechzehn Uhr den Stift fallen lässt.'

Nina seufzte.

Naja. Etwas ändern würde sich vielleicht dann, wenn die Frauen dieser Welt den Männern dieser Welt klarmachen würden: „Du willst ein Kind? Alles klar. Hier hab ich mal einen Vertrag vorbereitet. Unter Paragraph zwei ‚Betreuungszeiten' findest du deine und meine Aufgaben, fair aufgeteilt, fifty-fifty. Unter Paragraph vier steht übrigens, was du mir schuldest für die Geburtsschmerzen."

Es klingelte. Nina schlurfte zur Tür. Vielleicht ihr Nachbar. Doch vor der Wohnungstür stand – Torben.

11. Kapitel: Ein Angebot

„H-hi" brachte Nina nur überrascht heraus. Mit Torben hatte sie definitiv nicht gerechnet.

Sein Gesicht wirkte schmal, fast eingefallen auf sie.

„Hi. Darf ich reinkommen?"

Sie machte ihm den Weg frei. Er ging hinein in die Wohnung, in der er so oft gewesen war. Seine Hände steckten in den Hosentaschen. Zögernd sah er sich um, wie jemand, der eine Wohnung zum allerersten Mal betritt. Schließlich setzte er sich auf die Couch.

Nina blieb vor der Couch stehen und sah ihn abwartend und etwas argwöhnisch an.

Nach einer Weile sagte er: „Hör zu – es tut mir leid, dass ich das eine oder andere gesagt habe, das nicht sehr nett war. Ich glaube nicht, dass du mir ein Kind anhängen wolltest."

Nina schwieg. Es war seltsam. So viel ihr Torben und seine Meinung noch bis vor kurzem bedeutet hatten… In diesem Moment fühlte sie gar nichts.

Er fuhr fort. „Ich weiß nicht, ob du dich schon entschieden hast, was du machen willst. Die ersten drei Monate der Schwangerschaft dürften ja auf jeden Fall rum sein."

Moment mal, schielte er gerade auf ihren Bauch? So viel war noch nicht zu sehen, soweit sie das selbst beurteilen konnte. Aber war er deshalb gekommen? Um sich ein Bild zu machen?

Er sah sie jetzt direkt an. „Oder gibt es das Kind schon gar nicht mehr? Ich meine … Hast du es schon …? Warst du schon-?"

Er brach ab.

Wieder schwieg sie. Wollte er nur wissen, ob das Problem aus der Welt geschafft war? Wieder fühlte sie diesen seltsamen Mangel an Interesse an diesem Menschen. Wie kam es, dass er ihr in der kurzen Zeit so derart fremd geworden war?

„Naja, was ich sagen will, ist", fuhr er fort, „dass wir beschlossen haben, dich finanziell zu unterstützen – egal, wie du dich entschieden hast."

Nina sah zum Fenster.

„Okay." Langsam stand er auf und ging zur Tür. „Ich wollte dir das nur mitteilen. Gib mir Bescheid, wie viel du brauchst, und wir entscheiden, ob das ok ist."

Mit der Hand an der Klinke drehte Torben sich noch einmal um zu ihr. „Für den Fall, dass du das Kind bekommen willst, dachten wir an fünfhundert Euro pro Monat. Aber so, wie ich dich kennen gelernt hab, hängst du eh zu sehr an deinem Job und an deiner Karriere. Wahrscheinlich hast du es eh schon … erledigt und hast dich schon von dem Kind getrennt. Für den Fall dachten wir an eine Einmalzahlung."

Immer noch abwartend stand er an der Tür. „Vielleicht… war meine Mutter war da auch etwas zu misstrauisch. Etwas überbesorgt. Sie hat da so eine gewisse Angst, weißt du. Dass Frauen generell an unser Geld wollen. Sie hat das meinem Bruder und mir schon früher immer eingebläut. Dass wir aufpassen sollen, ganz viele Frauen würden es nur darauf anlegen und so."

Nina atmete tief ein. Dann sagte sie: „Danke, dass du gekommen bist. Ciao."

Er ging.

Für eine ganze Weile stand Nina einfach nur da. Sie fühlte gar nichts. Wie im Kino strömten die Bilder der vergangenen Tage und Wochen an ihr vorbei. Bis zu einem weit entfernten Moment, als dieser Mann ihr Freund gewesen war. Ein Moment wie aus einem anderen Leben.

Irgendwie war das hier alles so komplett anders als das, was sie erwartet hatte. Und sie selbst komplett außerhalb des Bereichs, den sie kannte und in dem sie sich sicher fühlte und vertraut.

Das hier, das war neu und unbekannt. Wohin würde es sie führen? Sie hatte es nicht mehr unter Kontrolle. Wann nur war das Leben in eine völlig andere Richtung abgebogen, als sie es vorgesehen hatte?

„Freu dich doch", sagte Lilly, als Nina ihr ein paar Tage später am Telefon von Torbens Besuch erzählte, „freu dich doch, dass du von ihm zumindest Geld angeboten bekommst. Dass er zu seiner Verantwortung steht, endlich. Besser spät als nie."

„Ja. Aber eben – es ist Geld. Es ist, als würde er mir Geld hinschieben wollen statt dem, was ich mir eigentlich von ihm gewünscht hätte – Liebe, Fürsorge, Sicherheit. Vertrauen."

„Geld ist auch Fürsorge und Sicherheit", sagte Lilly pragmatisch. „Und ich hoffe, du nimmst es. Es ist ja nicht für dich, es ist für das Baby."

„Ja, ich weiß", sagte Nina, „keine Ahnung. Vielleicht ist es, weil er diese Idee hatte. Ich meine, dass ich sein Geld will. Genau jetzt will ich es umso weniger. Und auch generell. Ich will nichts von ihm haben. So kann ich besser abschließen mit ihm."

„Das Baby wird auch ein Teil von ihm sein. Wenn du Pech hast, ist es ihm wie aus dem Gesicht geschnitten. Also… nur so als Vorwarnung."

„Hmmm", machte Nina und verzog das Gesicht. Der Gedanke gefiel ihr gar nicht. Bisher hatte sie das Baby als ihr Kind angesehen, nicht als Torbens oder ihr gemeinsames Kind.

„Und ganz ehrlich, Nina", fuhr Lilly fort, „kein falscher Stolz an dieser Stelle. Er ist der Vater, also muss er auch blechen. Das ist sogar gesetzlich so. Also ist es nicht so, also würdest du Almosen einfordern. Ich versteh dich, dass du nichts von ihm willst. Du hast eben deinen Stolz, und du willst die Dinge gern allein schaffen. Das spricht irgendwo für dich."

„Du schiebst doch noch ein Aber hinterher?"

„ABER – ich weiß nicht, ob das ausgerechnet an dieser Stelle das Vernünftigste ist. Immerhin ist Torben der Vater des Kindes. Er trägt genauso die Verantwortung wie du."

„Naja. Nicht ganz. Er wollte das Kind ja nicht. Er hätte es abtreiben lassen."

„Das kann er aber nicht einfach so bestimmen. Er kann nicht einfach verlangen, dass du ein Leben beendest, das gerade erst entsteht, und für das er genauso verantwortlich ist wie du."

„Ähmmhhh."

„Ja?"

„Naja. Auch das stimmt nicht ganz. Ich war es, die die Pille verhunzt hat. Nicht er."

„Das kommt vor. Du bist nicht die erste, der das passiert. Das gehört immer zu den möglichen Dingen, die passieren können. Und weißt du was? Ihr wart immerhin in einer Beziehung, als das passiert ist. Die Wahrscheinlichkeit war also eigentlich sehr hoch, dass er sich freut über dieses … dieses kleine Malheur."

„Naja. Wir hatten es nie geplant."

„Und Kinder entstehen immer nur geplant? Nina, lass dir doch einmal helfen. Du musst das nicht allein meistern und völlig allein finanzieren. Wäre das gesetzlich so geregelt, wenn es nicht dem allgemeinen Gerechtigkeitsgefühl der Menschheit entsprechen würde, dass sich die Mutter UND der Vater am Aufziehen eines Kindes beteiligen?"

„Es tut mir leid, Lilly. Ich weiß, du meinst es nur gut. Und ein Teil in mir – wahrscheinlich mein ganzer Verstand – gibt dir Recht. Und ich bin dir auch dankbar, dass du mir so ins Gewissen redest. Ich weiß, du willst nur mein Bestes."

„Du schiebst doch noch ein Aber hinterher?"

„Aber es fühlt sich für mich nicht richtig an. Ich kann das nicht. Ich will von dem Kerl kein Geld. Ja, vielleicht ist das super-unvernünftig und total dumm. Aber ich will mich nicht fühlen, als würd ich von ihm etwas … etwas bekommen."

„Etwas bekommen dafür, dass du was von ihm bekommen hast. Etwas, das dich dein ganzes Leben begleiten und dich viel Geld kosten wird. Es ist einfach nicht fair, dass du dafür alles aufbringen sollst. Und ganz ehrlich, Nina – Geld hat er.

Und weißt du was? Denk auch an die Zukunft. Wenn du in ein paar Monaten oder auch Jahren verzweifelt bist, weil das Baby dir die Haare vom Kopf frisst und Sachen über Sachen braucht, dann denkst du an Torben, der Geld wie Heu hat, aber keinen müden Cent für SEIN Kind gezahlt hat. Es tut ihm doch nicht mal weh, Nina. Es ist nicht so, als würdest du einen armen Mann um etwas bringen, das er dringend braucht. Du sagst nur einfach nicht Nein zu etwas, das dir zusteht und das er dir sogar anbietet."

„Hm", machte Nina, „ich überleg mir das alles noch." Ihr Tonfall verriet Lilly, dass sie nicht wirklich Lust hatte, das Thema weiter zu diskutieren.

„Na gut, du machst ja eh, was du willst… Hey Nina, weißt du was? Mein letzter Post von vor paar Tagen, der hat schon über eintausend-fünfhundert Likes."

„Nicht im Ernst. Eintausendfünfhundert? Nicht übel. Worum ging's in dem Post?"

„Um das Visualisieren von Zielen. Ich hatte mit nem Kursteilnehmer drüber gesprochen. Ich mein, ehrlich, es war jetzt nicht Rocket Science, mein Beitrag. Aber ich glaub, die Leute mögen das, wenn jemand auch mal Klartext redet."

„Und dazu ein Bild von sich in hautenger Fitnesskleidung postet?"

„Und dazu ein Bild von sich in hautenger Fitnesskleidung postet. Na klar. Der Mensch funktioniert visuell. Eben das sagte ich ja in meinem Beitrag."

„Cool jedenfalls auch für deine Credibility, wenn du als Coach Fuß fassen willst."

„Ganz genau. Du, aber ich muss Schluss machen, ja? Steve ist im An-flug."

Visualisieren, dachte Nina, als sie aufgelegt hatte. Vielleicht war das ja auch mal was für sie. Sie mit Kind und gleichzeitig in einer Füh-rungsposition. Genau. Vielleicht würde das ja helfen.

Okay. Konnte es vielleicht sein, dass sie immer konservativer wurde, je größer ihr Bauch wurde? Vielleicht war das evolutionsbedingt. Nina schüttelte den Kopf, um ihre Augen von Paulas Rock zu lösen, die ge-rade das Marketing-Büro betreten hatte.

Paula hatte Ninas Blick bemerkt. Mit beiden Händen strich sie ihren Rock glatt. „Ist er zu kurz?"

„Sorry, ich wollte nicht so hinstarren. Nö. Er ist vielleicht etwas ungewohnt kurz, aber hey, du kannst das tragen. Lass mich raten: Coffee Date mit Dominik?"

Seufzend ließ Paula sich auf einen der Stühle fallen, wobei sie sichtlich darauf achtete, dass ihr Rock keine unerwünschten Blicke freigab.

„Ich weiß nicht, wie oft wir Coffee Dates hatten. Aber es kommt einfach nichts von ihm, das mir weiterhilft."

„Du meinst, er flirtet nicht mit dir?"

„Ach, auf eine gewisse Art schon. Auf eine höfliche Art. Auf eine lustige Art. Charmant. Aber sobald ich andeute, wir könnten ja mal außerhalb der Arbeit was unternehmen, wird er unverbindlich."

„Deshalb der Rock? Damit es nicht mehr unverbindlich bleibt?"

„Nein. Nein, ich hab ein Date nach der Arbeit mit einem Typen, den ich am Wochenende kennengelernt hab. Wie es der Zufall so will, arbeitet er auch hier in der Nähe. Und ich dachte, da mach ich mich mal etwas schicker.

Naja", fügte sie dann hinzu, während sie aufstand und hinausging, um sich einen Kaffee zu holen, „und vielleicht auch etwas für Dominik, ja. Soll er doch sehen, was er verpasst."

Also, eigentlich, musste Nina zugeben, klappte das Arbeiten trotz Schwangerschaft ziemlich gut. Die wenigen Momente der Übelkeit waren mit Ablauf des ersten Trimesters vorübergegangen.

Viele Kollegen hatten ihr gratuliert zur Schwangerschaft, als Andreas ihr endlich grünes Licht gegeben hatte, sie nicht mehr zu verschweigen.

Wahrscheinlich genau so viele hatten wenige Wochen vorher Hubert gratuliert, als dessen Beförderung kommuniziert worden war. Naja, groß kommentiert wurde es eigentlich von niemandem, dass nicht sie, sondern Hubert Marketing Lead werden würde. Nur Martin hatte sie sofort angerufen und gefragt, ob alles okay bei ihr sei. Nach Hintergründen hatte aber auch er zum Glück nicht gefragt.

Noch nicht mal Steffi, die sich sowieso etwas rar machte in der letzten Zeit und deren Besuche in Ninas Büro abends deutlich abgenommen hatten, hatte irgendein Wort über die Entscheidung verloren. Also tat Nina es auch nicht.

Und ehrlich, ob sie jetzt an Andreas berichten würde oder an Hubert, wenn sie zurückkam, welchen Unterschied machte das? Wirklich Support brauchte sie sowieso keinen.

Und vielleicht würde irgendwann ja dann doch noch ihre Chance kommen.

Das zweite Trimester konnte man fast sogar schon angenehm nennen. Okay, sie hatte mehr Hunger als sonst. Eigentlich aß sie die ganze Zeit, und ihre Kosten für Nahrungsmittel hatten sich bestimmt verdoppelt. Konnte sie sich also daran schon mal gewöhnen. Aber sonst ging alles seinen gewohnten Weg.

Jetzt im dritten Trimester wurde der Bauch richtig rund. Es wurde anstrengend, sich zu bewegen, und schon kurze Spaziergänge brachten Nina zum Schnaufen.

Lilly schickte in der letzten Zeit wieder fleißig Namensvorschläge. Es war keiner dabei, den Nina ernsthaft in Erwägung zog.

„Was hast du gegen Becky?", fragte Lilly, als Nina mit ihr eines Sonntags im *Retiro* saß.

„Becky Bechtle? Ernsthaft, deine Frage?"

„Okay. Zugegeben, der Name geht mit einer gewissen… Aufmerksamkeit einher, die der Namensträgerin zuteil würde. Aber das ist doch nichts Schlechtes. Und was sind denn deine Vorschläge, hmm?"

„Naja, ich hab eine kleine Shortlist gemacht-"

„Ein Excel Sheet? Unter Berücksichtigung der Beliebtheit des Namens im In- und Ausland, der historischen Bedeutsamkeit und der etymologischen Bedeutung des Namens?"

Nina guckte ertappt.

„Nina?" Lilly lachte laut auf. „Das hast du nicht wirklich, oder? Das sollte ein Scherz sein!"

„Ich hab's ja auch nicht ganz so aufbereitet. Es sind nur ganz wenige Faktoren, die mit einfließen."

„Und welche?"

„Naja. Die Bedeutung des Namens. Ich hätte gerne etwas, das ich dem Baby mitgeben kann. Etwas, das es stark macht. Der Name ist immer präsent. Er entfaltet eine Wirkung, ob man es will oder nicht."

„Okay, kann ich nachvollziehen."

„Dann, ob man den Namen auch international aussprechen kann. Zu deutsch sollte er nicht sein."

„Auch sehr sinnvoll, ja."

„Und dann, ob es einen historischen Bezug zu dem Namen gibt. Ich will ja nicht, dass die Kleine sich schämt, wenn im Geschichtsunterricht ihr Name negativ konnotiert erwähnt wird."

Lilly runzelte skeptisch ihre Stirn. „Ein Mädchenname? Welcher soll das sein, der da im Geschichtsunterricht genannt wird? Wenn, dann vielleicht im Religionsunterricht. Oder im Biologieunterricht. Als Blumenname."

„Naja. Ich hab mir zum Beispiel alte Sagen angeschaut und die Vornamen, die darin vorkommen."

„Und hast daraufhin Brunhilde ausgeschlossen? Schaaaaade, das wäre mein nächster Vorschlag geworden."

„Ach, du." Nina gab Lilly mit ihrem Löffel einen Klaps auf die Hand. Dann holte sie mit eben diesem Löffel eine Himbeere aus ihrer Limonade und ließ sie im Mund verschwinden.

Lilly sah Nina an. „Das ist es doch eigentlich."

„Was ist was?" Nina sah auf ihren inzwischen leeren Löffel. „Soll ich sie Himbeere nennen?"

„Nein. Aber überleg doch mal. Du hast selbst gesagt, so hat es angefangen."

Immer noch fragend sah Nina Lilly an.

„Na, der Cocktail. Hätte ich dich nicht zu dem letzten Cocktail überredet, dann hättest du nicht deine Pille- ähm… vertrauensvoll der Toilette übergeben. Und dann gäbe es jetzt keine Schwangerschaft.

„Und du meinst … was genau meinst du?"

„Ich meine, dass der Name des Babys daraus abgeleitet werden sollte. Was war es für ein Cocktail? Oder könnte es mit dem *Retiro* zu tun haben? Oder gab es eine Frucht in deinem Drink damals?"

Nina vergrub ihre Stirn in den Händen.

„Ich weiß nicht. *Retiro*, und dann was? Soll ich sie Madrid nennen? Oder España? Nein. Und eine Frucht … Ach Lilly, ich weiß nicht. Ist das nicht zu verspielt?"

„Was für Cocktails hast du getrunken damals?"

„Das weiß ich nicht mehr." Nina überlegte. Dann hob sie den Kopf.

„Ich weiß es doch noch. Ich hatte drei Margaritas an dem Abend. Kiwi, … Mango … und Erdbeer."

Beide sahen sich an.

„Margarita", sagten sie gleichzeitig.

„Maggie", fügte Nina hinzu und strich sich gedankenverloren über den Bauch. Dann zückte sie ihr Handy. „Ich muss das zuerst googeln."

Die letzten Wochen vor Ninas Mutterschutz vergingen wie im Flug. Tanja aus der Personalabteilung bestand darauf, dass Nina den gesamten Jahresurlaub vor dem Mutterschutz nahm. Da Nina nur einen halben Tag Urlaub genommen hatte bisher und außerdem aus dem Vorjahr noch Urlaub übertragen hatte, begann ihre Auszeit entsprechend früh.

Hauptsächlich hatte Nina ihre Aufgaben an Paula und an Hubert weitergegeben, die beide etwas in Schwitzen gerieten angesichts der Menge an Themen, die da zu ihnen hinüberschwappte. Darüber hinaus wurde Nina nicht müde zu kommunizieren, dass sie ja sowieso nicht lange weg sein würde und überhaupt immer erreichbar für jegliche Anfragen.

Ausnahmsweise schien Andreas mal wirklich interessiert am Geschehen zu sein. Hatte Hubert wirklich Zugriff auf alle Informationen? Kannte er die gesamte Historie zu diesem Kunden? Hatte Nina die Passwörter alle übergeben? Hatte sie alle Emails zu dem Vorfall abgelegt? Lagen ihre Präsentationen unter den Vorlagen ab?

„Mann, Andreas, natürlich. Und ich bin ja nicht aus der Welt. Ihr könnt mich jederzeit anrufen. Wenn ich nicht gerade im Kreißsaal bin, bin ich erreichbar. Möglicherweise auch im Kreißsaal, wenn die Fragen kurz und knapp beantwortet werden können."

Und dann begann er, der Urlaub mit anschließendem Mutterschutz. Vereinbart war, dass sie ihr Laptop behalten durfte. Das war Nina wichtig gewesen, denn so konnte sie schnell zur Verfügung stehen, wenn es Rückfragen in ihren Projekten gab, und konnte außerdem am Ball bleiben.

Es hatte nur zur Folge, dass sich Nina jeden Morgen ganz normal einloggte und begann, Themen abzuarbeiten. Eigentlich fühlte es sich an wie Home Office.

„Nina, hast du nicht Urlaub?" chattete Paula.

„Aber ich langweil mich. Und es tut sich doch eh noch nichts an der

Babyfront", schrieb Nina zurück.

Erst langsam begann Nina, sich mehr um ihre privaten Belange zu kümmern. Sie merkte, dass die Kollegen anfingen, sie aus den meisten Dingen rauszuhalten. Und auf die Nerven gehen wollte sie ihnen auch nicht. Außerdem war es ja auch sehr rücksichtsvoll von ihnen.

Dieses ganze Babyding war wirklich eine Welt für sich. Man konnte stundenlang recherchieren in dieser schier endlosen Informationsflut. Nina hatte mittlerweile eine ganze Bibliothek auf ihrem Laptop abgelegt. Außerdem *Dos and Donts*, unterteilt in acht Unterkategorien.

In ihrer Projektliste standen die allermeisten Punkte auf Grün. Sogar die lange und intensive Suche nach einer Hebamme hatte endlich ein Ende. Was die Punkte betraf, die Nina mit A priorisiert hatte, mussten jetzt nur noch nur die Kita und der Babysitter in den grünen Bereich rutschen. Es war ja nicht so, dass es keine Kitas gab in ihrer Nähe. Aber eine nach der anderen sagte ihr ab. Keine Kapazitäten mehr. Gab es denn so viele nicht eingeplante Babys in der Stadt? Denn für die eingeplanten müssten doch eigentlich Plätze zur Verfügung stehen, oder nicht? Soweit sie informiert war, nahm die Zahl der Geburten eher ab in München – müssten da nicht die Kitas um die Mütter werben statt andersrum?

Bei den Tagesmüttern sah es nicht besser aus. Aber egal, sie würde dranbleiben.

Was würde Lilly jetzt sagen? Visualisieren, wahrscheinlich.

Nur das Treppensteigen war definitiv zur Qual geworden. Wie schön musste es sein, wenn man einen Partner hatte, der einem das Tragen der Tüten in den zweiten Stock abnehmen konnte. Oder das Bücken zum Briefkasten, der ziemlich tief hing im Treppenhaus.

Zwei Briefe immerhin fischte sie heute heraus aus dem Briefkasten. Da hatte sich die Qual doch gelohnt. Und außerdem blieb man beweglich, wenn man trotz Kugel so weit hinunterkam.

Sie schnaufte, als sie die Stufen zur Wohnung hinaufstieg. Ein Brief war von *Recordance*. Wahrscheinlich eine Änderung der Sozialversicherung oder sowas. Der andere war von ihrer Krankenkasse.

Oben angekommen, brauchte sie einen Moment, um wieder zu Atem zu kommen, bevor sie die Wohnungstür aufschließen konnte. Dann kümmerte sie sich erstmal die Einkäufe. Sie begann, ihre Beute auszupacken und zu verstauen.

„Das gibt ein leckeres Mittagessen heute, meine Kleine", sagte sie laut, während sie den frischen Fisch, den sie besorgt hatte, entblätterte. Sie lief zum Radio und drehte die Musik auf. Es fühlte sich gut an, etwas Zeit und damit Luft zu haben. Sie hatte alles im Griff. Ihr Projektplan stand in fast allen Kategorien auf Grün. Sie war auf der Zielgeraden.

Als der Fisch in der Pfanne brutzelte, fiel ihr Blick wieder auf die Post, und sie öffnete den ersten Brief. Ihre Krankenkasse. Nur Werbung. Jetzt, wo das Kind bald auf die Welt käme … blaba … Ob sie schon an diese und jene Zusatzversicherung gedacht hätte. Nina warf den Brief ins Altpapier.

Sie öffnete den zweiten Brief. *Recordance.* Nina faltete das Papier auseinander.

Kündigung des Arbeitsverhältnisses, stand da im Betreff. Ninas Atem stockte. Mit klopfendem Herzen las sie weiter.

Sehr geehrte Frau Bechtle, leider sehen wir uns veranlasst, das mit Ihnen bestehende Arbeitsverhältnis unter Einhaltung der bestehenden Kündigungsfrist zum nächstmöglichen Zeitpunkt zu beenden.

Nina starrte auf den Text. Das konnte jetzt nur ein Irrtum sein.

Zwei Minuten später saß Nina nach wie vor am Esstisch, in der Hand noch immer den Brief. Sie war blass. Ihre Gedanken wirbelten durcheinander. Irgendwo im Hintergrund brutzelte ein Fisch.

War das ein Irrtum? Hatte die Personalabteilung einen Fehler gemacht? War sie vielleicht in die falsche Kategorie gerutscht? Kündigung statt Mutterschutz? Oder - wollte man sie wirklich loswerden?

Sie ließ die letzten Arbeitstage Revue passieren. So wirklich herzlich war Andreas nicht zu ihr gewesen. Sie hatte gedacht, das sei nur Stress.

Schließlich stand Nina mit einem Ruck auf. Dieses Kopfkino machte keinen Sinn. Sie musste Andreas sofort sprechen, um alles aufzuklären. Per Teams hatte sie kein Glück. Es klingelte ins Leere.

Sie wählte seine Handynummer. Es läutete.

„*Recordance,* Maja Steinberg, wie kann ich Ihnen helfen?"

„Maja? Hier ist Nina. Du, kann ich Andreas sprechen? Hat er auf dich umgestellt?"

„Nina, grüß dich, geht's dir gut? Ja, er hat auf mich umgestellt. Ich glaub, er ist gerade beschäftigt. Soll ich ihm was ausrichten?"

„Ja, es wäre toll, wenn er mich zurückruft."

„Ich sag ihm Bescheid, ja?"

„Danke, Maja. Bis bald."

Sie legte auf und atmete einmal tief durch. Sie würde sicherheitshalber noch eine Chat-Nachricht hinterherwerfen.

„Lieber Andreas," schrieb sie, „bitte ruf mich doch kurz zurück. Danke dir und viele Grüße, Nina."

Ihre private Handynummer schrieb sie noch einmal dazu.

Dann wartete sie.

Schließlich begann sie, sich wieder anderen Dingen zu widmen. Zum Beispiel dem Fisch mit Gemüse, auf den sie irgendwie gar keine Lust mehr hatte, und der außerdem etwas angekokelt war.

Zwischendrin sah sie auf die Uhr. Die Zeit verging. Kein Anruf von Andreas.

Sie versuchte es noch einmal auf seiner Handynummer. Es läutete.

„*Recordance*, Maja Steinberg, wie kann ich Ihnen helfen?"

Wieder der Empfang. „Maja, Nina hier nochmal. Ich sehe, Andreas hat immer noch umgestellt. Bitte, wenn du ihn siehst, bitte ihn doch, mich kurz zurückzurufen, ja? Es wäre wirklich wichtig."

„Alles klar, das mache ich."

„Danke, Maja."

Als Andreas sich um siebzehn Uhr immer noch nicht gemeldet hatte, beschloss Nina, es in der Personalabteilung zu versuchen. Bevor die nicht mehr besetzt war.

„*Recordance*, Tanja Müller."

„Tanja, hier ist Nina. Nina Bechtle. Du, hast du eine Minute für mich?"

Tanja räusperte sich kurz. „Nina", sagte sie dann mit singender Stimme, „was kann ich für dich tun?"

„Tanja, ich hab da einen Brief von euch bekommen heute. Eine Kündigung. Ist das… Ich meine, ist das ein Missverständnis?"

Es entstand eine kurze Pause.

„Nein," hörte sie es dann am anderen Ende. Nina spürte, wie ihr

Puls sich beschleunigte.

Weil Nina nichts sagte, fuhr Tanja fort. „Es scheint eine solche Entscheidung gegeben zu haben. Andreas hat uns darüber informiert, und wir haben das entsprechende Schreiben gestern an dich rausgeschickt."

Ninas Herz klopfte plötzlich wie wild. „Aber – warum?"

Sie merkte selbst, dass sie gerade nicht besonders souverän rüberkam.

„Hat Andreas nicht mit dir gesprochen? Ich kenne leider die Hintergründe nicht, Nina, und es tut mir sehr leid. Wenn du Rückfragen inhaltlicher Art hast, fürchte ich, musst du dich an Andreas wenden."

Nina schwieg. Irgendwie schien sich alles zu drehen.

„Nina?"

„J-ja."

„Also, wenn du noch Fragen dazu hast, wende dich an Andreas, okay?"

„Okay. Danke."

Nina legte auf. Sie vergrub ihr Gesicht in ihren Händen. Das durfte nicht wahr sein. Es war also kein Missverständnis. *Recordance* hatte ihr tatsächlich einfach gekündigt.

„Sie haben WAS?!" Lilly schrie es fast in ihr Handy. „Du verarschst mich, richtig?"

„Nein." Ninas Stimme war nüchtern und sachlich.

„Das können die doch nicht einfach machen. Sag mal – hast du eine Ahnung, warum die das tun? Hast du vielleicht den Server dort mitgehen lassen, als du gegangen bist? Die Kaffeemaschine? Den Safe?"

„Nein."

„Was für Arschlöcher."

„Ja."

„Was wirst du jetzt tun?"

„Ich weiß es noch nicht. Ich muss mich erstmal sammeln. Ich bin so... Ich weiß nicht, was ich bin."

„Du, soll ich mal unseren Arbeitsrechtler fragen, was du jetzt tun kannst?"

„Danke, Lilly. Aber ich glaube, ich muss erstmal für mich darüber nachdenken."

„Nina, ich weiß, du willst immer alles allein lösen. Fair enough. Aber wenn du Unterstützung brauchst – und wenn es nur jemand ist, der Andreas Briefe mit Pferdeäpfeln in den Briefkasten legt – dann gib mir Bescheid, ja?"

Nina musste lachen. Lilly würde das tun, soviel war klar.

„Ganz bestimmt," sagte sie.

Dann legte Nina auf. Und seufzte. Das wurde jetzt langsam zum Dauerzustand mit dem Rumgeseufze.

Es war exakt sieben Uhr siebenundvierzig, als Nina drei Tage später vor dem Empfang von *Recordance* stand. Maja war schon da, genau wie es Nina gehofft hatte. Der Empfang musste ab acht Uhr besetzt sein, und Maja traf meistens zwischen zehn vor und zehn nach acht ein.

Das war heute für Nina wichtig, weil sie keine Schlüsselkarte mehr hatte fürs Büro. Sie klingelte. Es dauerte eine halbe Minute. Dann ertönte der Summer, und Nina trat ein.

Es roch nach frisch gemahlenen Kaffeebohnen. Ansonsten schien das Büro noch leer zu sein. Bis auf Maja war niemand zu sehen. Kein Wunder, die meisten Mitarbeiter kamen erst gegen neun oder deutlich später.

Nina sah die Überraschung in Majas Blick. „Nina. Äh… Hast du… Bist du für einen Termin hier?"

„Du musst dich nicht kümmern, Maja, danke. Ich gehe in Andreas' Büro und warte dort auf ihn. Ich komme schon klar."

„O-okay?" Maja sah ihr nach, als sie den Gang entlang ging.

Andreas' Bürotür war wie immer nicht abgesperrt. Nina trat ein und setzte sich an den Besprechungstisch im hinteren Teil des Raumes. Es würde eine Weile dauern. Andreas' Zeit war manchmal neun, eher aber zehn. Sie wollte trotzdem jetzt schon hier sein, um möglichst unbemerkt in sein Büro zu gelangen.

Nina hatte sich ein Buch mitgenommen. Sie klappte es auf. Für ein paar Minuten starrte sie auf die Buchstaben, die sich ihr nicht so recht öffnen wollten. Dann schlug sie das Buch wieder zu. Also nochmal, was wollte sie genau sagen? Wieder und wieder ging sie die Worte durch, die sie vorbereitet hatte. Sie fühlte sich wie vor einem

Kundentermin. Oder vor einer Prüfung. Sie musste performen nachher, so viel war klar. Sie dürfte sich nicht abblocken lassen von Andreas.

„Brauchst du irgendetwas?" Maja hatte die Bürotür geöffnet und sah zu ihr hinein.

„Nein, danke dir."

„Okay. Sonst gib Bescheid, ja?" Maja verschwand wieder.

Durch die Glastür von Andreas' Büro sah Nina, wie nach und nach die Mitarbeiter eintrafen. Die meisten schlurften an der Tür vorbei. Viele erschienen gleich darauf wieder und liefen dann erneut vorbei, diesmal mit einer Tasse Kaffee in der Hand.

Sie rollte mit ihrem Stuhl etwas weiter zurück, sodass sie von der Tür aus weniger gut zu sehen war. Naja… Jede Wette, dass die große Kugel, die ihr Bauch war, momentan überall hervorragen würde.

Oh Mann. Wenn sie nur nicht alle halbe Stunde auf die Toilette müsste. Aber das würde jetzt einfach mal warten müssen.

Sie zückte ihr Handy. Ihre Emails könnte sie ja mal checken. Für eine weitere Stunde saß Nina in Andreas' Office. Langsam bekam sie Angst, dass sie nicht mehr herauskommen würde aus dem Stuhl. Das war inzwischen gar nicht mehr so leicht.

Vorsichtig hob sie sich mit den Armen aus dem Stuhl und ging ein paar Schritte, bevor sie wieder Platz nahm. Nur ein Mal sah Maja erneut zu ihr hinein und legte einen kleinen Packen Zeitschriften auf Andreas' Schreibtisch. Das Haus füllte sich weiter mit Mitarbeitern. Der Geräuschpegel stieg. Immer wieder erkannte Nina Stimmen. Noch einmal schob sie ihren Stuhl so weit wie möglich nach hinten.

Eine weitere halbe Stunde verging. Dann ging plötzlich die Tür auf. Andreas stand in der Tür. Er kam herein, legte seine Tasche auf seinen Schreibtisch und stellte sich vor Nina. Aber er war nicht allein. Direkt hinter ihm trat Bernd Eckstein ins Büro und schloss hinter sich die Tür. Bernd war der Jurist, mit dem das Unternehmen zusammenarbeitete. Auch Nina hatte mit ihm schon zu tun gehabt, meistens wenn es um die Abstimmung von Verträgen ging, bei denen Kunden kreative Extrawünsche hatten.

Für eine Sekunde erstarrte Nina. Alles klar, Andreas hatte aufgerüstet. Das fühlte sich offiziell an. Was war sie inzwischen? Eine Feindin?

Ein Problem? Die Gegenseite?

„Nina", sagte Andreas in betont heiterem Ton, „Maja hat mir schon Bescheid gegeben, dass du hier bist. Wie geht es dir?"

„Du fragst mich, wie es mir geht? Ernsthaft?"

„Ich hab Bernd hier mitgebracht", fuhr Andreas locker fort, ohne auf ihre Frage einzugehen. „Ich nehme an, du möchtest über deine Kündigung sprechen, und er kann uns beiden dabei mit Rat und Tat zur Seite stehen. Immerhin kennt er sich mit dem Arbeitsrecht noch etwas besser aus als wir beide."

Andreas blickte zu Bernd hinüber.

Nina blickte ebenfalls zu Bernd. Irgendwie war sie im falschen Film. Wann nur hatte die Situation sich in diese Richtung entwickelt? Und wie kam es, dass sie es nicht bemerkt hatte? Zum zweiten Mal. Weder Torbens Desinteresse und seine Absicht, Schluss zu machen hatte sie kommen sehen noch Andreas' Kündigung. Langsam war es wirklich an der Zeit, an ihrer Intuition zu arbeiten.

Sie dachte an ihren Vorsatz. Nicht Andreas den Lead übernehmen lassen. Das hier war ihr Gespräch, nicht seins. Sie durfte sich nicht aus der Bahn bringen lassen durch ihn - oder durch Bernd.

Nina atmete einmal tief durch. Dann sagte sie: „Ich möchte in der Tat mit dir – und gerne auch mit dir, lieber Bernd - über die Kündigung sprechen. Ich hätte das, lieber Andreas, gerne auch schon in den letzten Tagen mal getan, wenn du mich denn mal zurückgerufen oder auch – verrückter Gedanke – vor Versand der Kündigung mal angerufen hättest.

Aber sei's drum. Diese Kündigung ist eine Frechheit, und das wisst ihr genau."

„So?" Bernds Stimme zeigte einen leicht amüsierten Unterton.

Andreas drängte sich dazwischen. „Übrigens, magst du einen Kaffee, Nina?"

„Nein, danke. Ich trinke momentan so wenig Kaffee wie möglich."

„Ach ja. Klar. Ich zapf mir schnell einen, wenn du nichts dagegen hast." Er ging zu der kleinen Kapselmaschine, die auf einem Sideboard stand. „Bernd?"

„Ja, bitte. Danke, Andreas."

Trotz des Plaudertons, den Andreas angeschlagen hatte, lag eine angespannte Atmosphäre in der Luft. Nina spürte, wie sie nervös wurde. Okay, Konzentration. Das hier war auch nichts anderes als ein Kundentermin, und von denen hatte sie schon viele gerockt.

„Wenn die Herren dann fertig sind mit ihrem Frühstück? Ich hätte eine Kündigung zu besprechen. Noch einmal, diese Kündigung ist juristisch gesehen sehr dünnes Eis."

„Erklär mir das, Nina," wandte sich Bernd an sie. Sein Ton war schärfer geworden. „Und erklär mir vorher vielleicht noch: Wo und wie soll dich denn *Recordance* deiner Meinung nach beschäftigen, wenn du zurück kommst aus dem Mutterschutz?"

„Ich habe einen unbefristeten Arbeitsvertrag", erwiderte Nina, „und insofern gehe ich davon aus, dass *Recordance* mich auf der gleichen Stelle weiter beschäftigt wie bisher."

„Okay. Andreas, hast du das gehört? Nina will den gleichen Job genau so weitermachen. Wann hast du üblicherweise angefangen hier morgens? Um sieben? Und wann hast du aufgehört? Um einundzwanzig Uhr? Manchmal später? Okay, wenn du das weiterhin möchtest, sehr gerne. Andreas, ich glaube, es stehen einige Messen an in der nächsten Zeit, zu denen Nina fahren müsste, richtig? Ziemlich verteilt über ganz Deutschland, und einige auch im Ausland. Aber ich gehe davon aus, dass das für dich auch passt, Nina, ja? Wo du doch den gleichen Job unbedingt wieder willst?"

„Lieber Bernd," sagte Nina, „jetzt mal eins nach dem anderen. Wenn du mir Angst einjagen willst mit deinem Ausblick, dann bist du bei mir fehl am Platz. Wir können aber gerne über die unterschiedlichen Themen sprechen, die du dankenswerterweise angesprochen hast. Zuerst mal über die Überstunden, die ich in den letzten Jahren gemacht hab. Bring mich nicht auf die Idee zu hinterfragen, ob das so okay war. Oder auf die noch bessere Idee, eine Abgeltung meiner geleisteten Überstunden zu fordern."

Als sie sah, dass Bernd ansetzte zu erwidern, fuhr sie in schnellerem Tempo fort.

„Aber uninteressant. Sprechen wir lieber über die Verpflichtung des Arbeitgebers, einer Mutter den Job freizuhalten. Du weißt, Andreas, dass du mir eigentlich eine Stelle freihalten musst, wenn ich wegen Mutterschutz oder Elternzeit für eine Weile ausfalle. Wenn ich zurückkomme, habe ich Anspruch auf eine gleichwertige Stelle im Unternehmen.

Ach ja, Bernd, und zu deinem Punkt gerade: Wir können über billiges Ermessen sprechen, wenn es darum geht, Arbeitnehmer durch die Welt zu schicken. Natürlich sind bei Reisen alleinerziehende Mütter anders zu behandeln als – sagen wir - kinderlose Angestellte. Und da fällt mir ein… Ist Hubert nicht kinderlos und unverheiratet?"

Hatte sie eigentlich jemals so klar ausgesprochen, dass sie alleinerziehend sein würde? Egal jetzt. Andreas wusste es bestimmt eh schon. Also weiter im Plan.

„Okay", unterbrach Bernd sie und formte ein T mit den Händen, „das sind ja ganz schön viele Punkte. Ich glaub, die meisten davon sind hier auch gar nicht relevant. Aber schön, dass du recherchiert hast."

Er wandte sich an Andreas: „Man findet im Internet ganz schön viele Arbeitsrecht-Basics, merke ich. Wie schön, dass jeder in einer halben Stunde ein Jurastudium nachholen kann."

Andreas lachte kurz auf.

„Lustig", sagte Nina, „genau das dachte ich auch. Ich meine, dass hinter dem Studium gar nicht so viel stecken kann, wenn man die Inhalte alle so schön aufbereitet im Netz findet. Ob es in zehn Jahren noch Juristen gibt, gerade mit der rasanten Entwicklung der KI? Was meinst du, Bernd?"

Bernd sah sie feindselig an.

Jetzt schaltete sich Andreas ein. „Also, du kommst immer mit dieser Stelle, die wir dir freihalten sollen. Was für eine gleichwertige Stelle soll das denn sein? Kannst du mir das erklären?"

„Siehst du, Andreas, es ist nicht meine Aufgabe, mir das zu überlegen. Das ist deine Aufgabe und die des Unternehmens."

Andreas schwieg zunächst kurz. Dann sagte er, und seine Stimme klang ehrlich: „Wir hatten darüber schon gesprochen, Nina. Du darfst gerne in einen Job mit vierzehn Stunden täglich zurückkehren. Die musst du dann aber auch leisten."

„Und genau so ist es nicht. Ihr habt weder das Recht, einfach Überstunden en masse anzuordnen noch muss ich in Vollzeit zurückkehren. Ich hab in der Elternzeit das Recht, in Teilzeit zu arbeiten."

„Ach, du beantragst Elternzeit? Das hast du uns ja noch gar nicht mitgeteilt."

„Und selbst, wenn ich keine beantrage, auch dann hab ich das Recht, in Teilzeit zu gehen. Langfristig oder vorübergehend. Du kannst das nur unterbinden, wenn es super-wichtige Gründe gibt, die dagegen sprechen."

„Die gäbe es", antwortete Andreas wie aus der Pistole geschossen. So reaktionsschnell kannte sie ihn gar nicht.

„Hmmm, und das bezweifle ich. Ich habe mal etwas recherchiert dazu", dabei nickte Nina Bernd kurz zu, „und die meisten Arbeitgeber werden vor Gericht abgeschmettert mit ihren super-wichtigen Gründen. Sei mal ehrlich: Die meisten Jobs können genauso gut zwei Leute in Teilzeit machen wie eine Person in Vollzeit."

Bevor einer der beiden etwas sagen konnte, fuhr Nina fort:

„Und dann dieses Überstunden-Thema… Ich hab mir meinen Arbeitsvertrag nochmal angesehen. Und ich bin mir relativ sicher, dass der Passus, der darin die Überstunden behandelt, vor Gericht nicht standhalten würde. Er ist nicht konkret genug. Es ist also mitnichten so, dass Überstunden für mich in der Zukunft selbstverständlich wären. Aus vierzehn Stunden werden also ganz schnell acht. Oder eben weniger, wenn ich Teilzeit beantrage."

„Du weißt genau, dass Überstunden in unserer Branche üblich sind, Nina. Zeig mir eine Agentur, in der die Leute nicht deutlich mehr arbeiten als ihre vereinbarte Zeit."

„Du wirst lachen. Ich könnte dir bei Bedarf schon mal zwei Personen zeigen, die NICHT deutlich mehr arbeiten als ihre vereinbarte Zeit. Und das sind Hubert und du."

Empört setzte sich Andreas zur Wehr: „Das ist eine Frechheit, Nina. Wie viel ich als dein Vorgesetzter arbeite oder nicht, das geht dich nichts an."

„Klar", sagte Nina ungerührt. „Aber du hast die Frage aufgebracht. Und sollte sie vor Gericht nochmal aufkommen, dann freue ich mich, dass ich eine Antwort darauf habe. Aber egal, sei's drum. Wir können auch über meinen Sonderkündigungsschutz sprechen, den ich während der Schwangerschaft und Elternzeit habe, wenn dir das lieber ist. Ihr könnt mich aktuell sowieso nicht kündigen, die Kündigung ist nichtig. Was ihr natürlich ganz genau wisst."

„Dann klag doch einfach dagegen."

„Das werde ich."

„Also gut. Wenn du die nächsten Monate damit verbringen willst, immer wieder vor Gericht gegen uns zu erscheinen, gerne." Bernds Blick war spöttisch. „Ich mag das Arbeitsgericht. Es ist fast schon mein zweites Zuhause. Hab schon überlegt, dort einen Dauerparkplatz zu beantragen. Und du wirst es auch mögen. Dauert manchmal recht lang, bis man drankommt, und auch die Verhandlungen ziehen sich. Aber vielleicht magst du das ja."

Nina lächelte. Das hier fing tatsächlich an, ihr Spaß zu machen. „Damit erschreckst du mich nicht. Im Gegenteil. Genau wie du denke auch ich an die vielen, vielen Monate, die sich so ein Prozess ziehen kann. Ich denke da vor allem daran, wie der Annahmeverzugslohn steigt in dieser ganzen Zeit."

„Der bitte was?", fragte Andreas.

Bernd setzte an, doch Nina war schneller: „Die Summe an Lohn, die sich ansammelt, während ein Kündigungsschutzprozess läuft. Einreichung der Klage, Gütetermin, Kammertermin, … Nehmen wir an, immer wieder mal kann ich einen Termin nicht wahrnehmen, der Schwangerschaft oder des Kindes wegen. So schuldet ihr mir schnell mal ein halbes Jahr an Gehalt."

Bernd und Andreas antworteten gleichzeitig.

„WENN du gewinnen solltest." Das war Bernd. „Nur dann. Und das wirst du nicht, Nina, vertrau meiner Erfahrung."

„Dann arbeitest du eben wieder in der Zeit." Das war Andreas. „Dann bekommen wir wenigstens eine Arbeitsleistung für den Lohn."

„Gute Idee", erwiderte Nina. „Sehr gute Idee. Denn wenn ihr das macht, dann konterkariert ihr damit gleich eure eigene Entscheidung, mich zu kündigen. Das müsst ihr vor Gericht dann schon genauer erläutern: Wolltet ihr mich nun kündigen oder behalten?"

Jetzt stand Bernd auf und plusterte sich zu voller Montur auf. Dann bellte sein Bass durch den Raum. „Nina, glaub nicht, dass mich deine Rede beeindruckt. Ich hab schon viele Prozesse vor dem Arbeitsgericht mitgemacht, und ich weiß, worauf es den Richtern ankommt. Mit deiner Nummer der armen Schwangeren kommst du nicht weit. Es geht vielmehr darum, vor Gericht die richtige Sprache zu sprechen und eine

Ahnung zu haben von den Gesetzen."

Auch Nina stand jetzt auf und streckte sich. Gut, damit machte sie eigentlich mehr an Breite gut als an Höhe. Egal, das schadete vielleicht auch nicht.

„Nein", sagte sie, „jetzt hört ihr beiden mir mal zu. HEY!"

Erst jetzt verstummte Bernd.

„Ich sage euch, ich ziehe alle rechtlichen Mittel gnadenlos durch. Und wisst ihr, warum? Es geht mir in diesem Moment nicht nur um mich. Nein. Es geht mir an dieser Stelle um alle Frauen, denen es ähnlich geht wie mir. Andreas", sie wandte sich ihm zu, „ich hab mir den Arsch aufgerissen für diese Firma. Wie viele Kunden hab ich für uns gewonnen? Wie viele Nachtschichten hab ich gemacht? Wie viel hab ich investiert? Und kaum werde ich schwanger, da kickst du mich raus? Das geht nicht. Und um diesen Punkt zu machen, bin ich bereit, die nächsten fünfzehn Jahre vor Gericht zu kämpfen, wenn es sein muss."

Andreas setzte an zu einer Antwort, doch Nina brachte ihn mit einer Bewegung ihres Zeigefingers zum Schweigen. „Sssschhh. Ich bin noch nicht fertig. Ich bin auch gespannt, wie euer Ruf das verkraftet. Das gibt eine schöne Story. Auf den Arbeitgeberportalen und gerne auch in den sozialen Medien. Ich bin gespannt, wie eure Arbeitnehmer darauf reagieren. Ist doch gut zu wissen, wie einen der eigene Arbeitgeber behandeln würde, sobald man in die Familienplanung geht. Und lässt auch viele Rückschlüsse darauf zu, wie ihr euch in anderen Situationen gegen die Mitarbeiter wenden würdet. Das interessiert bestimmt einige bei uns. Selbst die, die keinen Nachwuchs planen. Weißt du, jeder hat eine Schwester, eine Frau, eine Freundin oder zumindest eine Mutter und fragt sich, ob er gerne sehen würde, dass die von ihrem Arbeitgeber so behandelt wird. Da stecken schon Emotionen drin bei den Leuten. Die meisten haben ein starkes Gerechtigkeitsgefühl.

Und wie würden wohl unsere Kunden reagieren, wenn sich *Recordance* in der Hinsicht so einen schlechten Ruf aufbauen würde?"

Bernd setzte zu einer Erwiderung an. Sein Gesicht war rot geworden.

Doch Nina lief an beiden vorbei zur Tür, öffnete sie und drehte sich um. „Ich werde Kündigungsschutzklage einreichen, und ich freue mich auf die weiteren Schritte. Du weißt, Andreas, ich hab schon immer gerne dazugelernt, und das ist für mich Neuland, in das ich mich gerne tiefer einarbeite. Du weißt auch, ich hab schon immer meine Hausaufgaben gemacht. Ich hab mich schon immer gut vorbereitet. Und ich sehe gute Chancen für mich in dieser Situation. Macht euch auf was gefasst."

Sie schloss die Tür, drehte sich um und ging. Bernd rief ihr irgendetwas nach, aber Nina lief nur schnurstracks am Empfang vorbei und durch die angelehnte Tür nach draußen. Aus dem Augenwinkel konnte sie Majas neugierigen Blick sehen. Am Aufzug blieb Nina stehen und schnaufte einmal tief durch. Sie merkte, dass sie am ganzen Leib zitterte.

12. Kapitel: Ein Geständnis

Im Erdgeschoss angekommen, lehnte Nina sich von außen an die Eingangstür. Tief durchatmen, dachte sie. Langsam spürte sie, wie die Anspannung von ihr abfiel.

War das ausreichend gewesen, was sie zu Andreas und Bernd gesagt hatte? Hatte sie ihren Punkt gemacht? War sie zu emotional gewesen? Warum hatte sie sich provozieren lassen von Bernd? Sie hätte viel cooler bleiben müssen. Am besten hätte sie-

Vom Parkplatz hinter dem Gebäude hörte sie Schritte, die sich näherten. Schnell streckte sie sich wieder und strich sich einmal durch die Haare. Dann stand auch schon Frau Allbrecht vor ihr.

„Frau Bechtle! Ach, das ist ja schön, dass ich Sie noch einmal sehe."

Oh Mann. Dass sie ausgerechnet jetzt einer Kundin in die Arme laufen musste, so durcheinander, wie sie war. Nina versuchte zu lächeln.

Frau Allwegs Blick fiel auf Ninas kugelrunden Bauch. „Mensch, das dauert jetzt nicht mehr lange, oder? Ich freu mich so für Sie. Herr Ochsner hat mich für heute für eine Abstimmung herbestellt, aber es ist natürlich nicht das Gleiche ohne Sie."

„Ja … ich … ja."

„Wissen Sie denn schon, wann Sie zurückkommen werden aus der Elternzeit? Oder lassen Sie das noch offen?"

„Ähm … naja. Ich denke, auch dazu wird Ihnen Herr Ochsner dann noch… ein Update geben."

„Ah ja?"

„Also, es kann gut sein, Frau Allbrecht, dass wir uns heute das letzte

Mal begegnet sind, was sehr schade ist. Es sieht momentan fast so aus, als würde ich nicht mehr zurückkommen zu *Recordance*."

„Ach. Ziehen Sie raus aus München?"

„Nein. Aber wir … naja … wir sind da gerade noch im Prozess, das auszutarieren, aber vielleicht … halten wir es alle für besser, wenn ich nicht zurück komme nach der Geburt."

Nina musste ihren Blick abwenden bei dieser Lüge.

Frau Allbrecht sagte für einen Moment lang nichts. Dann nahm sie Ninas Hand.

„Wissen Sie was? Lassen Sie sich nicht unterkriegen. Es ist schade, wenn Herr Ochsner nicht der Meinung ist, dass Mütter sein Unternehmen bereichern. Ich selbst bin Mutter, und fast alle meine Damen im Team sind es auch. Und wissen Sie was? Das klappt hervorragend."

Nina lächelte schwach.

„Ich bin mir sicher, dass Sie Ihren Weg gehen werden, auch außerhalb von *Recordance*. Es würde mich freuen, wenn sich unsere Wege noch einmal kreuzen würden. Und ich wünsch Ihnen alles, alles Gute, Frau Bechtle!"

„Danke, Frau Allweg. Danke für alles!"

Für eine Weile blieb Nina stehen, als Frau Allweg schon im Aufzug verschwunden war. Jetzt würde er weitergehen, der Alltag bei *Recordance*. Frau Allweg würde am Empfang erscheinen. Maja würde Andreas Bescheid geben. Andreas würde sich mit ihr in einen Besprechungsraum zurückziehen. Maja würde Kaffee bringen, sie würden den Stand des Projekts besprechen, Paula würde hinzugerufen werden. All das würde weiterlaufen wie bisher. Nur ohne sie. Sie war raus.

Gerade, als Nina losgehen wollte, hörte sie erneut Schritte näherkommen. Wieder vom Parkplatz. Und diese Schritte kannte sie.

„Nina! Na, da schau her. Dass ich dich hier noch erwische vor der Geburt. Bist du nicht eigentlich schon im Mutterschutz?"

„Steffi!", Nina lächelte. Was für eine schöne Überraschung. Daran, dass sie ihre alte Verbündete noch einmal treffen könnte, hatte sie gar nicht gedacht.

„Ja, ich bin bald im Mutterschutz, sobald der Resturlaub abgebaut ist. Aber ich dachte, so ein kleines Meeting mit Andreas kann ich nochmal schnell zwischenschieben, ohne dass wir von einer voreiligen Wehe unterbrochen werden."

Steffis Blick fiel auf ihren Bauch.

„Du, weil ich dich nochmal sehe … Hast du vielleicht noch eine Sekunde für mich? Oder bist du auf dem Sprung?"

Nina sah an sich herunter. „Auf dem Sprung? Wenn, dann auf dem Kriechgang. Aber nein, bin ich nicht. Wieso?"

„Ich hatte irgendwie die ganze Zeit noch das Bedürfnis, dir das zu erklären. Warum ich damals so gestimmt hab, meine ich."

Nina schwieg.

Steffi fuhr fort. „Du weißt, dass ich dich immer geschätzt hab. Ich hab mir das richtig cool vorgestellt, wenn du ins Führungsteam aufsteigst. Und es hätte mich auch persönlich sehr gefreut für dich."

Nina wartete auf das Aber.

„Es ist nur … Ich hätte mir einfach nicht vorstellen können, wie das funktionieren soll. So mit Kind."

Nina sah Steffi nur an.

„Ich meine, entscheiden wir uns nicht alle irgendwann? Schau, ich bin jetzt fünfundvierzig. Ich werde keine Kinder mehr bekommen, ich möchte keine Kinder. Ich will mich auf meinen Job konzentrieren, weil ich meine Arbeit liebe. Auch viel zu arbeiten, macht mir nichts aus. Ich tue es gern. Und ich dachte eigentlich, du wärst genauso."

Nina blinzelte ein paar Mal.

„Ich denke, wenn eine Frau sich einmal dafür entschieden hat, Kinder zu bekommen, dann ist das immer auch eine Entscheidung gegen die Karriere. Du weißt, wie lange wir sitzen abends. Und das nicht nur im Ausnahmefall, sondern regelmäßig. Naja, und das war der Grund, warum ich damals gegen deine Beförderung gestimmt hab. Es war nichts Persönliches, gar nicht."

Jetzt nickte Nina ein paar Mal langsam.

„Andreas hat es dir erzählt, oder? Dass wir abgestimmt haben im Management?"

„Nein."

„Oh."

Als Nina schwieg, fuhr Steffi fort. „Im Endeffekt war sowieso meine Stimme gar nicht ausschlaggebend. Die meisten haben sich enthalten.

Ich glaube, Martin war damals der einzige, der ganz klar für die Beförderung war. Als Entwickler tut er sich vielleicht auch ein bisschen leichter. Die arbeiten halt auch einfach ziemlich geregelt."

Als Nina immer noch nichts sagte, schickte Steffi sich an zu gehen.

„Naja, das wollte ich dir nur noch sagen. Also," sie lächelte, „falls die Beförderung für dich überhaupt noch eine Rolle spielt. Du konzentrierst dich ja jetzt eh erstmal auf die Geburt und auf die süße Kleine und hast wahrscheinlich eh ganz andere Themen im Kopf. Und wenn du dann zurückkommst, dann freu ich mich schon darauf zu hören, wie es dir so geht in deiner neuen Rolle."

Sie drückte Nina herzlich zum Abschied.

Nina zögerte. „Andreas hat dir nichts darüber gesagt, oder? Über meine Rückkehr?"

„Nein, noch nicht. Gibt es schon einen Plan?"

„Ach", Nina winkte ab, „frag ihn am besten direkt."

Oder, dachte Nina, als sie den Weg in Richtung U-Bahn einschlug, frag am allerbesten gleich Maja. Die weiß mit Sicherheit mal wieder bestens Bescheid.

Vor der Heimfahrt hatte Nina noch zwei dringende Bedürfnisse. Zuallererst suchte sie das kleine Bäckerei-Café um die Ecke auf.

„Ich nehm bitte ein Apfelschorle. Und ich geh ganz schnell ums Eck, ja?" Es war höchste Zeit. Die Kleine saß direkt auf ihrer Blase und – dessen war sich Nina sicher – kicherte dabei ziemlich schadenfroh vor sich hin.

Als sie ihre Apfelschorle trank, schrieb Nina Martin. Das war ihr Bedürfnis Nummer zwei.

Hey Martin, DANKE, dass du damals im Management der einzige warst, der für meine Beförderung war! Ich rechne dir das hoch an!

Martin antwortete sofort. *Du weißt davon? Von wem? Ich war stinksauer, Ninalinda. Recordance hat einen großen Fehler gemacht. Geht es dir gut? Lust auf einen Kaffee? Morgen Nachmittag? 16 Uhr im Café Froschkönig?*

Nina lächelte. Martin hatte eine positive Antwort verdient. Eine, die ihn überraschen würde. *Alles klar, bis dann, ich freu mich*

Martin antwortete mit einem verwunderten Smiley, dann mit einem knutschenden.

Lilly wiederum war mehr als entrüstet, als Nina ihr am Telefon von ihren Gesprächen erzählte. Von Bernds aufgeblasener Art, von Andreas' Argumenten. Vom schönen, zufälligen Zusammentreffen mit Frau Allweg. Und von Steffis Bericht über die Abstimmung vor ein paar Monaten.

„Was bildet sich diese Steffi eigentlich ein? Wie kommt sie darauf zu beurteilen, ob du noch Karriere machen willst oder nicht? Nur, weil sie sich für die Karriere und gegen ein Kind entschieden hat, muss das doch nicht jede Frau zwangsläufig tun."

„Ach", Nina winkte ab. Ihre Stimme klang matt. „Sie hat Recht, Lilly. Das ist es ja. Sie hat Recht. Als Frau entscheidest du dich. Als Frau gibt es nicht beides. Du kannst keinen anspruchsvollen Job mehr machen, wenn du Kinder hast. Als Frau nicht. Als Mann schon."

Lilly schwieg. Dann sagte sie fröhlich: „Es sei denn, du bist alleinerziehend als Mann. Weißt du was, Nina? Du solltest dir einen alleinerziehenden Mann suchen. Einen, der schon Erfahrung damit hat, ein Kind groß zu ziehen. Und sich einzuschränken beruflich. Dem gibst du morgens dein Kind in die Hand, und abends bekommst du's wieder. Ungefähr so stellst du dir doch deine Mutterschaft vor, oder?"

„Danke für den Tipp. Wenn ich wieder zum Daten komm und mich zwischen den ganzen Männern entscheiden muss, die mir die Tür einrennen, dann werd ich das berücksichtigen. Ich mein, nach irgendetwas muss ich ja schließlich filtern."

„Hmmm. Und sag mal, wie geht es jetzt weiter mit der Kündigung? Wirst du wirklich Klage einreichen?"

„Ja, das werd ich, und das muss ich auch. Ist schon alles vorbereitet. Ich will nicht, dass sie denken, ich bluffe nur. Mehr kann ich jetzt erstmal nicht machen. Außer mich weiter juristisch einzulesen in das ganze Thema. Damit ich dann auch gut vorbereitet bin, wenn es zum Gerichtstermin kommt."

„Weißt du was? Einlesen ist super, vorbereiten auch. Aber was du jetzt brauchst, ist etwas Ablenkung. Deine Maggie hat heute schon genug Stress gehabt, die braucht jetzt etwas Entspannung."

„So, und was schlägst du vor? Bietest du jetzt auch Relaxkurse für

Schwangere an?"

„Also erstens, das was du unter Relaxen verstehst, heißt bei mir Schlafen. Und außerdem dachte ich an was anders. Lass uns doch Babykleidung shoppen gehen. Oder was anderes Schönes für die Kleine. Bitte, bitte, bitte!"

„Ich hab doch schon alles."

„Natürlich hast du das. Nichts anderes hab ich erwartet, Miss Vorbereitet. Aber so ein paar Kleidungsstücke kann man ja auch mal zusätzlich haben. Zur Sicherheit. Oder du kaufst schon ein paar Größen größer."

Nina zögerte. „Also, größere Größen hab ich natürlich auch schon besorgt." Dann gab sie sich einen Ruck. „Na gut. Ein bisschen Ersatz kann man wirklich immer gebrauchen."

Lilly jauchzte am anderen Ende. „Juhu! Auf zum Babykleidungskauf!"

Als Nina sich mit dickem Bauch über die Rolltreppen des Kaufhauses schleppte, wusste sie wieder, warum sie fast alles, was sie brauchte, online besorgt hatte.

Die zusätzlichen Kilos waren das eine. Dass es sich das Baby zwischen ihren Organen bequem gemacht hatte, war das andere. Aber dass es in den letzten Tagen mit Vorliebe auf ihrer Blase saß, das war nun wirklich nervig. Wie gut, dass es in Kaufhäusern Toiletten gab. Vielleicht sollte sie von vornherein gleich auf eine der Kabinen ihren Namen kleben?

Als sie in der Babyabteilung angekommen waren, sah Nina sich um. „Lilly, welches Jahr haben wir?"

„Dreitausendvierundzwanzig. Warum?"

„Im Ernst. Findest du das angemessen?"

„Was?"

„Die Aufteilung. In Jungs-Blau und Prinzessinen-Rosa."

„Ach, das. Naja… Ich find's nicht so schlimm. Eigentlich find ich's immer ganz süß, wenn die Kleinen so aus der Wäsche gucken. Sehen eigentlich alle gleich aus, aber die Kleidung sagt dir schon, ob Mädel oder Bübchen. Du nicht?" Sie blickte in Ninas Gesicht. „Okay, du nicht."

„Ich find das grauenhaft. Schau dir diese Mädels-Sachen an. Müssen denn die Kleinen schon mit zwei Wochen in die Rolle der sanften, zarten Fee gedrängt werden?"

„Was hast du gegen sanfte, zarte Feen?"

„Per se nichts. Aber", sie ließ ihren Blick zur Jungs-Seite hinüberschweifen, „die Feen kämpfen gegen selbstbewusste kleine Tiger an."

Lilly seufzte und sah Nina eindringlich an. „Nina. Du siehst das alles viel zu verbissen. Niemand kämpft gegen niemanden an. Das ist alles in deinem Kopf. Weil du dich unfair behandelt fühlst. In meinem Job trete ich nicht gegen die Männer an. Soll ich dir mal was sagen? Ich verdien sogar von allen Trainern am meisten."

„Woher weißt du denn das schon wieder?"

„Sagen wir mal, Kai, der Payroll macht, und ich kamen uns mal etwas näher. Da hat er mir die Gehälter von all meinen Kollegen verraten."

„Er hat- na klar hat er das. Was die Männer nicht immer alles für dich tun."

Lilly zuckte die Achseln. „Ja, und wenn die Prinzessinnen-Kleidchen, die ich in meiner Kindheit getragen hab, dazu beitragen, dass das so ist, dann soll es so sein. Und ich hab wirklich viele solcher Kleidchen getragen. Von den Feenflügeln, die ich hatte, gar nicht zu reden."

Lillys Stimme klang stolz und etwas trotzig. Nina konnte sich die kleine Lilly lebhaft vorstellen mit ihren Feenflügeln.

„Gut." Nina gab sich geschlagen. „Vielleicht sehe ich die Dinge wirklich zu ernst. Aber einkaufen," sie drehte sich zur Seite und wandte sich zur Jungs-Abteilung, „werde ich hier."

Eine Viertelstunde später war Nina fertig. Sie hatte einen kleinen Winterpulli im Maritim-Look gefunden, eine kleine Strampelhose in Hellblau und ein T-Shirt in Dunkelblau mit Dino-Motiv. Okay, der Dino sah ein bisschen gefräßig aus... Aber das würde ja vielleicht ganz gut passen. Dazu zwei Lätzchen in Grau mit Nilpferd-Motiv.

Lilly kam ihr entgegen und sah sie mit unschuldiger Miene an. „Hier noch zwei, drei Sachen, die ich gefunden hab."

Nina sah auf Lillys Stapel und musste lachen. Zwischen zwei grauen kleinen T-Shirts, einem mit Schildkröten- und einem mit Giraffen-

Motiv, hatte Lilly einen rosa Strampler mit Einhorn-Sticker drauf und zwei rosa Bodies versteckt.

„Also gut. Weil du wahrscheinlich Recht damit hast, dass ich das Ganze hier zu schwarz-weiß sehe. Besser gesagt, zu blau-rosa."

Während sie zur Kasse gingen - oder in Ninas Fall stapften - senkte Lilly ihren Kopf zu Ninas Bauch herunter und raunte leise: „Hey, kleine Maggie, ich bin's, die Tante Lilly. Ich werd dir zu jedem Geburtstag etwas Rosafarbenes schenken, mit gaaaaanz viel Glitzer drauf, keine Sorge."

Abrupt blieb Nina stehen. „Ich könnte schwören, die Kleine hat mich grad getreten."

Eine halbe Stunde später saß Nina mit Lilly in einem Café in der Innenstadt. Es war höchste Zeit. Sie hatte dringenden Bedarf an – in dieser Reihenfolge – einer Toilette, etwas zu essen und einem Sitzplatz.

„Einen Smoothie, bitte." Das war Lilly.

„Gerne. Welcher darf es sein? Vitamin, Wellness, Beauty, ...?"

„Ich nehme … Beauty. Der passt am besten zu mir." Charmant lächelte Lilly den jungen Kellner an, und der lächelte zurück.

„Und ich nehme …", das war Nina, „auch einen Smoothie. Wellness, bitte."

Der Kellner nahm die Karten wieder an sich.

„Halt. Und ein Stück Erdbeerkuchen. Und … noch ein Stück Käsekuchen, bitte."

„Selbstverständlich."

Gerade, als Nina dazu ansetzen wollte, sich vor Lilly zu verteidigen, die ihr bestimmt gleich das Verhältnis an Kalorien im Vergleich zu den Vitaminen ihrer zwei Kuchenstücke vorhalten wollte, klingelte ihr Handy. Für eine Sekunde starrte Nina auf das Display. Das war Andreas' Handynummer.

Sie bedeutete Lilly mit einer Hand, dass das hier wichtig war und räusperte sich, bevor sie ranging. „Nina Bechtle."

„Nina, hier ist Andreas. Bernd ist auch hier. Wir möchten mit dir nochmal über die Kündigung sprechen."

„Okay. Schießt los."

„Willst du nicht reinfahren?"

„Nein. Sagt mir gerne am Telefon, was ihr zu sagen habt."

„Okay. Also, es ist so … Bernd, möchtest du beginnen?"

„Ja. Nina, wir sind immer noch der Meinung, dass unser Case sehr viel Bestand hätte vor Gericht. Jeder Richter wird einsehen, dass ein Agenturjob und eine frischgebackene Mama einfach nicht ganz-"

„Stopp. Das ist es, was ihr mir mitteilen möchtet? Im Ernst? Sorry, aber dafür ist mir meine Zeit zu schade. In dem Fall sehen wir uns einfach vor Gericht wieder. Bis dahin wünsch ich euch-"

„Halt, warte mal." Das war Andreas' Stimme. „Also, wir möchten dir entgegenkommen. Wir sind keine Unmenschen, und in deiner Lage so kurz vor der Geburt, da ist wahrscheinlich sowieso-"

„Andreas. Entschuldige bitte, aber hör auf damit. Erzähl mir doch nicht, dass ihr mir entgegenkommen wollt. Und dann auch noch aus reiner Nettigkeit. Für wie dumm haltet ihr mich eigentlich? Also, gibt es da von eurer Seite noch etwas wirklich Neues, Interessantes, oder wars das an Informationsgehalt?"

„Wir wollen dir ein Angebot machen."

„Also eine Abfindungssumme?"

„Ja."

„Wie hoch?"

„Naja, wir haben lange überlegt. Wir sind eigentlich immer noch der Meinung sind, dass der Fall-"

„Bernd. Wie hoch?"

„Drei Monatsgehälter, und dazu bekommst du ein gutes Zeugnis."

„Lächerlich."

„Wie bitte? Was hast du dir denn vorgestellt?" Das war wieder Andreas' Stimme, und der Ärger war aus ihr herauszuhören.

„Naja, ich dachte eher an zwei Jahresgehälter."

Jetzt war ein verächtliches Schnauben am anderen Ende zu hören. Das dürfte wieder Bernd gewesen sein.

„Nina, soll das ein Scherz sein? Das ist jetzt weit an der Realität vorbei."

„Okay. Wenn das euer Feedback dazu ist. Übrigens, ich meinte das Gehalt eines Marketingleiters. Ich meinte nicht mein bisheriges Gehalt."

Sie hörte, wie sich die Stimmen der beiden am anderen Ende

erhoben, und sagte schnell: „Ihr könnt ja mal darüber nachdenken. Ansonsten sehen wir uns erstmal vor Gericht."

Und sie warf Lilly einen Blick zu und legte auf.

„Respekt." Lilly hob beide Daumen. „Aber zwei Jahresgehälter? Ernsthaft?"

Nina zuckte mit den Schultern. „Ich muss ja mal einen Anker setzen."

Dann warf sie beide Arme in die Luft. „Ehrlich, Lilly, ich hab doch auch keine Ahnung, was angebracht ist. Ich weiß nur, nach meinen ersten Recherchen ist deren Angebot absolut, komplett und ganz und gar frech. Sie bieten mir einen Betrag an, der gerade die Zeit meiner Kündigungsfrist abdeckt. Und das, obwohl sie genau wissen, dass ich in meinem Zustand Sonderkündigungsschutz habe. Die meinen wohl, ich bin komplett bescheuert, so ein Angebot anzunehmen."

Dann erhellte sich ihr Gesicht. „Der Kuchen kommt!"

Der Kellner platzierte die Smoothies und den Kuchen auf dem Tisch. „So, einen Beauty für eine Beauty", kommentierte er, als Lilly an der Reihe war, und die quittierte das mit einem strahlenden Lächeln.

Als der Kellner sich entfernt hatte, sah Lilly Nina an und sagte: „Eine Sache versteh ich trotzdem nicht. Warum willst du von der Firma Geld … aber von Torben keins? Wo ist der Unterschied?"

Nina überlegte. „Ich kann dir nicht genau sagen, warum ich von Torben kein Geld will. Aber ich kann dir sagen, warum ich von Andreas Geld will. Weil es unfair ist."

„Ist es das nicht beide Male?"

„Weiß ich nicht. Weißt du, ich habe so viel in meinen Job investiert. Ich hab bestimmt den Job von zweien gemacht. Ich hab Andreas seinen Arsch gerettet, wo immer es ging. Und der Dank dafür ist, dass sie mich mit einem Fußtritt vor die Tür setzen."

Lilly sah sie an. „Ihr hattet die Beförderung nie schriftlich fixiert. Es gab nie einen Vertrag darüber."

„Ja. Und die Beförderung ist die eine Sache. Diese Entscheidung hab ich noch toleriert. Aber der Fußtritt vor die Tür ist etwas anderes."

Lilly holte Luft, um etwas zu erwidern, aber Nina war in Fahrt.

„Weißt du, wenn er mit mir geredet hätte, Andreas. Wenn er gesagt hätte ‚Ich seh dich da aktuell noch nicht, weil ich glaube, dass du es mit Kind erstmal nicht machen kannst. Lass uns die Beförderung verschieben, lass uns deine Stunden und dein Gehalt reduzieren.' Ich hätte es verstanden, Lilly. Wir hätten über alles sprechen können. Aber er hat nicht mit mir geredet. Er konnte immer auf mich bauen. Und kaum steht ein Kind an, da beschließt er hinter meinem Rücken, dass ich nicht nur kein Lead mehr bin, sondern dass die ganze Firma mit mir nichts mehr anfangen kann. Und das-", sie holte Luft und atmete tief aus, „das verletzt mich."

„Okay, das versteh ich." Lilly schwieg. Dann sagte sie. „Aber ist es nicht mit Torben eigentlich das Gleiche in Grün?"

„Naja, Gefühle kann man nicht erzwingen. Und ich will nicht, dass er sich bestätigt fühlt, dass ich Geld von ihm will. Ich werd's ohne sein blödes Geld schaffen."

Lilly lachte. „Nimm mir das nicht übel, Nina. Aber so gesehen hätte man nur zu Andreas sagen müssen: ,Weißt du was? Appellier einfach an Ninas Stolz. Sag ihr, du willst doch nur unser Geld. Und schon nimmt sie KEIN Geld, sondern geht einfach so. Mit hoch erhobenem Kopf und ohne einen Cent von euch zu kassieren.'"

Nina überlegte. Dann sagte sie: „Ich sage nicht, dass es perfekt logisch ist. Ich sage nur, es fühlt sich für mich in dem einen Fall richtig an, in dem anderen nicht. Torben wollte das Kind nicht, und das ist okay. Ich hätte es abtreiben lassen können. Vielleicht hätte ich dafür Geld von ihm nehmen können. Aber wenn ich entscheide, dass ich das Kind will, gegen seinen Willen, dann kommt es mir falsch vor, dass er für das Kind zahlen soll."

„Na gut. Ist deine Entscheidung. Was deinen Einsatz für deinen Arbeitgeber betrifft, der aus meiner Sicht schon ins Unermessliche ging: Du kennst meine Meinung dazu. Seien wir ehrlich: Der Arbeitgeber braucht deine Arbeitskraft, aber letzten Endes bist du ersetzbar. So ist das bei jedem. Ich denke, je mehr man sich dessen bewusst ist, desto besser fährt man. Wenn mir Leute von ihrer riesigen Loyalität ihrem Arbeitgeber gegenüber erzählen, dann denk ich jedes Mal an dieses Entführer-Syndrom."

„An bitte was?"

„Wie heißt dieses Syndrom? Nach dem die Opfer von Entführungen und Geiselnahmen plötzlich den Täter in Schutz nehmen und richtig

Sympathie für ihn empfinden."

Jetzt musste Nina laut lachen. „Du meinst das Stockholm-Syndrom? Lilly, du bist echt einmalig."

Dann sah sie sich nach dem Kellner um, erspähte ihn und winkte ihn zu sich.

„Lilly, du auch noch was? Also, ich nehme noch ein kleines Stück Käsekuchen."

Nina wartete schon fünfzehn Minuten. Normalerweise machte es ihr nichts aus, als erste am vereinbarten Treffpunkt zu sein. Aber jetzt roch es so unglaublich gut nach Essen. Und sie hatte so einen Hunger.

Vielleicht, dachte sie, hätte sie heimlich auf dem Weg schon etwas essen sollen. Wenn Martin so streng mit ihr war wie Lilly, wenn es um eine klitzekleine Extraportion ging, dann würde das heute bestimmt wieder Schimpfe für sie bedeuten.

Martin betrat das Café, erblickte Nina und kam lächelnd auf sie zu. Spontan stand Nina auf und umarmte ihn. Das hatte sie noch nie getan.

„Entschuldigung. Ganz schöne Kugel." Sie deutete auf ihren Bauch.

„Hm-m. Da ist nicht mehr viel Platz dazwischen."

Als sie sich setzten, nahm er ihre Hände.

„Wird Zeit, dass die Kleine schlüpft, oder? Läuft alles gut mit der Schwangerschaft?"

„Mit der, ja. Alles super."

„Du bist also auch als Schwangere eine Musterschülerin. Ts, ts, ts, wer hätte das gedacht?"

„Eigentlich bin ich nur am Essen. Hoffentlich schaff ich den Weg in die Klinik noch. Es könnte sein, dass ich mich nicht mehr hochrollen kann, wenn es soweit ist."

„Wenn du Hunger hast, iss. Hier gibt's verdammt leckeren Kuchen, weißt du das? Ich nehm immer mindestens zwei Stück, wenn ich hier bin."

„Was, zwei gleich?"

„Wir können uns das leisten, wir zwei. Halt. Wir drei, meine ich."

Der Kellner näherte sich und begrüßte Martin mit Handschlag.

Sie bestellten.

„Ach so, kommt noch jemand? Braucht's ihr nen größeren Tisch, ihr zwei?"

„Nein nein, alles gut, danke. Wir- ähm, schaffen das auch so." Als der Kellner verschwunden war, lehnte Martin sich vor und sah Nina an.

„Stimmen die Gerüchte? Die über deine Kündigung? Der Flurfunk sagt, es gibt einen Rechtsstreit zwischen dir auf der einen Seite und Andreas und Bernd auf der anderen Seite?"

„Die Gerüchte? Der Flurfunkt sagt das? Hat die Geschäftsführung euch im Management denn keine offizielle Info gegeben?"

„Nein. Es gab weder eine Info noch irgendeine Abstimmung dazu vorab." Er hob die Augenbrauen. „Also nicht wie damals bei der Frage zu deiner Beförderung."

„Richtig, das … Dass du für mich Partei ergriffen hast, Martin, das rechne ich dir wirklich hoch an."

„Ach, Schwamm drüber. Es ist doch nicht besonders, wie ich mich verhalten hab. Es ist bemerkenswert, wie einige andere sich verhalten haben, wenn du mich fragst. Allen voran dein Andreas. Als deine Führungskraft hätte er die Cojones haben müssen, deine Beförderung genau so durchzuziehen. Und dich gegen jeden Zweifler zu verteidigen. ER kannte deine Leistung am allerbesten. Zumindest hätte das so sein müssen."

„Mein Plan war eigentlich, ihm zu beweisen, dass Kind und Bereichsführung gleichzeitig möglich sind."

„Hmm. Dafür muss er dir aber erstmal die Chance dazu geben. Und stell dir vor, von keinem der drei Geschäftsführer hab ich bisher eine Antwort auf meine Anfrage bekommen, was denn jetzt eigentlich vorgefallen ist. Und ob es stimmt, dass die Firma sich von dir getrennt hat. Keiner der drei hat es für nötig gehalten, mir zu antworten. Ich versteh ja, dass sie eine Menge zu tun haben. Zumindest zwei von ihnen. Ich glaub nur, es wäre wichtig, dass wir die Leute abholen, bevor die Gerüchteküche überschwappt. Die Stimmung ist nämlich nicht so prickelnd gerade."

Er legte seinen Kopf zur Seite. „Ob du es willst oder nicht, Ninalina - du bist gerade Thema Nummer eins auf dem Gang."

Nina guckte betreten. Eigentlich hätte sie sich ja denken können, dass genau das eintreten würde. Nach dem Termin im Office.

Martin musste lachen.

„Die Steffi tobt, das müsstest du sehen. Du musst dir mal vorstellen: Auch sie hat über den Flurfunk erfahren, dass du nicht zurückkommen wirst. Und dass Andreas und Bernd es wohl geschafft haben, in einen Rechtsstreit mit dir zu geraten."

Martin streckte beide Arme aus. „Mit dir! Wie muss man drauf sein, um mit dir in einen Rechtsstreit zu geraten?

Aber egal. Jedenfalls stand sie sofort bei Andreas auf der Matte, warum sie dazu keine Info hat. Dass sie die Abfindung einplanen muss, Personalkosten anpassen und überhaupt. Und jetzt rate mal, was Andreas' Antwort war?"

„Was?" Nina lehnte sich vor.

„Dass es nur um Peanuts gehen würde, er hätte das voll im Griff. Bernd hätte sich dazu schon geäußert, und die paar Euro würden im Controlling nicht mal auffallen."

Nina schluckte. Die Antwort musste sie erstmal verdauen.

„Stell dir vor", fuhr Martin fort, „diese Ansage an Steffi! Fehler Nummer eins: ihr zu sagen, dass irgendein Betrag, möge er auch noch so klein sein, ihr nicht AUFFALLEN würde! Und Fehler Nummer zwei: zu glauben, dass nicht all ihre Alarmglocken schrillen, wenn Andreas voller Inbrunst behauptet, etwas im Griff zu haben."

Nina lächelte. Es tat gut, Martins Stimme zu hören.

Aber wo blieb denn eigentlich der Kellner?

Exakt in dem Moment kam der Kellner mit dem Essen, und beide griffen gleichzeitig zum Besteck.

„Hau rein."

„Du auch. Lass es dir schmecken."

„Und sag mal, Ninalinda, wie geht's dir sonst?"

„Gut. Ich meine… Ich seh aus wie ein Wal. Ich fühl mich auch wie einer. Und das Thema mit *Recordance* war … überraschend für mich. Das hat mich schon etwas erwischt. Aber", sie zuckte mit den Schultern, „nichts, was mich umhaut."

„Und wie geht es dir wirklich?"

„Ungefähr so, wie ich gesagt hab."

„Bekommst du genug Unterstützung durch deinen Lover? Kümmert er sich genug um dich?"

Nina wandte den Blick ab. Sie hatte Martin nie erzählt von der Trennung.

„Weißt du, was du tun solltest?", fuhr er fort.

„Was?"

„Dominik hat eine Schwester, die ist Arbeitsrechtlerin. Sie berät Unternehmen, aber auch Mitarbeiter. Er hat gleich angeboten, dass du dich an sie wendest. Du kannst ihn einfach anrufen."

„Mit Dominik hast du auch darüber geredet?"

„Nina, mit ihm berede ich so gut wie alles. Er wirkt jung, ich weiß, und als ob er nichts wirklich ernst nimmt. Das täuscht aber gewaltig. Der hat's echt drauf."

„Ich seh schon", Nina zwinkerte, „jeder im Unternehmen spricht nur mit seinen drei besten Freunden darüber."

„Ehrlich, Nina", erwiderte Martin, „das, was die zwei da abgezogen haben, Andreas und Bernd, das geht gar nicht. Erstens, man kann doch nicht einfach eine Schwangere vor die Tür setzen. Das ist das eine. Aber zweitens, wenn diese Schwangere auch noch die ist, die die Aufträge an Land holt und die Abteilung schmeißt, dann stell ich mir nun wirklich ein, zwei Fragen."

Nina schwieg.

„Bitte, Nina, ruf sie an. Sie kennt sich aus damit. Und Dominik würd sich echt freuen, wenn du sein Angebot annimmst."

(WhatsApp Martin:) *Hey Ninalinda, danke für den schönen Nachmittag heute. Und vergiss nicht, dich bei Dominik zu melden wegen seiner Schwester. Hier ist zur Sicherheit nochmal seine Nummer…*

Nina legte ihr Handy weg. Martin meinte es gut. Aber sie würde Dominiks Schwester nicht anrufen. Sie würde garantiert nicht noch eine weitere Person mit diesem Thema nerven. Und ganz bestimmt nicht jemanden, den sie noch nicht mal kannte.

Genau genommen kannte sie noch nicht mal Dominik wirklich. Er war Martins rechte Hand, er war meistens gut gelaunt, und er war ziemlich jung.

Nur aus Interesse nahm Nina ihr Laptop und fing an zu googeln. Dominik Köhler. Na, hoffentlich war diese Anwältin seine ÄLTERE Schwester …

Die Tage vergingen, und das Martin-Netzwerk war nicht faul.

Hey Nina, ich bins, Dominik. Martin hat mir von deiner Situation erzählt, und ich würd gern meine Schwester einschalten, die ist Arbeitsrechtlerin. Und ganz wild darauf, sich deinen Fall anzugucken. Ruf mich gerne kurz an, wann immer es bei dir passt

Hmmm, dachte Nina. Wie konnte sie ihn abwimmeln, ohne unhöflich zu sein? Vielleicht:

Hi Dominik, das ist sehr lieb, vielen Dank. Ich glaube, fürs erste komme ich klar, dankeschön. Ich melde mich sonst aber gerne nochmal, ja? Liebe Grüße, Nina

Das Arbeitsgericht hatte übrigens auf Ninas Klage schnell reagiert und schon einen Gütetermin anberaumt, zu dem sowohl sie als auch Andreas geladen waren. Bestimmt würde auch Bernd nicht fehlen.

Der Termin lag zwar gefährlich nah am voraussichtlichen Geburtstermin. Aber vielleicht war das ja gar nicht schlecht für ihre Position, wenn sie mit der Riesenkugel im Gerichtssaal erscheinen würde.

Vorsichtshalber hatte sie mal geguckt, wie lange es vom Arbeitsgericht in die Klinik dauern würde. Zwanzig Minuten. Also alles im grünen Bereich.

Wenn Nina gedacht hatte, dass sie Dominik so einfach abspeisen konnte, dann hatte sie sich gründlich getäuscht. Im Laufe der darauffolgenden Tage versuchte er mehrmals, sie telefonisch zu erreichen. Nina ignorierte das.

Und auch jemand anderes meldete sich: Andreas. Im Doppelpack mit seinem offenbar neuen BFF Bernd. Diesmal ging Nina ans Telefon.

„Nina, wir wollten dir nur mitteilen, dass wir über deine Forderung gesprochen haben. Allerdings werden wir nicht darauf eingehen. Das ist einfach zu weit von einer realistischen Abfindung entfernt. Und das heißt, wir sehen uns dann einfach beim Gütetermin. Die Einladung haben wir bekommen, den Termin können wir beide einrichten. Und dann sehen wir mal, was der Richter zu all dem sagt. Vielleicht hat er ja auch schon mal Erfahrungen mit Müttern gemacht."

„Okay,", erwiderte Nina, „wir sehen uns dort. Der Anwalt ist übrigens eine Anwältin." Sie hatte den Namen natürlich sofort recherchiert. „Und vielleicht hat SIE ja auch schon mal Erfahrungen mit Arbeitgebern gemacht."

Als Nina aufgelegt hatte, stieß sie erstmal einen tiefen Seufzer aus. So souverän sie am Telefon klingen wollte, so nervös machte sie die Tatsache, dass die beiden sich so gar nicht bewegen wollten, was ihre Forderung betraf. Waren sie sich wirklich so sicher, dass sie im Gütetermin Recht bekommen würden? Es schien fast so.

Hätte sie einfach die drei Monatsgehälter annehmen sollen? Und dazu das gute Zeugnis? Wer weiß, was jetzt in ihrem Zeugnis stehen würde. Gab es eigentlich ein Risiko, dass sie finanziell komplett leer ausgehen konnte? Und wäre es zu spät, jetzt noch einen Rückzieher zu machen? Wie zuverlässig waren eigentlich ihre gegoogelten Quellen? Und hatte sie wirklich geglaubt, dass sie mit Google gegen einen erfahrenen Anwalt und einen Geschäftsführer anstinken konnte?

Nina setzte sich an den Küchentisch und stützte ihren Kopf in beide Hände. Oh Mann. Vielleicht hatte sie sich ja doch übernommen. Was hatte sie eigentlich geritten, einen Streit mit einem ganzen Unternehmen anzufangen? Hätte es nicht auch ein Streit mit dem Nachbarn getan? Oder mit dem Bäckerei-Verkäufer von nebenan?

Mitten in ihr Stimmungstief hinein surrte ihr Handy. Nina griff danach. Andreas und Bernd noch einmal? Nein. Dominik. Inzwischen kannte Nina die Nummer. Was solls, dachte sie. Sein Timing war zumindest gut.

„Nina Bechtle?"

„Hey Nina, was geht? Dominik hier."

„Dominik," tat Nina überrascht. Im Schauspielern war sie noch nie gut gewesen. „Du hast schon mal versucht, mich zu erreichen, stimmts?"

„Einmal? Noch ein Mal mehr, und ich könnte mir einen Zettel auf die Stirn kleben: Official Stalker."

Er lachte fröhlich. Beleidigt schien er jedenfalls nicht zu sein. Bevor Nina sich in Ausreden verstricken konnte, von denen sie im Kopf gerade ein paar im Hinblick auf ihre Glaubwürdigkeit durchspielte, fuhr Dominik fort.

„Hör zu, ich will dich nicht nerven. Ich wollte es nur wirklich nochmal versucht haben, dich zu überzeugen. Martin hat mir schon gesagt, du wirst es eh allein machen wollen. Und das ist auch völlig okay, ich will dich nicht zu was drängen."

Er machte eine Pause.

„Also, eigentlich will ich doch. Ich glaube nämlich, wenn du nur fünf Minuten investierst in ein Telefonat mit meiner Schwester, dann ist das gut investiert. Sie würd das voll gerne machen. No front, aber ich hab ihr kurz erzählt, worum's geht, hoff das war okay."

Natürlich, dachte Nina. Eine Person mehr oder weniger, who cares?

„Und sie war echt pissed. Sagt, so geht das gar nicht, so kann ein Arbeitgeber sich nicht aufführen."

„Okay?"

„Also, hier ist mein Vorschlag. Sag mir, wann du die Woche mal fünf Minuten zur Mittagszeit hast, und sie ruft durch bei dir. Passt?"

„Ähh – okay, ja. Vielleicht gleich morgen um zwölf? D-danke. Dir und ihr, euch beiden. Das ist wirklich lieb."

„Gechillt. Das macht sie voll gerne. Sowas regt sie immer auf, wenn Arbeitgeber sich so aufplustern. Und sie ist selbst Mama, das heißt, das hier ist gleich noch mehr ein rotes Tuch für sie."

„Okay. Was muss sie denn von mir wissen? Soll ich was vorbereiten?"

„Wird sie dir alles morgen sagen. Ich wünsch euch ein gutes Gespräch."

„Cool. Danke!"

„Äh, warte noch. Meine Schwester heißt Julia. Julia Köhler."

„Ja, ich weiß." Nina biss sich auf die Lippen.

Und das wars. Nina dachte an Andreas' und Bernds Anruf von vorhin zurück. Etwas Input war bestimmt nicht falsch. Vielleicht war es ja doch an der Zeit, etwas aufzurüsten.

Einen Tag später staunte Nina nicht schlecht. Von Julia konnte sie noch einiges lernen.

„Zunächst mal ist wichtig, Nina: Lass dich von den beiden nicht verunsichern. Ich sag dir, neunzig Prozent von dem, was Anwälte tun, hat nichts mit Recht zu tun, sondern ist reine Taktik und ganz viel Psychologie. Du kannst dir das ungefähr so wie das Revierverhalten von

Pavianen im Urwald vorstellen."

„Hey, sag mal, warst du etwa dabei im letzten Gespräch? Genau so hat es sich nämlich angefühlt."

„Kann ich mir super bildlich vorstellen. Trommeln mit den Fäusten auf der stolzgeschwellten Brust. Immer das gleiche Spiel. In solchen Situationen, Nina, bitte mach nur eins: Schalte auf Durchzug. Das ist reine Einschüchterungs-Taktik. Du konzentrierst dich auf deine Argumente und lässt dich auf keinen Fall rausbringen durch so ein Gehabe, ja?

So, und jetzt, wenn du einverstanden bist, erzähl mir mal aus deiner Sicht die Fakten, und zwar chronologisch, okay? Und nicht böse sein, wenn ich immer wieder nachfrage. Das ist nur, um meine Juristen-Seele auch noch ruhig zu stellen."

Und Nina erzählte. Immer wieder wollte Julia Dinge genauer wissen. Wann genau waren die Gespräche zu ihrer Schwangerschaft gewesen, und war jemand dabei gewesen? Wann war die Kommunikation zu Huberts Beförderung erfolgt und wann die Info vorab an Nina? Gab es Emails dazu im Nachgang? Gab es Vereinbarungen über die geplante Beförderung zum Marketing Lead? Gab es eine Stellenbeschreibung dazu? Oder eine vergleichbare Position im Unternehmen? Gab es Gehaltsbänder in der Firma? Wie lautete der Passus zu den Überstunden im Arbeitsvertrag? Wurden Arbeitszeiten aufgezeichnet? Von niemandem oder nur von Nina nicht?

Nach einer Dreiviertelstunde schwirrte Nina der Kopf. Ein paar Mal hatte sie das Gefühl, dass sie sich der Sache ganz schön laienhaft genähert hatte.

„Gar nicht, Nina, gar nicht. Ich finde es beeindruckend, wie du bisher den beiden gegenüber argumentiert hast. Das war echt gut. Es gibt eigentlich nur noch einen Aspekt, den ich gerne noch stärker herausarbeiten möchte."

„Ja? Nämlich?"

„Eines meiner Lieblingsthemen. Das Thema Diskriminierung."

Nina stieß hörbar die Luft aus.

„Ja", fuhr Julia fort, „verankert im Allgemeinen Gleichbehandlungsgesetz, auch als AGG bekannt. Weißt du, man hat bestimmte Dinge im Kopf, wenn man an Gleichbehandlung oder eben Diskriminierung denkt. Man denkt an Lohnunterschiede zwischen Frauen und Männer. Oder an Muslime, die erst gar nicht eingestellt werden, oder Witze über Homosexuelle in der Kantine. Aber es kann dabei auch um Frauen gehen, die eigentlich für eine Beförderung anstanden, aber aufgrund einer Schwangerschaft plötzlich doch nicht befördert werden, obwohl es vorher so abgesprochen war."

„Auch, wenn es darüber keinen Vertrag gibt? Ich meine, über die abgesprochene Beförderung?"

„Erstens werden wir bestimmt auf Kommunikation dazu stoßen oder zur Not einen Zeugen laden können. Du selbst kannst Auskunft über die Inhalte deiner Gespräche mit Andreas geben. Aber mehr als Anhaltspunkte dazu brauchen wir sowieso nicht. Wenn du darauf aufbauend das Unternehmen bezichtigst, dich diskriminiert zu haben, dann liegt es an ihnen, vor Gericht zu belegen, dass es nicht so war."

„Okay, verstehe. Und- du bist dir sicher, dass das eine Art von Diskriminierung ist?"

„Ganz klar, ja. Es ist eine, weil ein Mann anders behandelt worden wäre. Einem Mann wäre eine anstehende Beförderung nicht kurzfristig weggenommen worden, kaum dass er kommuniziert hätte, dass er Vater wird. Ganz eindeutig also eine Diskriminierung auf Grund des Geschlechts. Es gibt dazu interessante Urteile. Und ich bin vor kurzem mal auf einen ganz bekannten Fall gestoßen, von dem ich damals im Studium schon mal gehört hatte. Ein großer Konzern hat sich mal etwas Ähnliches geleistet und am Ende eine ziemlich hohe Summe an die Mitarbeiterin gezahlt, die er eigentlich befördern wollte."

„Er wurde vom Gericht dazu verurteilt?"

„Das nicht ganz, er hat vorher gezahlt. Aber man kann davon ausgehen, dass er nicht so eine Riesensumme in die Hand genommen hätte, wenn er sich sicher gewesen wäre, vor Gericht zu gewinnen."

„Verstehe."

„Die Sache ist nur die, dass es auch beim Thema Diskriminierung Fristen gibt, die zu beachten sind. Und nachdem dieser Vorfall mit der nicht erfolgen Beförderung noch deutlich vor der Kündigung lag, muss ich das alles nochmal rekonstruieren. Aber mit etwas Glück sind wir noch innerhalb der Frist, und dann können wir neben der Kündigungsschutzklage auch gleich auf erfolgte Diskriminierung klagen.

Weißt du was? Ich schreib zu all dem mal was zusammen, okay? Ich hätte nur noch die Bitte: Falls du noch Zugriff auf Unternehmens-Dokumente hast …?"

„Ich glaube, ja. Sonst werde ich Martin fragen."

„Super. Also, dann schick mir doch deinen Arbeitsvertrag zu und alles, was es sonst noch an Vereinbarungen oder aber Unternehmens-Richtlinien gibt, okay? Vor allem die personalrelevanten Dinge: Wie wird befördert, wer entscheidet das, wie wird Leistung beurteilt, … diese Sachen. Ach ja, und alles, was du selbst an Leistungsbeurteilungen bekommen hast. Vielleicht gab es mal ein Zwischenzeugnis, oder ein Mitarbeitergespräch wurde dokumentiert oder sonst etwas."

Nina dachte kurz nach. Sie hatte keine Mitarbeitergespräche gehabt. Andreas war einfach kein Fan von so etwas gewesen.

„Ich weiß, was du meinst", sagte sie. „Schick ich dir gleich raus."

13. Kapitel: Neue Ufer

Der eingehende Sprachanruf brachte Nina dazu, ihre Cashewkerne für einen Moment zur Seite zu legen. Sie warf einen Blick auf den Bildschirm. Dominik.

„Hey, ich wollt nicht stören. Ich wollt nur wissen, wie's gelaufen ist, das Telefonat. Hat meine Schwester sich gut benommen?"

„Gut benommen? Dominik, sie ist der Wahnsinn. Die hat's echt drauf."

Er lächelte breiter. „Nice. Freut mich, dass du das sagst. Nina, ich wünsch mir so sehr, dass ihr Andreas und vor allem Bernd mal ordentlich basht."

„Sag mal, es wissen jetzt wirklich alle Bescheid im Unternehmen, oder?"

„Ach", Dominik winkte ab, „so schlimm ist es nicht. Die meisten wissen nur, was Maja gerade am Fließband erzählt. Dass es ein Meeting gab zwischen dir und Andreas. Und dass Andreas neuerdings Bernd dazuruft, wenn es um dich geht. Wild, wenn man bedenkt, dass du vor kurzem noch seine High Performerin warst. Naja, und aus dem Bernd-Move schließen die meisten, dass es auseinandergeht mit dem Arbeitsverhältnis, und das nicht im Guten."

„Messerscharf kombiniert."

„Oh, und safe hat sich auch Andreas' Kommentar schnell verbreitet, den er letztens mal an der Kaffeemaschine losgelassen hat."

„Was? Was hat er denn gesagt?"

„Sowas wie: Wir brauchen Leute, die auf den Job fokussiert sind. Nicht Leute, die ihren Fokus zu Hause haben."

Nina schnappte nach Luft. „Nicht im Ernst, oder?"

„Hey Nina, du lässt dich nicht wirklich ärgern, wenn so ein Lauch auf diese Art rummüllt, oder? Zeigt doch nur, wie er drauf ist.

Aber okay, Martin hat sich auch ziemlich aufgeregt, aber ich schätze, das weißt du schon. Er unterschreibt jetzt jede Email an die Geschäftsführung mit dem Satz *Im Übrigen bin ich der Meinung, dass wir unsere Mitarbeiterinnen nicht kündigen sollten, sobald sie schwanger sind.*"

„Was?" Nina musste lachen. „Das passt zu ihm."

„Aber sag mal, wann ist es denn jetzt soweit? Und wie geht's dir? Kommst du klar? Ich weiß noch, als es bei meiner Schwester fast so weit war. Da hat sie alles und jeden zusammengeschrien, wochenlang. Ends-gestresst. Im Vergleich dazu wirkst du, als wär's schon deine achte Geburt. Oder täusch ich mich, und du bist nur gut im Verbergen?"

Nina zögerte. Dann begann sie zu erzählen.

Am Abend meldete sich Lilly.

„Hey, warum klingst du so sauer?", fragte Nina, kaum dass sie Lillys Stimme hörte.

„Nichts. Gar nichts. Nur, dass du mich zweimal heute weggeklickt hast."

Jetzt musste Nina lachen. „Ach, das… Wenn Eure Königliche Hoheit mir noch einmal allergnädigst verzeihen wollen?"

„Jajajaja. Ist schon okay. Aber war was? Hattest du Vorwehen oder sowas?"

„Nein. Nichts Neues an der Babyfront."

„Was war denn dann so wichtig? Ich meine, du… also, du machst doch eigentlich gar nichts momentan."

Bevor Nina etwas erwidern konnte, fuhr Lilly fort: „Ich wollte dir doch unbedingt erzählen, daaaaaaassss …"

„Sag schon!"

„Dass Steve und ich jetzt ganz offiziell zusammen sind. Er hat mich ganz romantisch zum Essen eingeladen gestern. Und mir eine richtig schöne Kette geschenkt. Mit einem kleinen Herzsymbol, richtig süß."

Nina traute ihren Ohren kaum. „Lilly? Bist du's wirklich? Das ist dir nicht zu kitschig?"

„Nein. Das ist es diesmal nicht. Diese ganze Sache mit Steve, die ist … anders als mit allen anderen Männern vorher. Er ist sowas von nicht langweilig. Und er weiß einfach so genau, wie er mit mir umgehen muss."

„Jetzt bin ich gespannt."

„Er weiß, dass ich meine Freiheit brauch. Er nimmt es nicht persönlich, wenn ich mich mal rausziehe aus allem. Aber ist dann selbstbewusst genug, wieder in die Führung zu gehen. Weißt du, was ich meine?"

„Ja, ich glaube schon. Lilly, das freut mich für dich."

Wenigstens Lilly hatte Glück in der Liebe. Nina hörte zu, während Lilly den Abend mit Steve in allen Facetten wiedergab.

Als Nina an diesem Abend im Bett lag, musste sie schmunzeln. Wer hätte das gedacht? Lilly in einer Beziehung. Und sie selbst bald Mama. Verrückt.

Dominik wiederum war nicht nur hartnäckig, er war auch ziemlich unterhaltsam. Ein bisschen freute sich Nina sogar über seine Anrufe.

Und seine Schwester hielt Wort. Aus all dem, was Nina ihr berichtet und geschickt hatte, hatte sie ein zwölfseitiges Dokument verfasst, das Nina in schiere Begeisterung versetzte, als sie es las. Sie hatte außerdem eine Klage auf Benachteiligung aus Gründen des Geschlechts formuliert.

(WhatsApp Nina:) Julia, das ist genial, was du da geschrieben hast! Perfekt formuliert! Danke, danke, danke!!

Julia hatte ihr außerdem angeboten, sie vor Gericht im Gütetermin zu vertreten, doch Nina hatte das abgelehnt. Dokumente zu verfassen, das war das eine. Aber die Zeit zu investieren, mit ihr vor Gericht zu gehen, das war ein Gefallen, den Nina nicht annehmen wollte.

„Wir machen einen Preis aus", hatte Julia vorgeschlagen, „einen Freundschaftspreis. Ich knöpf dir hundert Euro für das Ganze ab.

Schriftstücke und Korrespondenz, Gütetermin, Vor- und Nachbereitung, eventuelle Folgetermine. Einverstanden?"

„Nicht einverstanden. Hundert Euro ist wahrscheinlich das, was du sonst kassierst, wenn du nur *Guten Morgen* zum Klienten sagst."

„Nina, ich würde es gern machen. Mach dir keine Sorgen um meine Zeit."

„Ich find es wirklich toll, dass du dazu bereit wärst. Aber deine Dokumente helfen mir schon genug weiter. Und im Gütetermin werd ich mich auf deine Argumentation in dem Zwölfseiter konzentrieren, sowohl von der Struktur her als auch vom Inhalt. Und dann mal sehen, wer Recht bekommt."

„Ach, apropos, da ist noch was, Nina, das ich dir mitgeben möchte. Es wird niemand Recht bekommen im Gütetermin. Dieser Termin ist eigentlich nur dazu da, ein letztes Mal eine gütliche Einigung hinzubekommen. Die Richterin will den Fall dort nur vom Tisch bekommen, wie jeder Richter. Sie wird also versuchen, beide Seiten jeweils zum Einlenken zu bewegen. Suggerierst du ihr, dass du eh zögerst und dir unsicher bist, dann wird sie bei dir ansetzen. Machen Andreas und Bernd den Eindruck, dass sie einknicken könnten – was ich nach deiner Beschreibung bezweifle - wird sie die beiden beackern. Und was heißt das für dich?"

„Dass ich standhaft bleiben soll?"

„Ganz genau. Selbst, wenn sie dich etwas härter angeht. Sie versucht nur abzuklopfen, welche Seite kurz vorm Nachgeben ist. Also sei dir deiner Sache sicher."

Am Abend formte Nina aus Julias Dokument einen Leitfaden für den Gütetermin. Julias Formulierungen waren wirklich fantastisch. Nie im Leben hätte Nina so etwas hinbekommen.

Julia hatte ihr geraten, ihr Schreiben vorab ans Arbeitsgericht zu schicken, und genau das tat sie. Andreas und Bernd würden es damit ebenfalls vorab zu Gesicht bekommen.

(WhatsApp Nina:) *Dominik, deine Schwester ist mega!*

(WhatsApp Dominik:) *Told you so. Liegt übrigens in der Familie*

Nina musste schmunzeln. Seine Nachricht ging noch weiter. *Trinkst du nen Kaffee mit mir morgen?*

Nina zögerte. Sollte sie sich nicht lieber vorbereiten auf den Ge-
richtstermin? Stattdessen ein Kaffee mit Dominik? Sie gab sich einen
Ruck. Warum eigentlich nicht? Ein wenig Koffein würde der ganzen
Angelegenheit nicht schaden.

Am Schluss trank Nina keinen Kaffee. Denn Dominik hatte an alles
gedacht und ein Café ausgesucht, in dem es Säfte und Smoothies noch
und nöcher gab.

„Also, ich dachte, wir trinken uns einmal durch die Karte durch?"

„Und kommen dann mit Vitaminschock ins Krankenhaus? Ich glaub
nicht, dass mein fischstäbchenverwöhnter Körper jemals so viel Gesundes auf einmal zu sich genommen hat."

„Erstens stapelst du mit Sicherheit tief, wenn ich dich so anschau.
Und zweitens hat so ein Krankenhausaufenthalt auch sein Gutes. Effizient, wie ich dich kennengelernt hab, bleibst du vielleicht gleich dort
und machst nebenbei die Geburt, ja?"

„Auch ne Idee. Ich bin jedenfalls ziemlich enttäuscht von den Ge-
tränkekarten in den meisten anderen Cafés und Restaurants. Da ist selten was dabei für Schwangere."

„Wie jetzt? Alles mit Alkohol?"

„Nein, aber das, was nicht mit Alkohol ist, ist voller Zucker, Süßstoff,
Koffein, Sahne oder Chinin. So wie Limonaden. Und nichts davon ist
gut fürs Kind."

„Hier bekommt es was richtig Feines, safe. Hier, schau, ich such dir
was aus. Für dich passend ist …", er fixierte ihr Gesicht, „hier, das hier,
Rotkäppchen. Mit Erdbeeren, Himbeeren, Heidelbeeren und Banane."

Erwartungsvoll sah er sie an.

„Okay, gekauft." Nina sah ihn nun ihrerseits prüfend an. „Dann ist
für dich das Richtige… Aladdin. Mit Orange, Limette, Feige und
Minze."

„Probier ich aus. Aladdin hab ich geliebt als Kind. Alles, was orien-
talisch war. So geheimnisvoll. Eine fremde Welt für mich damals."

„Und jetzt nicht mehr?"

„Doch, leider immer noch viel zu fremd. Aber ein paar Mal war ich
zumindest schon im Norden von Afrika. Zuletzt bei einem Tanz-Kon-
gress in Marokko."

Nina fing an zu lachen. Dann sah sie Dominiks Gesichtsausdruck.

„Im Ernst? Du tanzt? Und- du gehst auf Tanz-Kongresse?"

„Klar."

Verblüfft schüttelte sie den Kopf. „Wow. Ich hätte irgendwie …"

„Dir das nicht vorstellen können bei mir. Ich weiß. Ich seh nach Football aus. Nach Basketball. Nach Kampfsport. Nach verwegenen Risikosportarten. Skifahren ab der Spur, Halfpipes, Bungee-Jumpen. Aber Tanzen?"

Sie lächelte. „Ich kann nicht tanzen. Kein Gefühl für Musik. Ballett, das wollte ich immer machen. War aber zu teuer für uns damals. Aber Ballett ist es wahrscheinlich eh nicht bei dir, oder? Hip Hop, richtig?"

„Hörst du jetzt mal auf mit deinen Stereotypen? Nina, Nina, du bist so old-school. Es ist nicht Hip Hop, was ich mache, sondern ein brasilianischer Tanz. In Deutschland noch nicht so bekannt. Drum lohnt sich's auch immer, zu den Kongressen zu gehen, wo sich die Community der ganzen Welt zum Tanzen und zu den Workshops trifft."

Beeindruckt hob Nina die Augenbrauen. „Und wie oft besuchst du einen? Kongress, meine ich."

„So vier- bis fünf Mal im Jahr mindestens."

„Und wie oft trainierst du sonst?"

„Einmal pro Woche regulär, immer dienstags. Und ein weiteres Mal treffen wir uns in der Gruppe zum Tanzen, das ist freitags. Mieten einen Raum und üben ein bisschen, ganz gechillt. Dazu bringt jeder Getränke und was zu knabbern mit."

Er sah sie an. „Du darfst gerne mal mitkommen. Wir suchen immer neue Leute. Und wir wollen den Tanz bekannter machen hier in München."

Nina blies ihre Backen auf. „Boah, mit meinem Bauch und so … ganz, ganz schwierig."

„Ja, ja. Nie um Ausreden verlegen, die Frau Bechtle. Tanzen soll gut sein in der Schwangerschaft, weißt du das? Hab ich damals schon immer meiner Schwester erzählt. Ohne Erfolg natürlich.

Aber jetzt erzähl mal. Bist du vorbereitet auf das Baby?"

Nina dachte an ihre Projektliste. An all die grünen Punkte. An die hartnäckigen roten, bei denen sich einfach kein Erfolg einstellen wollte. Allen voran die Punkte Kita und Babysitter.

„Okay. Also, vielleicht hast du sogar einen Tipp für mich."

„Ich? Schwangerenberater Dominik Köhler? Okay, schieß los."

„Also, wie hat deine Schwester damals einen Kitaplatz bekommen? Hat sie die Juristin raushängen lassen? Bestochen? Erpresst? Drei kostenlose Mandate angeboten?"

„Ich weiß nicht, ob du die Antwort hören willst. Ich glaub, im Endeffekt zahlt sie einfach nur ne Menge Kohle jeden Monat."

„Ich krieg nicht mal ne Zusage von den privaten Einrichtungen."

„Wird schon, lass dich nicht stressen."

Der Kellner kam, um ihre Bestellungen aufzunehmen. Dominik bestellte für Nina. Nina bestellte für Dominik.

„Also", fragte Dominik, als sich der Kellner entfernte, „wie kann ich dir als Schwangerenberater noch weiterhelfen?"

„Kannst du babysitten?"

„Bff! Du würdest ernsthaft mich auf ein kleines Baby aufpassen lassen?"

„Hast recht." Nina schüttelte den Kopf. „Erzähl mir lieber mehr vom Tanzen."

Nina wachte sofort auf, als sie den Blasensprung spürte. Einen kurzen Schreckmoment lang blieb sie liegen. Es ging also los. Im Halbdunkel fand sie ihr Handy. 4:17 Uhr zeigte das Display. Die Nummer des Kreißsaals hatte sie eingespeichert, und wie in Zeitlupe schien sich die Verbindung aufzubauen. Es tutete.

„Kreißsaal des Sankt-Jakob-Klinikums". Die Stimme war ruhig und irgendwie seltsam routiniert in Anbetracht der außergewöhnlichen Situation.

Zwanzig Minuten später saß Nina im Taxi auf dem Weg in die Klinik, bei sich den kleinen Klinikkoffer, den sie vor vier Monaten schon gepackt hatte. Im Dunkel der Nacht wirkte die Situation seltsam unwirklich. Die Umgebung flatterte draußen vorbei, während das Taxi ruhig und sanft über die Straßen glitt. Vor jeder roten Ampel entschleunigte der Fahrer und hielt an. Er wartete brav an jedem roten Licht.

Die Normalheit der Welt war fast unerträglich und trotzdem auf eigenartige Weise beruhigend.

Ich bekomme heute mein Kind, dachte sie. Ich werde wissen, wie es sich anfühlt. Die Wehen, die Geburt, mein Baby im Arm zu halten, zu stillen. Die Monate der Theorie sind vorbei. Das hier ist echt.

Sie kamen an der Klinik an. Nachdem Nina gezahlt hatte, öffnete der Taxifahrer ihr die Autotür und half ihr beim Aussteigen. Ganz selbstverständlich nahm er ihren Klinikkoffer und ging mit ihr zur Eingangstür der Klinik. „Soll ich mit hochkommen? Soll ich den Koffer tragen? Kommen Sie klar?"

Nina lächelte dankbar. „Vielen Dank, aber alles gut. Ich komme ab hier alleine klar."

Der Fahrer nickte ihr noch einmal zu, und mit einem „Alles Gute" verabschiedete er sich in die Dunkelheit.

Nina öffnete die Tür zur Geburtsklinik und trat ein.

Und plötzlich war sie da. Soweit lief alles glatt. Glatt bedeutete nicht schmerzfrei.

„Nanu, wer bist du denn?" wollte sie zu dem kleinen Bündel sagen, als sie schließlich allein mit ihrem Baby im Zimmer der Geburtsklinik lag.

Neugierig und fast ehrfürchtig betrachtete sie das kleine Wesen, das mit zerknautschtem Gesichtchen und zusammengekniffenen Äuglein, zusammengekrümmt wie ein kleines Würmchen, vor ihr lag. Mit beiden Händen nahm sie die Kleine hoch, ignorierte ihren eigenen schmerzenden Körper und die sich beschwerenden, strapazierten Bauchmuskeln, die sich bei jeder Anspannung zerrend meldeten, und hielt sie im Arm.

Mein Gott, wie leicht sie war – kaum vier Kilo schwer. Und wie winzig sie in ihrem Arm lag, klein und schutzlos. Wie einen heiligen Schatz hielt Nina ihr Baby im Arm und drückte es an sich.

Was für ein zartes Etwas. Was für eine rosige, weiche Haut. Was für kleine, weiche Ärmchen und Beinchen. Wie zerbrechlich die Kleine war. Und wie gut sie roch. Nina schnupperte an ihrem Köpfchen und an ihrem Hals und sog den Duft ein, der so intensiv war. Das war ihr Baby. Sie hatte die Kleine ins Leben schicken wollen, und da war sie. Sie waren gemeinsam diesen Weg gegangen, und jetzt waren sie hier. Der Moment schien ihr magisch zu sein und nie enden zu wollen. Was auch immer geschehen würde, sie würde dieses kleine Wesen beschützen und ehren und ihm die Welt zu Füßen legen. Sie dankte Gott dafür, dass er ihr ein gesundes kleines Baby geschenkt hatte.

Ihre Zimmernachbarin kam zurück, und Nina wischte sich schnell eine Träne aus dem Augenwinkel.

„Wein ruhig, das mache ich auch dauernd. Wir dürfen das jetzt in unserem Zustand. Weißt du, was ich mal als Zitat gelesen habe?"

„Was?", fragte Nina mit leicht verstopfter Nase.

„Kinder zu bekommen, das ist das einzige Mal, dass Frauen Gott bei seinen Wundern unterstützen können." Sie fasste sich an die Stirn. „So oder so ähnlich."

„Das ist schön." Nina lächelte. „Wer hat das gesagt?"

„Weiß ich nicht mehr. Aber den Satz hab ich mir gemerkt. Weißt du was? Ich finde, die Hebammen könnten sich bei dir mal merken, dass es keinen Papa gibt. Oder sich eine Notiz machen in deine Mappe. Jede fragt dich die gleiche Frage."

„Das stimmt. Ich sollte der nächsten Hebamme, die mich nach dem Papa fragt, zur Strafe die Kleine in die Hand drücken und mich für einen ganzen Tag verabschieden."

„Ist es schwer für dich? Ohne Papa?"

„Naja. Ich ertappe mich schon dabei, wie ich manchmal etwas neidisch andere Paare angucke."

Die Männer, die Nina auf dem Flur der Geburtsklinik traf, hatten oft müde Augen. Und trotz der Müdigkeit konnte man in den Augen noch so viele andere Dinge lesen. Fürsorge für ihre Partnerin und das Baby. Milde, Sanftheit, einen erwachten Beschützerinstinkt. Wenn sie losgingen, um ihrer Frau einen Tee zu holen, eine Vase für den frischen Strauß Blumen oder eine Auskunft an der Information, dann sprach Liebe und Teilnahme aus ihren Gesten.

Hey, ermahnte sie sich jedes Mal. Die anderen können nichts dafür, dass sie der Normalfall sind und du nicht.

Umso mehr freute sich Nina über ihre eigenen Besucher, die nacheinander auftauchten. Lilly war die erste, die den Kopf zur Tür hereinsteckte, gleich am Tag der Geburt und fröhlich wie immer. Als sie die Kleine in ihrem Bettchen liegen sah, war sie außer sich. Ihren verzückten Schrei musste man über den gesamten Flur gehört haben, dessen war sich Nina sicher.

Lilly war es auch, die ganz nebenbei eine Frage stellte. „Sag mal, Nina, hast du eigentlich Schnösel-Torbi gesagt, dass sein Baby auf der Welt ist?"

Nina nickte. „Ich hab darüber auch nachgedacht", sagte sie, „aber nein, ich hab es bisher nicht getan. Du meinst auch, ich sollte es tun, oder?"

„Ich denke, ja", sagte Lilly nach kurzem Überlegen, „immerhin ist es seine Tochter. Vielleicht überlegt er es sich ja doch noch einmal? Vielleicht mag er sie sich ja mal ansehen und verliert dann sein Herz an die Kleine?"

„Lilly, die Beziehung mit deinem Steve macht wirklich einen völlig neuen Menschen aus dir. Spooky. Aber du hast schon Recht. Ich glaube zwar nicht, dass sein Herz darauf anspringt. Aber es wäre nicht anständig, ihm nichts zu sagen."

Sobald sie alleine war, suchte Nina Torbens Kontakt heraus. *Torben,* schrieb sie dann, *Nina hier. Nur zu deiner Info: Das Baby ist auf der Welt. Es ist ein kleines Mädchen. Ich wollte dir das nur mitteilen. Falls du sie sehen magst, gib mir gerne Bescheid.*

Es surrte nur kurze Zeit später, und Torben schrieb zurück: *Danke, Nina. Das ist sehr anständig, dass du mir Bescheid gibst, und ich gratuliere dir zur (hoffentlich gesunden) Tochter! Ich hoffe, auch dir geht es gut. Nimm es mir ansonsten bitte nicht übel, wenn ich passe beim Thema Besuch. Euch trotzdem alles Gute!*

Nina nickte nur, als sie seine Nachricht las. Es war wie erwartet. Sie lehnte sich im Krankenbett zurück. Sie hatte ihre Pflicht erfüllt.

Auch einige Kollegen kamen zum Baby-Besuch in die Klinik, wie etwa Paula, die ihr vom Alltag im neuen Marketing-Team erzählte.

Nina freute sich über die Ablenkung. Und trotzdem … Dass sie nicht mehr Teil der Firma war, war ihr vor den Kollegen peinlich. Es war, als ob jeder wüsste, dass sie versagt hatte. Sie war nicht mehr High Performer. Auf ihrer Stirn klebte der Aufkleber *NOT NEEDED ANYMORE.* Es fühlte sich an, als hätte sie einen Fehler gemacht, der nur auf ihre eigene Dummheit und ihr eigenes schlechtes Taktieren zurückzuführen sein konnte. Wie ein Anfänger, der sich ins Abseits geschossen hatte.

Und irgendwann stand auch Martin in der Tür.

Nina musste unwillkürlich lachen. Zaghaft um sich blickend schlich Martin zur Tür hinein. „Martin", rief sie, „soll ich dich um die Ecke tragen? Babys sind nicht so dein Ding, oder?"

Martins Augen blickten unruhig um sich.

„Du erwartest hoffentlich nicht von mir, dass ich die Kleine auf den Arm nehme?" Sein Gesicht verriet ehrliche Panik.

„Keine Sorge. Die schläft sowieso gerade. Du kannst also beruhigt hier sitzen, ohne Angst zu haben, dass sie gleich auf dich losgeht. Und ich freu mich umso mehr, dass du den Besuch trotzdem auf dich genommen hast."

Martin stellte sicher, dass ein beachtlicher Sicherheitsabstand zwischen ihm und dem Babybett bestand. Während er Nina den neuesten Klatsch erzählte, warf er immer wieder einen vorsichtigen, etwas unbehaglichen Blick auf das Bettchen. Ganz so, als könnte sich ein kleines, hinterlistiges Baby plötzlich unbemerkt an ihn heranschleichen und von hinten seine Ärmchen um ihn schlingen.

„Nina, ich hoffe, dass du das Management bluten lässt. Das haben sie verdient. Offensichtlich haben sie keinen Plan, wer ihnen den ganzen Bereich geschmissen hat in den letzten Jahren. Ich bin gespannt, wie Andreas das mit seinem- Dingsda wuppen will. Hab seinen Namen schon wieder vergessen. Bisher haben sie sich jedenfalls noch nicht mit Ruhm bekleckert."

„Naja. Ist ja noch nicht so lange. Gib dem Hubert bisschen Zeit. Und auch Paula, die ist gut. Und Martin … Ich danke dir für deinen Email Footer in deinen Emails ans Management. Dominik hat mir davon erzählt."

„Der alte Schwätzer."

Margarita bewegte sich etwas in ihrem Bettchen, und Martin zuckte zusammen. Nina musste lachen.

„Dass dich so ein Baby dermaßen aus der Ruhe bringen kann." Dann sah sie Martin ernst an. „Du wärst bestimmt ein toller Papa. Jedes Kind würde sich freuen darüber, dich als Papa zu haben. Vor allem in der Jugend. Es wüsste immer, es ist sowieso vor dir zu Hause, egal wie lang es weg bleibt."

„Das ist wahrscheinlich genau das Problem", erwiderte er. Dann sah er Nina an. „Du wirst lachen. Dominik fragt mich in der letzten Zeit auch schon, wie es denn bei mir mit Kindern aussieht."

„Dominik fragt dich-? Oh", machte Nina nur. Dann sammelte sie sich. „Das heißt … ich meine, ich wusste gar nicht, dass das bei euch-also, dass das ein Thema zwischen euch ist."

„Ach, ab und zu, da setzen wir uns hin mit einer Flasche Rotwein oder zwei, und dann reden wir über alles Mögliche."

„Ich verstehe. Und?"

„Und was?"

„Willst du Kinder?"

Martin guckte gequält. Dann nahm er ihre Hände in seine, sah sie an und sagte: „Ninalinda, ich wünsch dir alles Glück der Welt mit der kleinen Maus. Und ich weiß, du wirst eine tolle Mama sein. Aber lass mich erstmal raus beim Thema Kinder. Das können andere besser. Andere, die nicht erst ihre Gin-Flaschen aus dem Partyraum räumen müssen, bevor ein Kinderzimmer daraus werden kann."

„Solange Dominik damit leben kann."

„Solange-? Na klar kann er das. Das wär ja sonst noch schöner. Ich glaube eher, dass er selbst langsam gern Papa wäre."

„Klingt ganz so, ja. Aber das werdet ihr beiden schon für euch lösen."

„Das werden wir. Und jetzt lass ich dich schlafen."

Als Martin gegangen war, warf Nina einen Blick auf das Bettchen neben ihr. Gleich würde ihre Nachtschicht beginnen, zumindest wenn die Kleine diese Nacht genau so hungrig war wie in den Nächten davor. Aber wenn sie Glück hatte, waren vorher noch ein oder zwei Stunden Schlaf für sie drin.

„Ich sag dir, Lilly, woraus mein Tag besteht", klagte Nina am nächsten Tag. „Stillen, Stillen und nochmal Stillen."

„Klar", sagte Lilly ungerührt, „der Wutz hat Hunger. Gut so."

„Ja, gut so. Und ich bin die Melkkuh."

„Oha." Mit ironischem Blick sah Lilly sie an. „Hattest du den Punkt etwa gar nicht auf deiner Contra-Seite? Was denkst du denn, was du für die kleine Maus bist? Ihre Gesprächspartnerin für intellektuelle Themen? Ihre Weggeh-Freundin? Und ist doch irgendwie auch cool.

Überleg dir mal, wir Frauen können ein Menschlein ernähren, nur mit unserem Körper. Das sollen uns die Herren der Schöpfung erstmal nachmachen."

„Ach ja, Lilly, apropos …" Ninas Stimme wurde leiser.

„Was ist los?"

„Also, nur für den Fall, dass du hier mal auf Kollegen von mir triffst … Ich hab ihnen nicht erzählt, dass ich … allein bin."

„Du meinst, dass Torben sich aus dem Staub gemacht hat?"

„Genau."

„Aber warum denn nicht? Nina, das ist doch nichts Schlimmes."

„Doch."

„Wie bitte? Dafür kannst du doch nichts. Willst du den Leuten wirklich etwas vormachen?"

„Naja, ich erfinde jetzt nicht direkt Lügen. Ich … weiche mehr dem Thema aus."

„Okay, und du willst, dass ich auch nicht hausieren gehe damit."

„Ja."

„Alles klar, werd ich nicht machen. Ich hoffe zumindest, dass mir nichts rausrutscht."

„Lilly!"

„Okay, okay, verstanden."

Auch Martin sah noch einmal vorbei im Krankenhaus. Es war um die Mittagszeit, und er brachte ihr einen vegetarischen Burger und eine Auswahl an leckersten Kuchen aus dem *Café Froschkönig* mit.

Diesmal fuhr er immerhin der kleinen Maus schon über das dunkle, noch sehr lichte Haar, als er ging. Aha, dachte Nina, langsam nähert er sich also dem unbekannten Wesen.

Am späten Nachmittag tauchte Dominik auf.

„Wie geht's dir?", fragte er. „Wie geht's der Kleinen? Alles gut bei euch beiden?"

„Ja, alles gut. Naja. Eigentlich bin ich die ganze Zeit nur hundemüde. Sie müssten einem vor der Geburt ganz klar sagen, dass man danach nachts einfach NICHT mehr schläft. Dann wüsste man, dass man tagsüber jede Minute nutzen muss. Naiverweise dachte ich am Anfang, wenn das Licht ausging, noch ‚Oh cool, endlich Nacht, endlich schlafen!' Aber du verbringst so viel Zeit mit Stillen, nachts und tagsüber."

Mutig streckte Dominik seine Arme aus. „Kann ich sie mal halten?"

„Klar. Nur auf ihr Köpfchen musst du aufpassen, das kann sie noch nicht alleine halten. Aber warte, ich leg sie dir in den Arm, dann kannst du eigentlich nichts falsch machen."

Dann schüttelte sie den Kopf. „Sorry. Ich hab vergessen, dass von uns beiden du der Profi bist."

„Und dein Schwangerenberater. Inzwischen Wochenbett-Berater."

Sie sah zu, wie Dominik das kleine Bündelchen ganz vorsichtig im Arm hielt.

„Hey Mann, ist die zerbrechlich", sagte er leise und sah fasziniert auf das kleine Mädchen in seinem Arm. „Und wie leicht sie ist …"

Dann wandte er sich an Margarita. „Ja, hallo, du. Hallo, du Winzling. Du kennst mich noch nicht, hmm? Wer ich bin, fragst du dich jetzt. Hey, ich bin der Dominik. Ich komm deine Mama besuchen. Und dich natürlich. Du musst keine Angst vor mir haben, du kleine Maus. Du bist zwar erst das zweite kleine Baby, das ich im Arm halte. Aber ich lass dich nicht fallen, safe, ich halt dich ganz fest."

Nina sah ihm lächelnd zu. Seine Stimme hatte den klassischen Tonfall von jemandem angenommen, der mit einem Baby sprach.

„Was für ein winzigkleines Wesen du bist. So winzig." Bis auf Dominiks Stimme und ein ganz leises Ächzen, das die Kleine von sich gab, herrschte Stille im Raum.

„Weißt du was?" Nina deutete aus dem Fenster. Die Wintersonne gab heute ihr Bestes. „Hast du Zeit, mit mir eine Runde spazieren zu gehen?"

„Klar. Nice."

„Okay, ich pack nur mal eben. Hm, mal eben ist gut." Nina sah sich um, um zu überblicken, was sie alles mitnehmen musste. „Margarita einpacken und in den Bauchgurt, Fläschchen mitnehmen und Windeln, dazu ein paar feuchte Tücher, etwas Wechselkleidung, eine Decke muss auch mit und ein Tuch, falls sie spuckt und…"

„Hey", Dominik unterbrach sie sanft. „Vorschlag. Wir nehmen die Kurzform. Zieh ihr was über, rein in den Bauchgurt, und los geht's."

Nina zögerte. „Okay", sagte sie dann. In ihrem Geist ging sie alles durch, was passieren konnte und ließ ihren Blick ein letztes Mal über Margaritas Equipment schweifen. Dann brachen sie auf.

Nur ein kleines Stupsnäschen, das über dem hellblauen Winteranzug und unter dem Wollmützchen hervorragte, gab einen Hinweis auf den kleinen Fahrgast im Bauchgurt. Margaritas Äuglein waren fest geschlossen. Das monotone Schaukeln, das durch Ninas Gang entstand, schien sie zu beruhigen.

„Hey, und hast du schon was von *Recordance* gehört? Gibt es ein Angebot? Eins, das man ernst nehmen kann, meine ich?"

„Nein. Ich hab nichts gehört. Zumindest telefonisch und per Email nicht. Meine Post hab ich nicht geöffnet, seit ich hier in der Klinik bin."

„Klar. Das heißt also, Stand heute läuft es darauf hinaus, dass ihr euch vor Gericht trefft?"

„Ja. Der Termin ist in zweieinhalb Wochen. Julia hat mir gesagt, ich könnte eine Verschiebung beantragen, das würde jedes Gericht verstehen, so kurz nach der Geburt. Sie sagt aber auch, ein Baby im Bauchgurt könnte eine gute Karte mehr bedeuten."

„Meine Schwester, die Taktikerin. Ich kann mitgehen zum Gütetermin, wenn du willst. Ich bin gerne dabei. Ich kann auch Maggie nehmen, dann kannst du dich besser konzentrieren."

„Okay. Danke. Vielleicht komme ich darauf zurück."

Sie erklommen eine leichte Anhöhe. „Du hältst dich wacker. Mir würde der Schlaf ja fehlen."

„Ja", sagte Nina, „mir fehlt er schon auch. Letzte Nacht waren sicher nicht mehr als vier Stunden insgesamt drin. Davon nie mehr als zwei am Stück. Aber du kennst bestimmt das Geheimrezept der Mamas?"

Als sie seinen fragenden Blick sah, fuhr sie mit verschwörerischer Miene fort: „Oxytocin."

„Was ist das?", fragte Dominik, „ein Rauschmittel? Und wenn ja, warum kenn ich das nicht? Wird das nur unter Müttern gehandelt?"

„Fast. Oxytocin ist ein Bindungshormon und wird angeblich von den Neu-Müttern en masse ausgeschüttet, unter anderem beim Stillen. Und das soll wohl die Müdigkeit unterdrücken. Mit anderen Worten: Eine Nacht nur gestillt ist erholsamer als ein zehnstündiger Schlaf am Stück. Das sagt die Theorie, und ich bin klug genug, das nicht zu hinterfragen. Die Keule an Müdigkeit, die mich mit einem Schlag treffen würde, wenn mir bewusst würde, dass da nichts dran ist, die will ich um jeden Preis vermeiden."

„Alles klar. Klingt aber schon auch plausibel für mich. Ich mein, wenn man verliebt ist, ist es doch auch so, oder? Du schläfst nicht und bist die ganze Nacht wach. Aber wirklich schlimm ist das nicht, im Gegenteil. Das Leben ist nie schöner, und du fühlst dich nie besser."

„Ich muss trotzdem sagen, ich verstehe jetzt besser, warum es sowas wie Mutterschutz gibt."

Er lachte. „Du wolltest ohne Mutterschutz gleich in den Job zurück, oder? Frau Bechtle, Frau Bechtle, das sieht Ihnen ähnlich.

Meine Schwester, die hat's damals auch unterschätzt. Die wollte ernsthaft ein Fernstudium machen in der Zeit nach der Geburt. Weil sie da ja eh nur rumsitzt, hat sie gesagt. Ich glaub, das Material für das Studium liegt immer noch ungelesen bei ihr rum."

Nina blickte schuldbewusst nach unten. „Ich hab schon auch ein paar Online-Kurse rausgesucht für die nächsten Wochen."

„Ich prophezei dir, du machst keinen einzigen davon. Das wär ja auch noch schöner. Ihr Mamas müsst euch ja erstmal erholen von den Strapazen der Geburt. Und euch eingrooven mit dem Nachwuchs."

Nina sah ihn von der Seite an.

„Man munkelt, dass du auch gerne Nachwuchs hättest."

„So? Das sagt also MARTIN?" Er überlegte kurz. Dann sagte er: „Ja, ich stell es mir schon schön vor, mal Kinder zu haben."

„Einen Sohn, dem du das Programmieren beibringen kannst, sobald er zwei ist?"

„So spät? Hey, ich brauch schneller Unterstützung im Job."

Er lächelte. Dann fügte er hinzu: „Nein, im Ernst. Mein Job ist toll, ich hab meine Hobbies, ich hab meine Freunde – also alles gut. Aber eine Familie, das wär schon auch schön. Und seit ich es an meiner Schwester sehe, kann ich's mir umso mehr vorstellen. Weißt du, die haben echt Chaos. Aber ein schönes Chaos. Das auf Zusammenhalt basiert. Und Verbundenheit. Das find ich schön. Ich glaub, du hast nochmal ne ganz andere Motivation, heimzukommen nach dem Job. Oder gleich eine Weile Pause zu machen."

„Eine Pause zu machen? Moment mal. Im Ernst? Du würdest wirklich eine Pause im Job machen für deinen Nachwuchs?"

„Hallo? Was ist denn das für eine Frage? Du meinst, nur weil ich ein Kerl bin, interessiert mich mein Kind die Bohne?"

„Also, wenn du es so ausdrückst, dann … ja."

Er lachte. „Nina, Nina, du bist so old-school. Überhaupt, wieso sagst du, ein Sohn könnte mir beim Programmieren helfen? Kann das eine Tochter nicht, oder was?"

„Ich merk schon, ihr Männer der nächsten Generation, ihr unterscheidet euch mal grundlegend von den Generationen drüber."

„Wir können's uns auch leisten. In jeder Hinsicht."

„Wär ich doch zehn Jahre jünger."

„Nina, Nina, du bist so old-school…"

„Jaja, ich merk schon. Die Welt ist an mir vorübergezogen. Alles hat sich verändert, nur ich hab's nicht mitbekommen."

„So ist das, wenn man sich nur hinter seinem Laptop versteckt."

„Hey!"

„Nix hey. Frauen dürfen jüngere Männer daten, und Männer nehmen heutzutage Elternzeit und kümmern sich um ihre Kinder. Genauso wie Männer tanzen und nicht nur Fußball spielen neuerdings. Du HAST mitbekommen, dass es Elektroautos gibt, ja?"

„Mach dich nur lustig. Zu meiner Verteidigung: Ich bestreite gar nicht, dass Männer sich kümmern. Was ich nur bezweifle, ist ob Männer sich GENUG kümmern. Aber klär mich gerne auf über deine Generation."

„Naja, für alle Männer meiner Generation sprechen kann ich nicht. Muss das nicht jedes Paar auch für sich entscheiden? Männer sind unterschiedlich und Frauen doch auch. Wenn beide es cool finden, dass der Mann das Geld verdient für die Familie und die Frau sich kümmern will, dann finde ich das eigentlich okay. Ich denke, man muss halt sprechen miteinander, und alles läuft gechillt."

„Ja, schon. Wichtig fänd ich nur, dass Männer dann, wenn der Frau die Karriere wichtig ist, auch zurückstecken können im Job."

„Klar. Ist das denn bei deinem Mann - oder Freund - anders? Will er das nicht?"

Nina wich seinem Blick aus.

„Okay", fuhr er fort, „vielleicht, um mal die Guys der älteren Generationen in Schutz zu nehmen: Ich denk halt, viele Männer haben's nicht anders gelernt. Die Frau daheim, der Mann unterwegs. Und wenn du's anders machst als die anderen, gehört schon auch mal Mut dazu. Ich versteh jedenfalls auch, wenn der eine oder andere Schiss hat davor."

„Vor was? Vor dem Kind, dem kleinen Monster?"

„Das auch. Nein, ich meinte vor der Meinung der anderen."

Nina sah ihn an.

„Naja. Was wollen die meisten Männer sein? Männlich. Wenn irgendwas unmännlich sein könnte, dann werten wir es lautstark ab. Damit ja kein Zweifel aufkommt. Wir wollen, dass man uns für cool und stark hält. Da passt vielleicht eine Elternzeit für manche nicht ganz rein."

„Ach, und trotzdem würden du und deine Peergroup-Jungspunde das Risiko eingehen? Kinderwagen schieben, Elternzeit nehmen, Fläschchen geben, wenn es doch ach so unmännlich ist?"

„Hey, schau mich an. Ich tanze. Ich verbring den größten Teil meiner Lebenszeit mit Martin, der mir mehr Details seines Liebeslebens unter Männern erzählt, als mir lieb ist. Seh ich aus, als würde mich dieses traditionelle Männerbild kümmern? Außerdem muss man sich da locker machen. Es ist mein Leben, nicht das der anderen. Stell dir vor, dein Kind fragt dich am Sterbebett, warum du nie da warst, als es dich gebraucht hat. Und du sagst, naja, ich dachte halt, Heinz, Franz oder Olaf halten mich für uncool, wenn ich nicht stattdessen arbeite wie ein Roboter."

Nina musste lachen.

Dominik sah sie an. Dann sagte er: „Ich glaub, viele Männer machen sich ends den Stress, vor allem vielleicht die bisschen älteren. Ich mein, da haben sie immer gelernt, dass der Mann die Familie ernährt. Rollenmodell halt. Und gleichzeitig müsstest du zugeben, dass dir diese ganzen weichen Dinge nicht ganz geheuer sind. Die, die mit dem Kind zu tun haben."

Sie waren wieder an der Klinik angekommen und traten ein. Margarita hatte die ganze Zeit über geschlafen. Kein Fläschchen war nötig gewesen. Kein Spucktuch, keine Windel, keine Decke. Dominik hatte Recht behalten.

„Ist schon komisch. Jetzt schläft Maggie die ganze Zeit."

„Die Luft draußen und deine Nähe beruhigen sie wahrscheinlich. Lass dich nicht zu sehr stressen, Nina, durch alles, was passieren könnte. Du kriegst das schon alles in den Griff. Da mach ich mir bei dir überhaupt keine Sorgen."

Die frische Luft hatte Margarita anscheinend wirklich schläfrig gemacht. Zumindest tat sie auch am Abend Nina den Gefallen, bis auf ein paar kleine Unterbrechungen zu schlafen. Nina nutzte die Zeit, um selbst im Bett zu dösen. Doch als die Tür zum Krankenzimmer aufging und Lilly in der Tür stand, wusste Nina sofort, dass etwas nicht stimmte.

Sie setzte sich auf. „Lilly. Was ist los? Was machst du für ein Gesicht?"

Lilly setzte sich auf das Bettende zu Nina. Sie versuchte mehrmals, etwas zu sagen, aber jedes Mal wollte statt der Worte ein Schluchzer durch ihren Mund nach draußen. Nina kroch zum Bettende hinunter und legte einen Arm um Lilly. Die legte ihren Kopf auf Ninas Schulter.

Für eine Weile saßen sie so da. Nina streichelte Lillys Arm. Dann fasste sich Lilly. Sie hob den Kopf.

„Es ist wegen Steve. Er hat mich verarscht, Nina. Von vorne bis hinten verarscht."

Zehn Minuten später saßen die beiden in der Cafeteria, in der um die Uhrzeit nur noch ein paar Leute zu sehen waren. Die Speisen, die es dort zu kaufen gab, waren ebenfalls mehr als ausgedünnt. Immerhin gab es noch Getränke – die meisten zumindest. Nina hatte einen Früchtetee vor sich, Lilly einen Rooibostee, in dem sie mit dem Löffel herumrührte. Margarita verhielt sich brav und ruhig und schlief in der Babytrage.

„Also, stell dir vor", fing Lilly an, „der Kerl ist verheiratet."

„Nicht im Ernst!"

„Doch. Und Kinder hat er auch."

Nina war baff.

„Ich hatte vorhin Kurs. Body Shape. Eine Teilnehmerin war neu. Hab mich schon gewundert, weil sie nur halbherzig mitgemacht hat. Jedenfalls, nach dem Kurs stand sie plötzlich vor mir. Schaut mich an und sagt „Kann es sein, dass Sie etwas mit meinem Mann haben?""

Nina schüttelte ungläubig den Kopf.

„Ich dachte erst, sie meint meine Vergangenheit. Irgendeinen Typen. Da hat mich nie so interessiert, ob die vergeben sind oder nicht. Dann zeigt sie mir ein Foto. Er mit ihr und-", Lilly brach kurz ab, um sich zu sammeln, „und zwei Kindern."

„Fuck."

Maggie gab einen kurzen gurgelnden Laut von sich.

„Shit", murmelte Nina mit einem Seitenblick auf Maggie, „das Fluchen muss ich mir noch abgewöhnen."

„Allerdings. Nina, der hat mich die ganze Zeit verarscht. Von wegen, wir sind ein Paar. Einen Dreck sind wir."

Nina nickte. „Schöne Scheiße." Dann nahm sie Lillys Hand.

„Lilly, das tut mir echt leid. Das hast du nicht verdient."

Lilly sah jetzt grimmig aus.

„Seine Frau ist sogar ganz nett."

„Woher wusste sie es denn?"

„Ach, keine Ahnung, sie hat irgendwelche Tickets gefunden, und dann hat sie sich mal sein Handy näher angesehen. Und anscheinend war er öfter auf meinem Insta-Profil. Und dann dachte sie, die guck ich mir mal an."

„Hat sie mit ihm schon gesprochen?"

„Glaube nicht, sie wollte wohl erst bei mir vorbeischauen."

„Oh Mann, Lilly! Da taucht ein Mal jemand auf, den du wirklich magst ... Und dann sowas!"

Beide schwiegen. Lilly nippte an ihrem Tee.

„Was hast du jetzt vor?"

„Ich weiß es noch nicht." Lilly strich sich eine Haarsträhne aus der Stirn. Dann sah sie auf die Uhr. „Ich muss jetzt los, Nina, ich gebe noch einen Kurs."

„Jetzt noch?"

„Klar. Das Studio hat bis zweiundzwanzig Uhr offen. Und", sie warf Nina einen Blick zu und hob leicht die Augenbrauen, „es soll Leute geben, die sitzen bis spät in der Arbeit UND gehen danach noch trainieren."

„Was du nicht sagst."

„Eh gut. Ein paar Gewichte durch die Gegend zu werfen, das wird mir jetzt helfen. Und so ein bisschen rumkommandieren, das ist jetzt vielleicht auch nicht so schlecht."

Vorsichtig, sodass Margarita nicht aufwachte, umarmte Nina Lilly zum Abschied.

Kaum war Nina wieder in ihrem Zimmer und hatte Margarita ein weiteres Mal gestillt, da klopfte es an der Tür, und Paula stand in der Tür. Eine Stunde später folgte Dominik. Hatten sie sich abgesprochen?

Er war noch da, als es längst dunkel war und eine der Schwestern hineinsah. Sie warf einen Blick auf Dominik. „Der Papa darf noch ein paar Minuten bleiben, wenn er mag, okay? Aber dann ist Schlafenszeit für Sie, Frau Bechtle. Sie brauchen doch Ruhe." Streng, aber gütig, wie es wahrscheinlich nur Krankenschwestern und Hebammen draufhaben, nickte sie den beiden zu.

„Alles klar. Danke." Dominik blieb in der ihm zugewiesenen Rolle.

Als die Tür sich wieder geschlossen hatte, stieß Nina ein lautes, glucksendes Lachen aus. „Wie lustig, oder? Dass sie ausgerechnet dich für meinen Partner gehalten hat."

Maggie meldete sich mit einem unzufriedenen Laut, und Nina griff zu ihr hinüber und hob sie aus dem Bettchen. War die Windel etwa voll? Fast schon fachmännisch, wie sie fand, untersuchte Nina die Lage.

Dominik stand inzwischen auf und fing an, seine Sachen zusammenzupacken. Gerade, als er damit fertig war, ging die Tür erneut auf.

Doch statt der Schwester war es Lilly, die in der Tür stand.

„Oh hey, Nina, du bist nicht allein. Hallo." Geistesabwesend warf sie Dominik einen Gruß zu. Dann wandte sie sich wieder an Nina.

„Ich weiß jetzt, was ich mache. Willst du's hören?"

Ehe Nina oder Dominik ein Wort sagen konnten, hatte Lilly ihre Jacke ausgezogen und sie gemeinsam mit ihrer Sporttasche auf den Boden geworfen. Sie ließ sich auf das Bettende plumpsen, dort wo gerade noch Dominik gesessen hatte.

„Ciao Nina, wir sehen uns." Dominik schnappte sich Jacke und Rucksack, drehte sich an der Tür noch einmal um und ging.

Währenddessen legte Lilly los. „Also, klar ist mal: Ich werde mir das nicht einfach so bieten lassen. Das gibt Rache, das sag ich dir."

„Oh?"

„Was denkst du denn? Seh ich aus wie eine Frau, mit der ein Mann so umgehen kann? Nein, Nina, Steve wird das büßen. Ich weiß noch nicht hundertprozentig wie, aber ich hab ein paar Ideen."

„Okay?"

„Ja. Und weißt du was? Ich brauch jetzt jemanden zum Ablenken."

„Du meinst … einen deiner früheren Lover?"

„Nein, die sind Vergangenheit. Nein, ich brauche-"

„Frischfleisch", vollendete Nina Lillys Satz. Wie oft hatte sie den Begriff aus Lillys Mund gehört.

„Genau. Hey, Nina. Sag mal, wer ist eigentlich der Jungspund, der dich da gerade besucht hat?"

„Du meinst Dominik? Meinen Kollegen? Der gerade hier war?"

„Ja, genau. Ich will ja nichts sagen, aber der ist echt süß. Hat der ne Freundin?"

„Puuh. Freundin, Single,… Freund? Also, so ganz genau weiß ich das nicht."

„Du meinst, er steht möglicherweise gar nicht auf Frauen?"

„Lilly, ich weiß es wirklich nicht genau."

„Wie bitte? Du kennst ihn doch. Er besucht dich hier. Ihr seid anscheinend nicht nur Kollegen. Wie gibt's das, dass du nicht weißt, ob er Männer oder Frauen mag? Bitte, ich kann dir von jedem meiner Kollegen sagen – und ich MEINE jedem – ob er Männer oder Frauen mag."

„Natürlich. Mit der Hälfte deiner Kollegen hast du was gehabt, die mögen also Frauen. Die andere Hälfte mag Männer."

Lilly lachte kurz. „Genau. Nein, im Ernst. Kannst du mir von diesem-"

„Dominik?"

„Genau. Kannst du mir von diesem Dominik mal die Nummer geben?"

Für einen kurzen Moment zögerte Nina. Das hier war wichtig für Lilly, das wusste sie. Es war ihre Art, über Steve hinwegzukommen.

„Ist der nicht etwas zu jung für dich?"

„Wieso? Ist er unter achtzehn?"

„Natürlich nicht."

„Dann ist er nicht zu jung. Weißt du, was mich schon immer gestört hat?"

„Sag's mir."

„Dass uns Frauen eingeredet wird, dass wir im Alter weniger schön sind, Männer aber - angeblich - attraktiver werden. Das ist sowas von gelogen. Männer altern auf die gleiche Art wie Frauen. Falten, Übergewicht, eingefallene Haut. Und wieso soll das bei Männern gut aussehen und bei Frauen nicht? Immer mehr Frauen durchschauen diese Lüge, sodass der Trend in Richtung jüngerer Mann geht. Schau dir die Stars an. Heidi Klum zum Beispiel. Mariah Carey. Kate Beckinsale. Jennifer-"

„Okay, okay. Message verstanden. Also gut. Gib mir mal mein Handy. Da hinten auf dem Tisch müsste es liegen."

Lilly fischte nach dem Handy und reichte es Nina.

„Was seh ich da nur in deinen Augen blitzen? Nach langer Zeit. Da ist er ja wieder: der lillysche Jagdinstinkt."

Lilly lächelte. „Naja, jetzt bin ich ja anscheinend wieder Single. Warum also das Leben nicht genießen, und zwar in vollen Zügen? Und den Anfang macht eben-"

„Dominik", wiederholte Nina.

„Genau. Wollte ich sagen. Den Anfang macht eben Dominik."

Auch über einen weiteren Besucher freute Nina sich am nächsten Tag sehr. Julia kam vorbei.

„Hey", sagte Nina, „das ist aber eine schöne Überraschung." Sie hatte damals beim Googeln Bilder von Julia im Netz gefunden und erkannte sie sofort wieder.

„Das lass ich mir doch nicht entgehen, mir deine kleine Maus anzugucken. Und dich außerdem mal in natura kennen zu lernen. Ich hab hier übrigens auch noch einen Berg an Sachen, die meine Marie nicht mehr braucht. Vielleicht kannst du was damit anfangen. Ich hoff, du wunderst dich nicht - Dominik hat mir verraten, wo du bist."

„Gar nicht, ich freu mich, dass wir uns kennen lernen. Julia, du hast mir so sehr geholfen, weißt du das?"

„Ist überhaupt gar kein Ding. Ich überlege manchmal, ob ich mich gezielt an Frauen wenden soll, die schwanger werden, und umsonst meine Dienste anbieten soll. Du glaubst gar nicht, was ich für

Geschichten höre, wie Arbeitgeber mit denen zum Teil umgehen."

„Du meinst, ich bin nicht die einzige? Das würde mir helfen dabei, mich nicht wie ein kompletter Loser zu fühlen."

„No way! Ich sag dir, da geht's ab, da draußen. Und viele Frauen lassen alles mit sich machen. Die wissen nicht Bescheid oder wollen keinen Streit oder lassen sich auch mal gerne einschüchtern von ihren Chefs."

„Ja, kann ich mir vorstellen."

„Und ich würde so gerne mehr aufklären. Ich find's ja toll, wenn man keinen Konflikt anfangen will. Aber man muss sich doch zur Wehr setzen, wenn jemand anderes einem blöd kommt."

„Ganz deiner Meinung."

„Und weißt du, ich finde es so schade. Viele Frauen wollen dann von vornherein kein Kind. Weil es so viele Geschichten gibt, wie ein Kind die Karriere beeinflusst. Negativ natürlich bei uns Frauen.

Dabei ist Familie so etwas Schönes, Nina. Ich bin froh über meine eigene kleine. Aber ich merk's jetzt auch, wenn ich meine Eltern oder Dominik nach langer Zeit mal wieder sehe. Hätte früher nie gedacht, dass ich mich da mal so drüber freuen würde. Gerade Dominik und ich, wir haben als Kinder so viel gestritten."

„Die künftige Juristin und der künftige Programmierer? Na, da kann es ja nur um Grundsatzthemen gegangen sein."

„Und wie. Nicht ein Thema, bei dem wir der gleichen Meinung gewesen wären."

„Wär ja sonst auch langweilig gewesen für eure Eltern."

„Boah, die hatten's echt nicht leicht mit uns. Naja… Glaube, Dominik manchmal auch nicht. Er war halt immer der kleine Bruder und wollte mit dabei sein. Und mich hat das richtig genervt."

Julia lachte. „Ich hab ihn früher nur als Nervensäge gesehen. Vor allem als Teenager, da hat er sich viel zu viel für meine Freundinnen interessiert für meinen Geschmack."

„Im Ernst? Aber du bist doch-"

Julia lächelte. „Ein paar Jahre älter als er, ja. Deswegen war das Interesse auch meistens nur einseitig. Wobei …"

Nina überlegte. „Dann hat meine Freundin Lilly ja vielleicht ganz gute Karten bei ihm. Die ist so alt wie ich. Und ungefähr wie du wahrscheinlich."

Julia überlegte kurz und nickte dann. „Ja", sagte sie, „ja, die könnte definitiv gute Karten haben."

14. Kapitel: Herausforderungen

„So, du kleine Maus – jetzt sind wir also allein, wir zwei beide." Nina blickte auf ihren Arm, in dem ein kleines, schlafendes Bündelchen lag. Eine kleine Stupsnase blickte heraus und zwei Pausbäckchen. Wie winzig Maggie doch war. Wie zerbrechlich. Wie konnte sie denn sicher sein, dass sie Maggie nicht erdrücken würde aus Versehen? Mit einer Mischung aus Verzückung und Neugierde betrachtete Nina ihr Baby.

Da waren sie nun also. Nina hatte ein gebrauchtes, rollbares Beistellbett gekauft, das der Verkäufer ihr in die Wohnung gebracht und gegen ein kleines Trinkgeld auch aufgebaut hatte. Das stand nun vor ihnen, beladen mit Decken, einem kleinen Stoff-Esel und einer kleinen Rassel.

In die Stille von Ninas Gedanken hinein begann die Kleine, sich zu räkeln. Sie würde doch nicht wieder-?

„Wäääääääääääääääääh", machte es jäh.

Oh je, wahrscheinlich Hunger. Also ganz schnell stillen. Meistens half das, und es war nach Sekunden still.

Diesmal nicht. Es schien nicht der Hunger zu sein, denn Maggie wollte nicht trinken. Stattdessen schrie sie aus weit geöffnetem Mund und aus voller Kehle. Hilflos versuchte Nina, sie zu beruhigen. „Maus, kleine Maus, ganz ruhig, es ist alles gut. Meine süße, süße Maus. Hey, mein Mäuschen, du musst doch nicht weinen. Was hast du denn, hmm?"

Unverändert schrie die Kleine weiter. Ihr Weinen schien sich sogar noch zu steigern und immer mehr in Hysterie zu münden. Nina wog die Kleine hin und her. Sie schaukelte sie, sie ging auf und ab. Sie drückte sie an sich. Sie hob sie in die Höhe. Sie setzte sich und hob sie auf ihren Schoß. Sie legte sie wieder hin. Sie nahm sie wieder hoch. Unablässig sprach sie dabei weiter: „Kleine, süße Maus. Was ist denn mit dir?" Eigentlich war es unsinnig zu sprechen. Wie sollte die Kleine sie bei dem Lärm hören, den sie machte?

Minuten um Minute verging, und Minute um Minute schrie die

Kleine. Langsam ging Nina die Puste aus. Was, wenn sie sie gar nicht mehr beruhigen konnte?

„Mäuschen! Warum hörst du denn nicht endlich auf zu weinen? Was hast du denn nur?"

Wahrscheinlich hörten die Nachbarn alle schon zu und ärgerten sich. Vermutlich war schon das ganze Haus in Aufruhr. Nina spürte, wie ihr Stresslevel stieg. Was konnte sie denn noch tun, um dieses kleine, laute Wesen davon abzubringen, unablässig weiter zu schreien?

Sie wippte, sie zischte, sie fing an zu singen. Nichts half. Panik machte sich in ihr breit. Es war, als wäre sie diesem Wesen hilflos ausgeliefert. Warum konnte sie denn nur keinen Zugang zu ihr finden? Wieso hatte sie nicht die Macht, sie beruhigen zu können? Vertraute die Kleine ihr denn nicht? Machte sie etwas falsch?

„Mäuschen! Ich bin doch deine Mama." Müsste sie nicht den Knopf finden, mit dem sie die Kleine besänftigen konnte? Nina spürte, wie ihr die Tränen in die Augen stiegen. Da lag sie nun in ihrem Arm, die Kleine, machte sich steif wie ein Brett, war rot wie ein Streichholz und schrie unablässig.

Und sie, sie konnte nichts tun, nichts, gar nichts. Nina seufzte, legte die Kleine hin, setzte sich wieder auf die Couch, legte ihre Stirn in ihre Hand und begann zu weinen. Nicht sehr hilfreich, sagte eine Stimme in ihr, nicht sehr hilfreich. Nina, deine Tochter weint. Nina, das ist dein JOB als Mutter, sie zu beruhigen. Du musst das schaffen. Kannst du das nicht? Denn das ist es, was alle Nachbarn gerade denken: Das ist die alleinerziehende Mutter aus dem zweiten Stock, die ist überfordert, die kann ihr Kind nicht besänftigen, die schafft es nicht.

Wieder nahm Nina die Kleine auf und legte sie über ihre Schulter. „Hör doch auf zu weinen, kleine Maus, bitte!" flehte sie weinend. „Hör doch bitte auf damit. Ich will dir doch helfen. Lass dir doch helfen von mir."

Die kleine Margarita machte keinerlei Anstalten, ihr Geschrei zu unterbrechen. Ihre Tonlage variierte zwischen konstant-babylaut über hysterisch-sirenenhaft zurück zu protest-empört. Nina rannen die Tränen über die Wangen. Was sollte sie nur tun? Wieso konnte sie die Kleine nicht beruhigen? Was machte sie falsch?

Recherche. Nina legte die Kleine in ihr Bettchen und setzte sich an ihr Laptop. Vielleicht gab ihre digitale How-to-Baby-Mappe etwas her. Hier. Da war es. Baby schreit. Sie scrollte durch die Abschnitte, die sie hier reinkopiert hatte. Hmmm … Die Tipps online halfen ihr gerade auch nicht weiter. Hunger? Nein. Zu kalt? Nein. Zu warm? Nein. Windel voll? Nein, das hätte sie gerochen. Bauchschmerzen? Hmmmm, vielleicht. Der Fliegergriff würde helfen. Oder Bauchmassagen. Es könnte auch Übermüdung sein. Aber dafür hatte es keine Anzeichen gegeben.

Nina suchte jetzt in Foren-Einträgen nach Antworten. Während sie über die Zeilen flog, schrie Margarita im Hintergrund unablässig weiter. Ein Gutes hatte die Recherche schon mal. Sie gab ihr das Gefühl, nicht allein zu sein. Es war ein bisschen, als wären all die Frauen, die Rat gaben, und all die Forenschreiber mitten in ihrem Wohnzimmer und versuchten gemeinsam mit ihr, die kleine Margarita zu beruhigen.

Das stoppte zumindest Ninas Tränen. Es war normal, dass ein Baby schrie. Sie war kein Totalversager als Mutter. Es gab andere Frauen, die sich mit diesem Problem beschäftigten. Es war nicht nur ihr Problem.

Und trotzdem … Wie schön wäre es jetzt, wenn es einen Vater gäbe. Der würde jetzt neben ihr stehen und ihr und auch der Kleinen gut zureden. Er könnte sie ihr abnehmen und für eine Weile übernehmen. Er könnte einfach fünfzig Prozent der Last tragen.

Aber Selbstmitleid würde ihr jetzt auch nicht weiterhelfen. Nein, dachte Nina. Sie würde das allein schaffen.

Nach weiteren zehn, schier endlos scheinenden Minuten wurde die Kleine müde, und unter gelegentlichem Schluchzen wurde sie ruhig und schlummerte schließlich ein. Endlich stoppte das Geschrei.

Argwöhnisch beobachtete Nina die Kleine. Sammelte sie gerade nur Kraft? Würde es gleich wieder losgehen? Wie ein Engelchen lag Maggie da, friedlich und entspannt. Kaum zu glauben, dass das das gleiche Kind war wie der kleine Schreihals vor fünf Minuten. Auch die rote Farbe war aus dem Gesichtchen gewichen.

Nina betrachtete Maggie und strich ihr mit einer Hand über den Kopf. Hatte dieses kleine Wesen wirklich soeben noch das ganze Haus zusammengeschrien? Erschöpft setzte sie sich auf die Couch. Sie war fix und fertig.

Eins war klar: Sie musste souveräner werden. Sie durfte nicht selbst anfangen, am Rad zu drehen, sobald Margarita schrie. Sie durfte sich nicht aus der Ruhe bringen lassen. Noch einmal griff sie nach ihrem Laptop und begann, in den Foren zu stöbern.

Also, ich lege mein kleines Bärchen gerne auf die Wickelplatte und schalte den Föhn ein, schrieb hier anke91. *Das liebt der Kleine und wird auch sofort ruhig. Klappt immer!* Okay. Einen Versuch wäre es wert beim nächsten Mal.

Meine kleine Maus hört auf zu schreien, wenn ich sie im Kinderwagen hin- und herschiebe. Manchmal dauert es eine Stunde, bis sie dann ganz einge- schlafen ist, aber das Geschrei hört normalerweise schon nach kurzem auf. Babbel16.

Und hier: *Der kleine Niklas liebt es, wenn er auf der Waschmaschine liegt, wenn sie an ist. Das beruhigt ihn, und er hört sofort auf zu weinen.* Das war ein Tipp von mamalena.

Nina nickte. All das könnte sie versuchen beim nächsten Mal. In ih- rem Kopf wichen die Wolken langsam zur Seite, und die ersten Son- nenstrahlen erschienen. Sie war nicht allein. Sie war Teil einer Armee von Mamas, die täglich den Kampf gleichzeitig für und gegen ihre Ba- bys aufnahmen und sich dabei nur gegenseitig, so gut es eben ging, unterstützen konnten.

Noch einmal warf sie einen Blick auf Margarita.

„Kleine Maus", murmelte sie und streichelte sie sanft, „das nächste Mal machen wir es besser, hmm? Gib mir noch etwas Zeit, kleine Maus, bis ich dich besser kenne und weiß, was du brauchst. Und warum du weinst. Weißt du, ich war noch nie Mama, ich lerne das erst."

Sie gab ihr einen Kuss auf die oben liegende Pausbacke. „Du süßes kleines Wesen", flüsterte sie zärtlich.

Ihr Handy klingelte. Lilly. Hastig lief sie mit dem Telefon ins andere Zimmer.

„Na, wie isses?" Lillys Stimme klang wieder fröhlich.

„Oh Gott, Lilly, die Kleine macht mir Angst. So eine Heulboje. Und ich weiß nie, ob ich sie wieder beruhigen kann."

Eine Sekunde war Stille am anderen Ende. „Klingt doch alles ruhig."

„Ja, jetzt. Wie ein Derwisch bin ich die letzte halbe Stunde hier rum- gelaufen, während die Kleine sich die Seele aus dem Leib geschrien hat. Aber erzähl. Was gibt es Neues von Steve? Hast du deinen Plan schon durchgezogen?"

„Okay, hör zu. Ich war bei ihm in der Arbeit. Also, er war nicht da. Zumindest hab ich gehofft, dass ich ihm nicht begegne, und das hat auch geklappt. Ich hab die Personalabteilung angerufen in seiner Firma und hab die einfach gefragt, ob ich mal mein Firmenfitness-Programm vorstellen kann."

Nina setzte sich auf die Couch. Lilly fuhr fort.

„Also, ich hab etwas improvisiert bei meiner Präsentation. Einfach ein paar Dinge zusammengeworfen. Und dann hab ich die Tante gebeten, mir noch die Räumlichkeiten zu zeigen. Damit ich sehen kann, wo sich die Kurse am besten abhalten lassen. Bei dieser Tour hab ich mir eingeprägt, wo die Toiletten sind. Eh nicht schwer, alle liegen gleich, nur auf unterschiedlichen Stockwerken. Und am Schluss, als wir wieder im Raum waren, da hab ich ihr gesagt, ich müsste noch ganz schnell ums Eck, und ich wüsste noch, dass das nur drei Türen weiter ist, sie soll doch gerne sitzen bleiben."

„Okay. Und dann?" Nina stand auf und spitzte vorsichtig durch die Tür, ob Maggie noch schlief. Alles im grünen Bereich.

„So, und dann bin ich gerannt. Hab auf jedem der drei Stockwerke die Damen-Toiletten abgeklappert. Und hab ein paar… sagen wir mal Info-Zettel verteilt."

„Oh je, Lilly, was stand da drauf?" Nina schwante Unheilvolles.

„Nur die Wahrheit und nichts als die Wahrheit. Dass Firmengründer und Chef Steve ein Frauenheld ist und Frau und Kinder mit schöner Regelmäßigkeit hintergeht. Und ob das wirklich die feine englische Art ist und man zu jemandem, der es mit der Wahrheit und der Loyalität so hält, wirklich aufschauen kann und will in der heutigen Zeit."

„Wow. Das hast du dich echt getraut?"

„Hey, ich bin Fitnesstrainerin. Nach drei Minuten war ich wieder im Raum mit der Personalerin. Puls gleich Ruhepuls. Keine Auffälligkeiten."

„Hast du inzwischen irgendetwas gehört? Oder mal mit ihm gesprochen?"

„Nein. Er hat ein paar Mal angerufen, aber ich bin nicht rangegangen."

„Willst du mit ihm denn nicht mal sprechen?"

„Ich weiß es noch nicht. Momentan hab ich zumindest keine Lust."

„Verstehe. Und sag mal … Dominik?"

„Ah. Der." Lilly lachte. „Hab ihn angerufen. Er wusste gleich, wer ich bin. ‚Die, die so viel redet', hat er gesagt."

Nina musste schmunzeln.

„Du weißt ja", fuhr Lilly fort, „ich mag das schon, wenn die Typen direkt sind. Ich glaube, das wird lustig morgen Abend."

„Morgen Abend trefft ihr euch?"

„Ja, wir gehen was trinken. Ich denke, ich werde-"

Margarita machte die Augen auf. „Wääääääääähhhhh!"

„Oh Lilly, ich muss. Bis später oder … oder morgen, mal sehen. Mach's erstmal gut." Klack. Nina hatte aufgelegt.

An diesem Abend lag Nina erschöpft im Bett. Margarita lag im Beistellbett neben ihr. In ein bis zwei Stunden würde ihre Nachtschicht beginnen. Dann würde die Kleine aufwachen und hungrig sein, und sie würde sie stillen müssen. Sie dachte über die letzten Tage nach. Licht und Schatten, wenn sie es zusammenfassen müsste. Was für ein Wechselbad aus extremer Anstrengung und unfassbarem Glücksgefühl.

Nina drehte sich im Bett zurecht. Eigentlich sollte sie schlafen, jetzt sofort. Sich jede Minute an Ruhe klauben, die sie bekommen konnte. Sie war so müde, aber auch so überdreht, so voller Eindrücke. Sie würde lernen, welche Bedürfnisse die Kleine hatte. Sie würde sich nicht unterkriegen lassen von Geschrei ab und zu. Sie würde ihre Tochter lieben und ihr eine tolle Mama sein.

Und Lilly? Wie schade für sie, dass die Sache mit Steve so ausgegangen war. Und jetzt hatte sie also Dominik im Visier. Ob die beiden morgen Abend nur reden würden? Wahrscheinlich nicht. Immerhin war es Lilly.

Für ein paar Minuten versuchte Nina, sich die beiden als Paar vorzustellen. Würden sie zusammenpassen? Müde und erschöpft schlief Nina schließlich ein.

Am nächsten Tag um neun klingelte Ninas Handy. Lilly. Besorgt warf

Nina einen Blick auf Margarita, doch die schien der Klingelton nicht zu stören. Schnell ging Nina ran.

„Hey", sagte die Stimme am anderen Ende, und es klang, als wäre Lilly gerade unterwegs, „ich hab dir schon zwei Nachrichten geschrieben. Ich bräuchte kurz mal deine Hilfe. Es geht um einen neuen Kurs, den ich anbieten will, und ich hab dir zwei Beschreibungen durchgeschickt. Vielleicht kannst du dir die mal angucken? Und ein Flyer dazu wäre toll. Ich dachte, du mit deinem Marketing-Blick …"

Nina rieb sich die Augen. „Äh-ja, die guck ich mir gleich an. Oh Mann. Wie spät ist es denn schon? Gott, hab ich lang geschlafen."

Lillys Stimme klang fröhlich, als sie sagte „Ja, das hast du. Es ist herrliches Wetter heute. Ich war schon beim Laufen heute Morgen. Es ist kalt, aber super-sonnig. Also, du guckst dir meine Nachrichten an, ja?"

„Mach ich gleich, versprochen." Nina legte auf.

Es war dreizehn Uhr, als Ninas Handy wieder klingelte. Lilly.

„Hey, Schlafmütze. Wie sieht's aus, schickst du mir noch dein Feedback und vielleicht schon einen Entwurf?

Nina schnaufte einmal tief durch. „Sorry, Lilly. Irgendwie bin ich einfach noch nicht dazu gekommen."

„Okay. Du musst auch nicht, wenn du nicht willst."

„Doch, ich-" Nina brach ab.

„Was ist denn los? Alles okay?"

„Ja, ich … Es ist nur-" Nina rieb sich die Stirn. „Ach, ich komm nur einfach gerade zu gar nichts. Aber", fügte sie schnell hinzu, „das ist nicht deine Schuld. Gib mir noch eine Stunde, okay?"

„So anstrengend?"

„Ach. Es ist nicht so, dass es nicht auch schön wäre. Aber Lilly…." Nina setzte sich auf die Couch und begrub ihren Kopf in einer Hand. Was sollte sie Lilly erzählen? Dass sie unfassbar müde und erschöpft war? Dass das Geschrei der Kleinen sie an den Rand ihrer Nerven brachte? Dass sie das Gefühl hatte, überhaupt nichts mehr auf die Reihe zu bringen? Sie sah sich um. Der Müll quoll über. Genau genommen standen neben der überquellenden Tüte schon zwei komplett volle Tüten, die sie schon vor Tagen hätte rausbringen können. Wovon ernährte sie sich momentan? Von Bestelltem und Schokolade. Sollte sie das Lilly auf die Nase binden? Oder vielleicht, dass sich überall Windelpakete stapelten? Und dass die Tage vorübergingen, einer nach dem anderen, mit dem selben erschöpften Aufwachen und dem gleichen übermüdeten Einschlafen?

Würde Lilly das verstehen? Würde sie Verständnis haben, wenn sie ihr sagte, dass sie kaum mal dazu kam, überhaupt mal selbst ins Bad zu gehen? Um die Zähne zu putzen, zu duschen oder ihre Haare zu kämmen. Davon, die Haare zu waschen, konnte sie seit Tagen nur noch träumen.

Oder sollte sie davon schwärmen, wie schön es wäre, nur ein Mal mehr als zwei Stunden am Stück zu schlafen? Was würde Lilly erwidern? Und hatte die nicht genug Stress gerade gehabt nach der unschönen Trennung von Steve?

Mit einem Ruck stand Nina auf. Sie lächelte. „Tut mir leid. Es ist nicht so dramatisch. Ich seh mir jetzt gleich deine Beschreibungen an und schick dir ein, zwei Entwürfe zu, ja?"

„Okay, super, danke, Nina."

Als sie aufgelegt hatte, schlurfte Nina in die Küche, um sich einen Kaffee zu machen. Eigentlich wollte sie nur schlafen. Schlafen, schlafen, schlafen. Aber ein Espresso würde bestimmt helfen.

Lilly bedankte sich für Ninas Input und schrieb dazu: *Du übrigens, falls ich vorbeikommen soll, falls du bei irgendwas Hilfe brauchst, dann gibst du Bescheid, ja?*

Klar, dachte Nina, soweit kommt's noch. Sie schnüffelte an Margarita. Zeit für eine neue Windel.

An diesem Abend dachte Nina nach. Es tat gut, wenn Lilly anrief. Sie wollte sie nicht vergraulen mit ihrer schlechten Stimmung. Irgendwann würde Lilly sich sonst wahrscheinlich gar nicht mehr melden.

Sie durfte ihr nicht alles erzählen. Warum sollte sie ihr von Tränen berichten, die sie hatte, wenn Margarita schrie wie am Spieß und einfach nicht aufhören wollte?

Aber was ist, dachte Nina, wenn ich es nicht schaffe? Vielleicht schaff ich es einfach nicht. Vor allem nicht allein. Ich werde wahnsinnig. Sie dachte an den bevorstehenden Gerichtstermin. Wie sollte sie den meistern mit Maggie im Arm? Sie dachte zurück an Julias Angebot. Ob sie es annehmen sollte? Nein. Julia hatte genug für sie getan. Die hatte bestimmt eine Menge besserer Dinge zu tun als einer frischgebackenen Mama mit Schreihals im Arm für fast lau ihre Termine abzunehmen.

Und Dominiks Hilfe? Nein. Der hatte sich sowieso etwas rar gemacht in den letzten Tagen, fiel ihr gerade auf. Wahrscheinlich war es schon zu viel für ihn gewesen mit ihr als dauer-gestresster Mama, die permanent am Rand eines Nervenzusammenbruchs war.

Und heute Abend würden die beiden weggehen, Lilly und Dominik. Sie sah auf die Uhr. Zehn vor zehn. Wahrscheinlich saßen sie jetzt gerade in einer Bar und tranken ihren zweiten oder dritten Drink.

Sie sah sie bildlich vor sich. Lilly im engen, kurzen Kleid mit ihrem Lieblings-Lippenstift. Und Dominik fröhlich wie immer. Eigentlich kein Wunder, dass die beiden sich verstanden. Irgendwie waren sie schon ähnlich.

Sie freute sich für die beiden. Sie würden bestimmt einen schönen Abend haben. Ob er mit zu ihr gehen würde?

Margarita wurde wach und suchte mit ihrem Köpfchen. Nina zog sie zu sich herüber und legte sie an, um sie zu stillen. Die Kleine trank in gierigen Zügen. Eine ganze Weile lagen sie so da. Doch, dachte Nina, doch, ich schaffe das. Ich hab bisher noch alles geschafft.

Dann würde sie halt mal etwas weniger schlafen. Oder vielleicht einfach schneller.

Wie machte sie das bloß? Kaum war Elli im Raum, breitete sich augenblicklich eine Atmosphäre von Zuversicht aus. Vielleicht war es der Klang ihrer Stimme, vielleicht ihr wacher, gütiger Blick. Vielleicht war das aber auch einfach das gut behütete Erfolgsgeheimnis wirklich brillanter Hebammen.

Heute war wieder Elli-Tag, und Nina tat alles, um ihrerseits eine Atmosphäre im Raum zu verbreiten: die Aura von Souveränität. Ein bisschen kaltes Wasser ins Gesicht, etwas Concealer und Kajal gegen die Augenränder, etwas Rouge auf die Wangen. Die Wäscheberge hinter die Schlafzimmertür, die Mülltüten hinter die Küchentür. Und... die Küchentür zu, sonst konnte man den Müll vielleicht riechen.

Sie stand vor dem Spiegel. So. Und jetzt noch ein möglichst

fröhliches Lächeln. Wenn man nur lange genug lächelte, wurde man automatisch fröhlich, das war wissenschaftlich bewiesen.

Nach einer Minute gab sie auf.

Da klingelte es sowieso schon. Nina öffnete.

„Hallo, Elli", sagte sie, als Elli auf der Treppe zu sehen war. „Geht es Ihnen gut? Möchten Sie was trinken?"

„Danke, nein, ganz lieb." Elli trat ein und zog ihre Schuhe aus, bevor sie ins Wohnzimmer vorausging.

„Wie geht es Ihnen und der Kleinen?"

Nina setzte ein Strahlen auf. „Sehr gut, läuft alles, würde ich sagen."

Im Geiste ließ Nina die letzten Tage Revue passieren, seit sie Elli das letzte Mal gesehen hatte.

„Setzen wir uns. Ich sehe, die Kleine schläft."

Elli setzte sich an den Rand der Couch im Wohnzimmer und sah Nina an.

„Wie geht es Ihnen denn wirklich?"

Nina versuchte zu kämpfen, aber es war, als würde sich plötzlich eine Schleuse öffnen, so sehr sie auch versuchte, sie geschlossen zu halten. Die Tränen begannen ihr über die Wangen zu laufen.

„Hey", machte Elli behutsam, „hey." Sie legte Nina ruhig eine Hand auf den Arm und sah sie mitfühlend an.

„Wissen Sie, wie es sich anfühlt?" heulte Nina. „Ich hab das Gefühl, dass ich es einfach nicht schaffe, ich hab mich einfach überschätzt, aber ich kann es nicht, die Aufgabe ist mir zu groß. Und ich fühl mich, als würde ich das verstecken vor der Welt, aber als könnte jeden Moment jemand kommen, der es mir ansieht und der mit dem Finger auf mich zeigt. Und dann werden alle sehen, dass ich einfach zu klein bin für diese Aufgabe. Ich kann es nicht allein, ich bin nicht stark genug dafür."

Die Tränen rannen ihr jetzt in heißen Bächen die Wangen hinunter, und ihre Hände kamen nicht hinterher, die Rinnsale abzuwischen.

„Entschuldigung", warf sie schnell hinterher, während sie nach einem Taschentuch tastete. „Ich weiß, das gehört sich nicht."

Elli lächelte. „Was sich gehört und was nicht, das interessiert uns mal in dieser besonderen Situation etwas weniger."

Sie sah Nina mit offenem, warmem Blick an. Sie beugte sich vor und nahm Ninas Hände in die ihren. Eine Weile sagte sie nichts, sondern ließ Nina schluchzen. Schließlich sah sie ihr mit festem Blick in die Augen.

„Was Sie gerade erleben, das ist absolut verständlich. Nina, Sie haben gerade eine Geburt hinter sich gebracht. Das ist mit das Anstrengendste, was ein Körper und ein Geist erleben können. Danach bräuchten wir Frauen eigentlich nichts als Ruhe. Und früher haben die Frauen diese Ruhe auch bekommen. Da gab es Großmütter und Tanten und Schwestern und Nachbarinnen, die alle vorbeikamen und sich um Mama und Kind gekümmert haben. Und die Mama konnte ein paar Wochen lang einfach nur entspannen und sich erholen."

Ninas Schluchzen war fast verstummt.

„Und heute? Gucken Sie mal. Die Frauen wohnen allein oder mit einem Partner – und der arbeitet meistens in Vollzeit weiter. Dann ist die Mama allein mit dem Kind, und plötzlich heißt es: Kümmere dich um den kleinen Wurm. Und wir wissen so viel darüber, wie man ein Kind erziehen muss und was richtig und falsch ist, und das setzt uns so unter Druck. Wir wollen alles richtig machen und haben Angst, dass wir das nicht können."

Nina sah Elli dankbar an. Die beugte sich jetzt noch ein Stückchen vor. „Ich habe so eine Vermutung, wie Sie sind als Person. Sie dürfen mich gerne korrigieren, vielleicht liege ich ganz falsch. Aber ich glaube, Sie sind jemand, der gern alles korrekt macht. Sie fordern von sich, dass Sie die Dinge perfekt machen. Und jetzt kommt eine Aufgabe auf Sie zu, die können Sie nicht perfekt machen. Das kann niemand, und das ist auch nicht schlimm. Die Kinder verzeihen uns, wenn wir Fehler machen, und wir dürfen uns auch verzeihen."

Nina schniefte und schnäuzte sich.

„Wissen Sie, was für Ihr Kind jetzt wichtig ist?" Elli machte eine Pause und lächelte. „Für Ihr Kind ist jetzt wichtig, dass Sie es lieben und dass Sie versuchen, einfühlsam zu sein. Das ist alles. Wenn Sie Ihr Kind lieben und versuchen, sich hineinzufühlen in das kleine Wesen – und das können wir Mütter doch sehr gut – dann haben Sie schon alles richtig gemacht."

Nina hatte jetzt aufgehört zu weinen und hing an Ellis Lippen.

Behutsam fuhr Elli fort. „Ich will nicht in Ihrem Privatleben stochern, das geht mich nichts an. Aber ich möchte ganz vorsichtig fragen: Gibt es eine Person, die Sie etwas unterstützen kann? Eine Freundin? Ein Freund? Mutter, Vater, Tante, Nachbarin – irgendjemand? So eine Situation wie diese kann auch eine gute Gelegenheit sein, dass Sie jemanden um Hilfe bitten, an den Sie vielleicht erstmal nicht gedacht haben. Denken Sie darüber nach. Das ist eine Situation, in der Sie nicht allein für sich sorgen sollten, und das müssen Sie auch nicht."

Nina nickte. Jemanden um Hilfe bitten. Das war eigentlich nicht ihr Plan. Aber okay. Sie würde sich das durch den Kopf gehen lassen, Elli zuliebe.

„Ich lasse Ihnen einen Prospekt hier", fuhr Elli fort. „Es gibt Stellen, an die Sie sich wenden können, die Ihnen auch gerne weiterhelfen werden. Die können zum Beispiel jemanden schicken, der Ihnen im Haushalt hilft."

Nina nickte.

„Wissen Sie, was Sie jetzt auch tun sollten?" fuhr die Hebamme fort. „Lassen Sie es sich mal so richtig gutgehen. Bestellen Sie sich was zu essen, Sie müssen nicht selbst kochen. Bestellen Sie sich Lebensmittel oder bitten Sie jemanden, für Sie einkaufen zu gehen. Wenn Sie stillen, machen Sie es sich gemütlich. Wenn die Kleine schläft, schlafen Sie auch – egal, was der Haushalt macht. Der läuft Ihnen nicht weg in den nächsten Wochen. Ob da der eine oder andere Staubfussel rumliegt oder nicht – wen kümmert das? Ihr Baby bestimmt nicht, und Sie sollte es auch nicht stören. Wenn Sie nicht schlafen können, wenn das Baby schläft, dann schlummern Sie zumindest. Und wenn Sie auch nicht schlummern können, dann machen Sie es sich zumindest richtig schön gemütlich."

Sie griff nach einem flauschigen Kissen, das neben Nina lag und schob es ihr hinter den Rücken. „Gucken Sie einen Film, der Ihnen gefällt, oder eine Serie, die Sie mögen. Die Hauptsache ist, dass Sie sich wohlfühlen."

Nina nickte schwach. Die Vorstellung gefiel ihr. Vielleicht hatte sie wirklich in den letzten Tagen nicht so wahnsinnig viel an sich selbst gedacht.

„Sie tun damit auch etwas für Ihr Kind. Das eine ist, dass sich Ihre Stimmung auf die von Ihrem Kind überträgt. Das andere ist, dass diese

Zeit, gerade die ersten Wochen, die Sie mit Ihrem Kind verbringen, unglaublich wichtig ist für Sie beide. Gerade jetzt am Anfang, da bauen Sie eine Bindung auf. Es soll Ihrem Kind gut gehen, aber auch Ihnen. Wenn das nämlich nicht der Fall ist", dabei zeigte sie auf Margarita, die immer noch friedlich in ihrem Bettchen schlief, „dann werden Sie Ihrem Kind insgeheim übelnehmen, dass Sie zurückstecken, und das ist nicht gut."

Nina nickte wieder.

„Ich lasse Sie jetzt allein." Elli nahm noch einmal Ninas Hände in die ihre. „Übermorgen komme ich wieder. Und Sie machen inzwischen Ihre Hausaufgaben. Sie werden das schon schaffen."

Nina nickte, schon deutlich zuversichtlicher als vor einer halben Stunde. „Ich denke auch. Ich wünschte nur, ich hätte das alles schon ein kleines bisschen mehr unter Kontrolle."

„Glaube ich Ihnen. Aber ein Baby können Sie nicht kontrollieren. Ab jetzt beginnt der fremdbestimmte Teil. Hat man Ihnen das nicht vorher gesagt?"

Nina ließ ihren Kopf in den Nacken fallen und blies den Atem aus. Na großartig!

Und Nina versuchte, ihre Hausaufgaben zu machen. Ellis Worte hatten ihr sehr geholfen. Trotzdem wollte die Welt einfach nicht mehr in Ordnung kommen. Sie hatte etwa fünfundzwanzig ungelesene WhatsApp-Nachrichten. Nur Lillys überflog sie.

Brauchst du mich, Nina?

Nina, alles okay bei dir?

Ja, alles gut, danke, schrieb sie schnell zurück, bevor die Nachrichten noch mehr wurden.

Ein paar Mal hatte Lilly versucht, sie telefonisch zu erreichen. Jedes Mal war es gerade schlecht. Und danach war sie einfach zu müde zurückzurufen.

Dann klingelte es an der Tür. Auch das noch. Wenn die kleine Maus nur nicht aufwachte. Sie hatte gerade ein paar Dinge in der Küche aussortieren wollen. Da roch es seit Tagen nach Obst, das nicht mehr gut war.

Hastig räumte Nina auf ihrem Weg ein paar herumliegende

Kleidungsstücke zur Seite und öffnete die Wohnungstür.

Es war Lilly. Sie stand da wie ein Engel und roch nach Parfum und Haarspray.

„Ich wollte mal sehen, ob du noch lebst. Und ich hab dir was zu essen mitgebracht."

„Wie geht's dir denn, Nina?"

Nina sah Lilly an. Dann spürte sie, wie ihr die Tränen herunterliefen.

„Nina. Oh je!" Lilly nahm sie in den Arm. „Hey, Süße! Was ist denn los?"

Nina schluchzte nur. Erst nach einer Weile brachte sie ein paar Wörter heraus. Lilly musste sich etwas anstrengen, um sie zu verstehen.

„… einfach so müde … jedes Mal … und dann … gar nicht mehr … weiß nicht, wie ich … nicht mal ins Bad … weiß nicht, wie … und nur schlafen." Sie kramte in ihrer Hosentasche nach einem Taschentuch und schnäuzte sich lautstark.

„Okay, meine Liebe. Ich sag dir, was ich verstanden hab. Du brauchst etwas Unterstützung. Kein Wunder. Das ist nun wirklich kein Projekt, das du ganz alleine stemmen solltest."

„Aber ich…"

„Du setzt dich jetzt auf die Couch, und ich bring dir das Essen. Du machst es dir gemütlich. Und nach dem Essen, da legst du dich hin."

„Aber wenn die Kleine schreit, dann muss ich-"

„Dann musst du nichts. Dann bin ich da und nehme sie auf den Arm, bis sie sich wieder beruhigt hat. Und wenn ich denke, dass sie Hunger hat, dann bringe ich sie zu dir rüber, damit du sie stillen kannst. Und dann bringe ich sie wieder ins Bettchen. Und wenn du mir kurz zeigst, wo alles ist, mache ich ein Fläschchen für sie, dann muss ich dich gar nicht stören."

„Okay." Nina sagte es zögernd. Dann ließ sich auf die Couch sinken mit einem großen, langen Seufzer. Von dort aus sah sie Lilly zu, wie die das Essen brachte. Schönes, warmes, duftendes Essen.

„Ist das schön, dass du da bist."

Lilly setzte sich ihr gegenüber. Ihre Stimme wurde streng. „Nina, wieso hast du denn nicht schon längst gesagt, dass du Hilfe brauchst? Ich hab dir doch geschrieben, ob ich vorbeikommen soll. Mehrmals. Immer wieder."

„Ich weiß, ich weiß. Ich war so beschäftigt."

„Nina, du bist immer beschäftigt. Aber du musst das lernen, bitte. Du musst lernen, nicht immer alles allein machen zu wollen. Ich bin doch da. Du kannst mich jederzeit anrufen. Und wenn ich mal nicht kann, dann sage ich es."

„Ja, ich dachte nur… ich meine, irgendwann muss ich es doch allein schaffen."

„Wer sagt denn das? Wer sagt denn, dass du das allein schaffen musst? Nina. Gib anderen Menschen die Chance, dir zu zeigen, dass du nicht allein bist. Gib deinen FREUNDEN die Chance, dir zur zeigen, dass du nicht allein bist."

Nina sah betreten zu Boden. Kleinlaut sagte sie: „Wenn ich noch nicht mal den Alltag hinbekomme… "

„Alltag? Inwieweit ist das hier denn Alltag? Du hast vor zwei Wochen einen kleinen Menschen auf die Welt gebracht – zum allerersten Mal - und der wohnt jetzt hier bei dir. Und der will deine ganze Aufmerksamkeit. Das bringt normalerweise zwei Menschen an den Rand ihrer Nerven, und du bist allein damit."

Als hätte Margarita ihr Stichwort gehört, ertönte ein lautes Schreien aus dem Kinderzimmer.

Nina wollte aufstehen, doch Lilly bedeutete ihr mit einer Handbewegung, sitzen zu bleiben.

„Und unsere Kleine hier hat offenbar ein großes Mitteilungsbedürfnis", sagte sie, während sie ins andere Zimmer rüberging. Für eine Weile hörte Nina Geschrei. Daneben Lilly, wie sie mit leisen Worten das Baby zu beruhigen versuchte. Gerade wollte Nina doch aufstehen, doch da wurde es langsam stiller. Dann war es ganz still. Und dann kam Lilly zurück.

„Erledigt fürs erste", sagte sie. „Essen wir."

Immer noch kleinlaut meldete sich Nina nach ein paar Minuten des schweigsamen Essens.

„Also, wenn es dir nichts ausmacht und wenn du wirklich Zeit dafür hast und auch Lust … ich meine, dann würde ich mich schon freuen, wenn du ab und zu mal vorbeikommen könntest. Und ich könnte die Zeit nutzen und eventuell mal etwas schlafen? Nur, wenn es dir nichts ausmacht."

„Natürlich komme ich."

„Danke, Lilly."

Und wieder eine Weile später fügte sie hinzu: „Du hast ja Recht. Es ist einfach nicht meine Art, andere dauernd um Hilfe zu bitten."

„Ich weiß." Lillys Blick war immer noch strafend. Dann lachte sie ihr fröhliches Lilly-Lachen. „Wie ist es denn sonst so? Ich meine, außer dem Anstrengenden?"

Nina lächelte. „Okay, dass es anstrengend ist, den Teil kennst du schon. Aber es ist auch schön. Die Kleine ist so unglaublich niedlich. Manchmal schaue ich sie einfach nur an. Sie liegt da in ihrem Bettchen und schläft so friedlich, und es ist so ein Wunder. SIE ist ein Wunder. Während der Schwangerschaft, da ist alles Theorie. Du liest so viel und hörst so viel, und jeder erzählt dir, wie es sein wird. Und irgendwann kannst du das alles nicht mehr hören. Es klingt wie ein Land, von dem jeder dir erzählt, aber du warst noch nie dort. Und jetzt …", zum ersten Mal seit langem flog ein Lächeln über Ninas Gesicht, „jetzt ist sie DA."

Lilly lächelte ebenfalls. „Was ich auf jeden Fall sehe, ist dass du da ein ganz süßes kleines Wunder zur Welt gebracht hast und dass du genau die richtige Entscheidung getroffen hast. Übrigens, wenn du willst, dass die Kleine mal richtig gut durchschläft heute Nacht, dann hol ich uns noch einen Wein aus der Küche, bevor du das nächste Mal stillst." Sie zwinkerte.

Dann fuhr sie fort. „Übrigens, Steve kam gestern bei mir vorbei."

„Was? Und das erzählst du mir erst jetzt?"

„Ich wollte erst nicht mit ihm reden, und ich hab mich eh gerade zurechtgemacht für den Abend, aber stell dir vor: Er fing fast an zu weinen, als er vor der Tür stand."

„Wie bitte? In echt oder gespielt?"

„Ich denke, in echt. Also hab ich ihn reingebeten."

„Du bist doch nicht wieder schwach geworden?"

„Nein, das bin ich nicht. Aber ich hab mir angehört, was er zu sagen hat. Es scheint so, dass er das meiste ernst gemeint hat mit uns. Naja… bis auf den Part mit der gemeinsamen Zukunft."

Nina lehnte sich nach vorne und hörte Lilly zu, während die erzählte.

„Es ist wohl so, dass er mit seiner Frau schon lang zusammen ist. Er sagt, sie haben vor langer Zeit geheiratet und sind zusammengezogen.

Vor neun Jahren kam der Sohn zur Welt, vier Jahre später die Tochter. Raffi und Carla – sind das nicht zwei süße Namen? Naja, wie auch immer. Er sagt, es ist jetzt mehr wie eine Zweckgemeinschaft. Beide rödeln so vor sich hin, aber mit Romantik hat das nicht mehr viel zu tun."

„Und mit Liebe?"

„Das hab ich ihn auch gefragt. Er sagt, und ich glaube ihm das, er weiß es nicht, aber wenn, dann sind die Gefühle tief, tief verschüttet. Und er sagt, sie streiten sich andauernd. Und dass er versucht zu flüchten vor den dauernden Diskussionen."

„Was für Diskussionen?"

„Ich weiß nicht, Kinderzeugs und so. Soll Carla schon in die Schule oder noch nicht? Braucht Raffi Nachhilfe oder nicht? Soll man strenger sein oder weicher? Soll Carla Kampfsport machen oder darf sie ins Ballett? Lauter solche Dinge."

„Oh", machte Nina.

„Er sagt, er hat die Verabredungen mit Frauen gesucht, um mal ab und zu an was anderes zu denken. Um mal nicht Papa zu sein, sondern einfach nur ein Mann."

„Also sind das alles seine kleinen Inseln der Zuflucht?"

Nina sagte es leicht spöttisch.

„So in etwa vielleicht. Naja … Aber er sagte, für mich würde er wirklich was empfinden. Allerdings wäre klar, dass er sich nicht scheiden lassen wird. Das will er nicht, wegen der Kinder. Und weil es sich so furchtbar anhört."

„Hm", machte Nina. Eine Weile schwiegen sie beide. Dann fragte Nina: „Und was bedeutet das jetzt für euch beide?"

Lilly nickte langsam. „Ich hab ihm gesagt, ich glaube ihm. Und dass ich es gut find, dass er gekommen ist, um mit mir noch einmal zu sprechen. Natürlich ist das kein Arrangement, mit dem ich leben könnte. Das ist nicht das, was ich will."

Behutsam sagte Nina: „Es gab eine Zeit, da hätte die Lilly, die ich kannte, genau das nicht nur akzeptiert, sondern sogar gewollt. Coole Dates, aber keine Verpflichtung. Schöne Reisen, ein Mann mit Geld, aber keiner, der dauernd mit Heiratsantrag droht."

Wieder nickte Lilly langsam. Schließlich erwiderte sie: „Das stimmt. Ob du's glaubst oder nicht, Nina, aber irgendwas hat sich verändert.

Vielleicht will ich mehr. Vielleicht reicht es mir nicht mehr, an irgendeiner Stelle zu stehen, selbst wenn es die erste Stelle ist. Vielleicht will ich die alleinige Stelle haben. Etwas mit Zukunft. Was auch immer Zukunft dann bedeutet."

Nina nickte bedächtig.

Lilly fuhr fort. „Und weißt du … Das hat seine Frau nicht verdient. Früher, da hätte ich kein Mitleid gehabt."

„Ich weiß."

„Naja, it takes two to tango. Wenn ein Mann seine Frau betrügt, dann ist das seine Entscheidung, nicht meine. Das sehe ich immer noch so. Aber … es muss ja nicht ausgerechnet mit mir sein."

„Wow." Nina unterdrückte ein Gähnen der Müdigkeit. Dann blinzelte sie ein paar Mal. „Und das heißt, dass du ihn nicht mehr treffen wirst?"

„Ganz genau. Das war's mit uns."

„Schade, Lilly. Schade, dass alles so gekommen ist. Aber du weißt, es ist immer alles für etwas gut."

„Ich weiß jetzt, wie schnell ich die Toiletten aus drei Stockwerken ablaufen kann?"

Nina lächelte. „Ganz genau. Und außerdem weißt du jetzt, dass auch du", dabei deutete sie mit dem Zeigefinger auf Lillys Bauch, „Interesse an einer Beziehung hast."

Als Lilly schwieg, fragte Nina: „Woher hat er eigentlich gewusst, dass du es weißt? Die Flyer?"

Lilly lachte kurz auf. „Das hat er sofort gecheckt. Zuerst hatte er den Verdacht, dass ich es war mit den Flyern, auch wenn er nicht wusste, woher ich es weiß. Das hab ich ihm erst erzählt, als er bei mir war. Aber er hat sich sofort das Besuchsbuch zeigen lassen."

„Du hättest unter falschem Namen einchecken müssen."

„Sie lassen sich den Ausweis zeigen. Außerdem wollte ich ja Werbung machen."

Nina lachte. „Du glaubst, dass sie dich jetzt noch Firmenfitness dort machen lassen?"

„Hey, drei Stockwerke in drei Minuten. Und außerdem kenn ich das Gebäude jetzt schon."

Dann beugte Lilly sich vor. „Und willst du jetzt wissen, wie's mit

Dominik war?"

Nina schwieg. Klar. Auch das.

„Also", Lillys Blick war verschwörerisch, „es war ein wirklich cooler Abend. Wir waren bis drei Uhr nachts unterwegs. Ich sag dir, die jungen Männer haben Energie." Sie lachte.

„Uuund?"

„Naja, also gelaufen ist nichts zwischen uns."

„Lilly. Was ist los mit dir?"

„Hey, es lag nicht an mir. Ich hab ein paar Andeutungen gemacht, und er hatte seine Chancen. Aber irgendwie ist er mir dauernd … entwischt." Lilly zuckte die Achseln. „Sag mal, kann es vielleicht doch sein, dass er schwul ist?"

Nina musste lachen. „Deswegen? Weil er beim ersten Date noch nichts mit dir angefangen hat?"

„Klar." Lillys Blick war ernst.

„Lilly. Kann er's nicht einfach nur langsamer angehen wollen?"

Lillys Blick war skeptisch. „Das wäre mal was ganz Neues." Dabei sah sie an sich herunter.

„Und wenn du ihm einfach zu …" Nina traute sich fast nicht, es auszusprechen. Ihre Stimme wurde leiser: „… alt bist?"

„Pfff, niemals! Schau mich an. Ich bin in Top-Form. Er bekommt mit mir den Körper einer Neunzehnjährigen gepaart mit der Relaxtheit einer … Frau im perfekten Alter. Das ist doch der Jackpot für einen Jungspund wie ihn. Was sollte ihn daran stören?"

Nina zuckte die Achseln. Was sollte sie Lillys Logik noch hinzufügen?

„Und jetzt?", fragte sie deshalb nur.

„Na, ich bleib erstmal dran an ihm. Der ist schon süß. Sag mal, Nina, du hast ja definitiv kein Interesse an ihm, richtig? Es ist nicht so, dass ich in deinem Revier wildere, stimmts?"

Nina schüttelte den Kopf. „Mach du nur. Der ist mir viel zu jung."

Lilly nickte ein Hab-ich-mir-schon-gedacht-Nicken. „Wollte nur sicher gehen." Dann lächelte sie siegessicher. „Gib mir noch eine Woche. Den krieg ich schon noch."

15. Kapitel: Arbeit

Als Nina ein paar Tage später im Treppenhaus einen kleinen Stapel an

Post aus dem Briefkasten fischte, stutzte sie. Zwischen einigen kleinen Kuverts ragte ein großer brauner DinA4-Umschlag heraus mit Firmenstempel von *Recordance*, zugestellt per Einwurfeinschreiben.

Ninas Herzschlag beschleunigte sich. War das nun Andreas' Rückmeldung? Ein Statement seinerseits? So kurz vor dem Gütetermin? So dick? Und warum per Post? Das konnte nichts Gutes bedeuten.

Sie riss den Umschlag auf.

Ein etwa zehnseitiges Dokument kam zum Vorschein, offenbar in zweifacher Ausfertigung, beide Versionen zusammengehalten von einer Klammer. *Aufhebungsvereinbarung*, stand darauf. Ninas Herz machte einen Satz. Hastig überflog sie die Zeilen.

„Im Nachgang zur arbeitgeberseitigen Kündigung", murmelte Nina, während sie das Schriftstück durchlas, *„vereinbaren beide Parteien, dass … das Arbeitsverhältnis einvernehmlich endet … Beide Parteien verpflichten sich … Außerdem verpflichten sich beide Parteien…"* Puuh, das war einiges an Juristendeutsch.

Maggie im Bauchgurt vor ihr gab ein paar Geräusche von sich. Im doppelten Tempo las Nina weiter. Hier gab es eine Überschrift mit dem Namen *Abfindung*. Nina hielt das Dokument etwas weiter ins Licht der Lampe im Treppenhaus und las still weiter.

Für den Verlust ihres Arbeitsplatzes zahlt der Arbeitgeber an die Mitarbeiterin eine Abfindung in Höhe von – sie stockte - *zwölf Monatsgehältern.*

Nina blinzelte und blickte noch einmal hin. Im Ernst, *Recordance* war bereit, ihr ein ganzes Jahresgehalt als Abfindung zu bezahlen? Da stand noch eine Summe daneben. Sie blies die Luft hörbar aus. Was war das für ein hoher Betrag? Mit einer Hand umklammerte sie den Stapel an Papier, mit der anderen zückte sie ihr Handy und wählte die Taschenrechner-Funktion. Diese Summe hier war fast dreißig Prozent höher als ihr bisheriges Gehalt. Vielleicht war das das Gehalt, das sie als Marketing-Leiterin bekommen hätte?

Und stand das da wirklich? Zur Sicherheit blickte sie noch einmal hin. Ja, das stand da wirklich.

Nina merkte, wie ihr ein riesiger Stein vom Herzen fiel. Denn das bedeutete, es war kein Termin vor dem Arbeitsgericht nötig. Kein wochenlanger Streit, keine Schlammschlacht. Halleluja!

Schnell blätterte sie den Rest des Vertrages durch. Okay, hier gab es noch einiges an Verpflichtungen. Die Klage wegen Benachteiligung sollte sie fallenlassen. Gut, damit hatte sie gerechnet. Sie sollte sich nicht negativ über das Unternehmen äußern, explizit auch nicht auf Arbeitgeberportalen, in den sozialen Medien oder in der Presse. Okay, okay.

Und hier: *Beide Parteien verpflichten sich, über die Inhalte dieser Vereinbarung Stillschweigen zu bewahren ... ansonsten greift eine Vertragsstrafe ...* Okay, geschenkt.

Insgesamt gab es nichts in der Vereinbarung, was sie nicht sofort unterschreiben würde. Erleichtert stapfte sie nach oben in die Wohnung. Erst einmal Maggie stillen. Und dann am besten gleich einen Stift zücken und -

Nina zögerte. Ein Gedanke kam ihr. Sie setzte sich an ihr Laptop und öffnete ihr Email-Programm.

Zum achten Mal innerhalb von sechs Stunden klappte Nina ihr Laptop auf und checkte ihre Emails. Nichts. Sie stützte ihren Kopf in die Hände. Wahrscheinlich hätte sie die letzte Nachricht einfach nicht senden dürfen.

Sie stand auf, um sich einen Tee zu machen. Warum hatte sie die Summe nicht einfach akzeptiert? Das war ein gutes Angebot gewesen. Ach, von wegen ein gutes. Ein richtig tolles. Was, wenn die Verhandlung jetzt abgebrochen war? Aber jetzt war es wohl zu spät für Gewissensbisse.

Margarita wachte auf und gab kleine Tönchen von sich. Nina ging zu ihr und nahm sie auf den Arm. Sie streichelte sie und legte sie an, um sie zu stillen. Gierig trank Maggie und gluckste dabei von Zeit zu Zeit. Nina rieb ihre Nase am Gesicht der Kleinen.

„Du, kleine Maus", flüsterte Nina, „deine Mama streitet sich gerade mit ihrem Arbeitgeber. Aber die haben angefangen.

Naja. Aus deren Sicht hab ich angefangen, indem ich schwanger geworden bin. Das heißt, genau genommen hat alles mit dir angefangen, mein kleiner Schlumpf."

Margaritas Händchen bewegte sich etwas, wie um nach Nina zu greifen. Nina nahm die kleine Hand und streichelte sie.

„Weißt du, sie hatten mir eine Beförderung versprochen. Aber kaum war ich mit dir schwanger, da wollten sie nichts mehr davon wissen. Und zu guter Letzt, da wollten sie mich sogar überhaupt nicht mehr in der Firma haben."

Margarita schien das nicht ultra-spannend zu finden, denn sie entschied, dass sie mit dem Trinken fertig war und schlief auf Ninas Arm ein. Nina legte sie in ihr Bettchen.

„Hast Recht. Langweiliges Zeug. Arbeits-Kram. Aber wenn du das schon langweilig findest, dann solltest du mal Andreas' Präsentationen hören. Da ratzt du innerhalb von Sekunden weg, das sag ich dir."

Das war eigentlich die Idee. Hatte sie Andreas' Stimme als Audiodatei? Das konnte wirklich funktionieren als Einschlafhilfe. Womöglich konnte sie ein Millionen-Geschäft damit machen. Bei dem Bedarf, den es gab…

„Jedenfalls", fuhr Nina fort, obwohl Maggie schlief, „haben sie mir vorhin eine Summe als Abfindung angeboten, die war gar nicht schlecht. Eine Abfindung ist so eine Art Entschädigung, weißt du. Wenn auch nur eine monetäre. Und was hat deine Mama gemacht, Maggie? Deine Mama hat ihnen geschrieben. Dass das ein guter Anfang ist. Aber dass es für eine gütliche Einigung ohne Gerichtstermin mehr sein muss. Dass ich keine zwölf Monatsgehälter akzeptiere. Ich will achtzehn Monatsgehälter."

Maggies Augen blieben geschlossen. Ihr Atem wurde tiefer.

„Du bist nicht schockiert? Okay, das ist schon mal gut. Ich glaube nämlich, das war ein Fehler, Maggie. Ich hätte die zwölf Monatsgehälter nehmen sollen. Julia wird ganz schön böse auf mich sein. Und mit mir schimpfen, Maggie. Und mir erklären, dass jede Richterin mich jetzt für einen Gierschlund halten wird. Und dass das ein ganz, ganz schlechter Schachzug war von mir."

Maggie streckte ihre Ärmchen aus und fand sich offenbar in einer komfortableren Schlafposition ein. Nina seufzte und blickte auf die Uhr. Es war kurz vor neun. Sie beschloss, noch ein letztes Mal für heute ihre Emails zu checken.

Ihr Herz begann, schneller zu schlagen. Eine neue Email war eingegangen! Eine Antwort von Andreas. Sie klickte auf die Nachricht. Und las.

Nina,

unser letztes Angebot war aus unserer Sicht mehr als fair. Wir kennen unsere juristischen Chancen.

Ninas Herz rutschte in den Keller.

Dennoch sind wir bereit, die Summe zu erhöhen und dir final sechzehn Monatsgehälter anzubieten. Bitte betrachte dies als unser allerletztes Angebot. Sollte keine Einigung auf Basis dieser Parameter zustande kommen, kommt es zur Verhandlung im Gütetermin. Solltest du einverstanden sein, gib uns ein Signal, und die aktualisierte Vereinbarung ist übermorgen bei dir im Briefkasten. Dann können wir den Termin vor dem Arbeitsgericht absagen.

Andreas

Jetzt machte Ninas Herz einen Sprung vor Erleichterung. Sie legte den Kopf in den Nacken und schickte ein Stoßgebet zum Himmel.

Sechzehn Monatsgehälter! Sie zückte ihren Taschenrechner. Das war – okay, das war eine richtig stolze Summe. Das war gut. Das war sogar sehr gut.

Sie stand auf und atmete ein paar Mal tief durch. Dann lief sie zu Margaritas Bettchen. Die schlief weiter friedlich vor sich hin.

„Maggie", sagte Nina sanft und streichelte ihrer Tochter liebevoll über den Kopf, „erinnerst du dich an die Geschichte von vorhin? Die, die mit der Sorge der Mama geendet hat, ob ihr früherer Arbeitgeber böse auf sie ist, und ob sie den Bogen überspannt hat?"

Maggie gab ein kleines Geräusch von sich, das an ein Schnarchen erinnerte.

„Maggie, die Mama hat den Bogen nicht überspannt. Die Mama hat für uns noch eine kleine Summe mehr herausgeholt. Freust du dich?"

Wieder gab Maggie ein leises Grunzgeräusch von sich. Na, wenn das keine Zustimmung war.

Nina lachte. Das musste sie Julia gleich schreiben. Und Dominik. Und Lilly. Kein Gütetermin nötig. Das Kapitel *Recordance* war beendet.

Julia freute sich riesig für Nina und rief gleich am nächsten Vormittag an. „Du hast ja vielleicht Nerven. Respekt, dass du diese Mail an die beiden geschrieben hast. Sag mal, willst du vielleicht bei uns in der Kanzlei anfangen?"

Nina lachte. „In der Minute, als ich die Email abgeschickt hatte, dachte ich noch, das war wohl das Dümmste, was ich machen konnte."

„Von wegen. Dreistigkeit siegt ganz oft."

„Also, eigentlich glaub ich, das war alles dein Anschreiben. Sie scheinen wirklich keine Lust auf den Gütetermin gehabt zu haben. Weißt du was, Julia? Ich würde dich wahnsinnig gerne zum Essen einladen. Wenn du möchtest. Als Dankeschön für deine ganze Unterstützung. Neben der vereinbarten Bezahlung natürlich. Und auch die erhöhen wir. Ich würde sagen, von der ganzen Summe, die ich bekomme, geht ein-"

„Nichts da, Nina. Ich bekomme nichts von dir für das bisschen Schreiben und das bisschen Telefonieren. Aber ich nehme sehr, sehr gerne eine Portion Pasta im *Roberto* und vielleicht sogar noch ein Gläschen Wein. E basta."

Sie verabredeten sich für den Freitag der kommenden Woche.

Dann surrte Ninas Handy. Es war Lilly, die ihr schrieb, dass sie am Abend zusammen weggehen würden. Sie, Dominik, auch Martin und einige weitere Freunde von ihm.

Ihr habts gut, feiert nur, schrieb Nina zurück. *Ich wünschte, ich könnte auch mal wieder unterwegs sein abends*

Au wei, Maggie war wach und fing an zu schreien. Schon wieder. Sie lief ins Schlafzimmer, um sie zu stillen.

Am nächsten Tag kam Lilly vorbei.

„Hey, du wirkst tatsächlich schon entspannter", stellte sie fest. „Das ist mein positiver Einfluss, nehme ich an? Oder doch die Erleichterung darüber, dass der Krieg mit deinem Arbeitgeber vorbei ist?"

„Beides." Nina lächelte. „Im Ernst. Du hilfst mir enorm. Und ich glaube, ich versuche nicht mehr so sehr, perfekt zu sein. Ich versuche einfach nur noch, die Dinge so gut zu machen, wie es gerade unter den Umständen möglich ist. Fertig. Ich bestelle eine Menge Essen und koche das, was schnell geht. Und da ich kaum Besuch bekomme – bis auf dich – putz ich auch nicht."

„Ja, das ist mir auch schon aufgefallen." Lilly ließ ihren Blick durch die Wohnung schweifen.

„Nina?"

„Ja?

„Du willst nicht wirklich abends weggehen, oder?"

„Na, wie soll ich denn weggehen? Ihr habt es gut. Ihr seid frei."

Lilly sah Nina an. Dann fing sie an zu lachen.

„Hey, wieso lachst du?", fragte Nina irritiert.

„Im Ernst? Warum ich lache? Nina, du bist doch sonst auch nie weggegangen. Wieso denn ausgerechnet jetzt? War deine Nachricht gestern ernst gemeint?"

Nina schwieg. Dann sagte sie trotzig: „Das stimmt so nicht, dass ich nie weggegangen bin."

„Ach ja? Nina, die Party Queen? Du bleibst bei dieser Story?"

Nina sagte nichts mehr.

Lilly legte ihr eine Hand auf die Schulter. „Hey, sei nicht böse. Ich glaub, ich versteh dich schon. Aber naja… Deine Weggeh-Karriere muss noch etwas auf Eis liegen, fürchte ich. Dafür hat dein Leben gerade andere Vorteile."

Wieder schwieg Nina.

Lilly fuhr fort: „Und schau mal, ist doch ganz gut, dass du dich erstmal auf deine Mama-Rolle konzentrieren kannst. Auch, dass du jetzt erstmal nicht arbeiten musst. Stell dir mal vor, du wärst noch bei *Recordance* eingespannt. Wie würdest du denn das alles hier schaffen, wenn du dazu auch noch einen Job hättest?"

Nina senkte den Blick und biss sich auf die Unterlippe.

Sie wich Lillys Blick aus.

„Nina?"

Nina blickte unschuldig. Sie stand auf und lief zum Fenster. „Also, möglicherweise hab ich in den letzten Tagen ein paar Bewerbungen rausgeschickt."

„Wie bitte?"

„Ich wollte mal sehen, was gerade so ausgeschrieben ist."

„Nina, wann willst du denn arbeiten? Nachts zwischen zwei und vier? Nein, warte, da stillst du, da geht es nicht."

„Bestimmt finde ich bald einen Babysitter. Oder gleich eine Kita, die sich rückmeldet. Idealerweise beides."

„Aber du musst doch gerade gar nicht arbeiten. Wie hoch war deine Abfindung nochmal? Das reicht doch sicher, um dich eine Weile auf die wirklich wichtigen Dinge zu konzentrieren."

Sie deutete zu Maggies Bett hinüber.

„Willst du nicht erstmal deinen Job als Mama in den Griff kriegen? Ich meine, no offense, aber …"

Nina schwieg schuldbewusst. Dann sagte sie zögernd: „Schon. Aber …"

„Aber?"

„Aber ich fühl mich so einseitig gefordert. Ich meine, ich bin NUR noch Mutter. Nicht, dass das nicht ein Vollzeitjob wäre, denn das ist es. Aber mir fehlt es, auch etwas anderes zu tun. Ich würd gern wissen, wie es bei *Recordance* gerade läuft. Ich würd gern an Kundenthemen arbeiten und an Projekten. Ich möchte mal wieder meinen Geist anstrengen. Über Herausforderungen sitzen. Ich will Meetings leiten und Workshops moderieren und Strategien entwerfen und Konzepte. Das fehlt mir. Ich hab das Gefühl, mein Gehirn ist im Urlaub. Und je länger es weg ist, desto besorgter frage ich mich, ob es jemals wiederkommt. Kannst du das nicht nachvollziehen?"

„Also, irgendwie war das ja zu erwarten bei dir."

„Weißt du, die Abfindung, die hilft mir schon. Da hab ich jetzt ein kleines Polster, und ich weiß, ich werde nicht sofort wieder anfangen müssen zu arbeiten. Aber ich will mal wieder meinen Kopf anstrengen. Etwas ausarbeiten. Etwas analysieren. Ein Konzept erstellen."

„Aber", warf Lilly ein, „du bist auch die wichtigste Bezugsperson für die Kleine."

„Ein Grund mehr", erwiderte Nina, „von mir wird sie lernen, wie man ans Leben herangeht. Ich lebe ihr die Frauenrolle vor. Du willst doch nicht, dass sie lernt, dass man seine Bedürfnisse zurücksteckt. Und ich versauere dadurch, werde griesgrämig und geb am Ende ihr dafür die Schuld."

„Sag mal, war deine Elli kürzlich da?"

„Wieso? Das sind alles Dinge, die ich auch selbst so sehe."

„Aha. Na, meine Güte, du brauchst ja eh nicht meine Erlaubnis. Ich würde es wahrscheinlich anders machen und mich jetzt nicht auch noch anderweitig fordern. Aber okay, ich bin dabei. Wir suchen dir einen Job. Weißt du eigentlich, dass ich da eine Coaching-Methode gelernt-"

Abwehrend hob Nina die Hände. „Stop. Erstmal kein Coaching dazu, okay?"

„Na gut, na gut. Hauptsache, du bist eine glückliche, erfüllte Mutti. Keine grummelige, gestresste Mutti. Wenn es sich für dich richtig anfühlt zu arbeiten, dann musst du es eben machen."

Nina lächelte. Jetzt würde sich alles zum Guten entwickeln. Sie würde wieder arbeiten. Schon ganz bald. Und sie freute sich darauf.

Für das Abendessen mit Julia hatte Nina einen Tisch im *Roberto* reserviert, einem netten kleinen Restaurant in Schwabing. Julia kam mit ihrer kleinen Tochter Marie.

„Stell dich darauf ein, dass mindestens ein Geschirrteil zu Bruch gehen wird und mindestens ein Kleidungsstück für immer ruiniert sein wird", sagte Julia fröhlich gleich zu Beginn, während die Kleine mit Schwung auf einem der Stühle Platz nahm.

Marie hatte großes Interesse an dem kleinen Baby, dessen Gesichtchen neben Nina aus einer Trage herauslugte.

„Mama, darf ich das Baby streicheln?"

„Marie, da musst du Nina hier fragen, ob du das darfst. Es ist ihr Baby."

„Natürlich darfst du, Marie. Guck mal, wir nähern uns mal zusammen, okay?"

Marie strahlte glücklich.

Es wurde ein schöner Abend. Die Themen Kinderbetreuung und Kindererziehung auf der einen und Job und Karriere auf der anderen Seite hielten sich ziemlich die Waage.

Marie war ebenfalls in ihrem Element. Sie fühlte sich wie Maggies große Schwester und gab gut acht auf die Kleine.

Zum Abschied bedankte sich Nina noch einmal überschwänglich bei Julia.

Die nahm sie herzlich in den Arm. „Dafür nicht. Und ich hoffe, wir sehen uns bald mal wieder? Es würde mich wirklich freuen, wenn wir in Kontakt bleiben würden."

Ninalinda, können wir uns treffen? Ein Date zu dritt mit deiner Maus?

Etwas stolz war Nina schon auf sich. Die alte Nina hätte die Nachricht ignoriert oder Martin zurückgeschrieben, dass es momentan schlecht sei. Die alte Nina hätte sich zurück ans Laptop begeben und offene Stellen im Marketing gesucht. Die alte Nina hätte eine Rundum-Recherche zu den Unternehmen gemacht, die Positionen ausgeschrieben hatten. Sie hätte ein perfekt auf das Unternehmen abgestimmtes Anschreiben entworfen, das sie der peinlichst genau gestalkten Zielperson im Zielunternehmen zugeschickt hätte, nebst informeller Kontaktaufnahme parallel. Es gab nur einen ersten Eindruck.

Die neue Nina… Nun, die neue Nina wollte genau das ebenfalls tun, zwang sich aber dazu, zuerst Martin zu antworten. Und zwar positiv.

Also, Lunch mit Martin übermorgen.

„Du musst schon etwas auftrumpfen mit deinem Lebenslauf", sagte Lilly, „auf keinen Fall würde ich da reinnehmen, dass du ein Kind hast." Sie warf einen Blick rüber zu Maggies Bettchen. „Sorry. Nichts Persönliches."

Dann wandte sie sich wieder an Nina: „Vor allem: Da steht ja dann *ein Kind,* da steht aber nicht *verheiratet.* Da bist du doch gleich aus dem Rennen."

„Danke", murmelte Nina, und ihr Blick verfinsterte sich.

„Hey", Lilly legte ihr einen Arm um die Schulter, „du musst das aus Personalersicht sehen. Was in deren Augen dort steht, ist *Habe ein Kind, bin nicht flexibel, und außerdem werd ich ständig fehlen, weil die Kleine krank ist.*"

Nina seufzte. „Wahrscheinlich hast du Recht. Zumindest bestätigt die Zahl meiner Absagen deine These. Weißt du, so falsch waren die Stellen nicht. Die Anforderungen hätte ich eigentlich erfüllt. Es muss also einen anderen Grund gegeben haben. Und …", sie ließ ihren Blick ebenfalls zu Maggie hinüber schweifen, „es kann schon sein, dass der Grund zwei Ärmchen, zwei Beinchen und ein lautes Organ hat."

„Du machst es so", Lilly hob einen Zeigefinger, und Nina konnte sich gut vorstellen, wie sie als Trainerin auftrat, „du schickst deinen CV erstmal ohne die Kind-Angabe. Und wenn sie dich dann erstmal gut finden, dann erzählst du ihnen von diesem klitzekleinen Detail. Sie werden vielleicht nicht begeistert sein, aber wenn sie überzeugt von dir sind, dann werden sie es akzeptieren."

„Hmmm", machte Nina. „Es ist nicht wirklich meine Art, unehrlich zu sein. Aber ich fürchte, dass du Recht hast. Ich denke, ich schreibe erstmal gar nichts zu meinem Familienstand in den Lebenslauf. Und dass ich ein Kind habe ... das lass ich einfach weg. Wahrscheinlich hab ich keine andere Wahl, wenn ich einen Job will."

Und sie ließ einen letzten entschuldigenden Blick zu Maggie hinüberschweifen.

Als sie Martin zum Lunch traf, hatte der eine Neuigkeit für Nina.

„Ich werde *Recordance* verlassen."

Nina machte große Augen. „Im Ernst? Wow. Aber ... seit wann bist du-? Du bist doch schon fast von Anfang an dabei."

„Von Anfang an ja. Bis zum Schluss nein."

„Und – was wirst du machen?"

„Ich hab ein paar Angebote zur Auswahl, die echt gut sind. Ich glaub fast, ich war jahrelang unterbezahlt. Aber ich werd mir erstmal eine kleine Auszeit nehmen. Vielleicht etwas reisen. Ehrlich gesagt, vielleicht mach ich mich selbstständig danach. Nur in Projekten zu arbeiten, bedeutet viel mehr Flexibilität. Und ein besseres Einkommen."

„Wow", sagte Nina noch einmal. Und dann: „Weiß es *Recordance* schon?"

„Nein, ich werd es ihnen Ende des Monats sagen. Es ist nicht mehr mein Unternehmen, weißt du. Außerdem", er lächelte charmant, „bist du ja auch nicht mehr da."

Der Kellner kam, um ihre Bestellung aufzunehmen. Beide nahmen die Buddha Bowl. Als er sich entfernte, sagte Martin:

„Ich gratulier dir dazu, dass du eine Abfindung kassiert hast. Und wie ich gehört hab, keine allzu kleine."

„Woher weißt du denn das schon wieder?"

„Eigentlich weiß ich gar nichts. Ich hab nur den Personalkosten-Forecast gesehen, und Andreas hat da einen Posten drin, den ich mir nicht anders erklären kann. Ich hab Steffi danach gefragt, und die hat eine Andeutung gemacht. Respekt, Ninalinda. Das haben die verdient."

Einen Moment lang überlegte Nina. Steffi wusste also auch Bescheid über alles. Was würde sie nun denken? Ob sie enttäuscht war von Nina? Ob sie es illoyal fand?

„Hey, hörst du mir zu? Ich sagte, Steffi soll einen Job in der Geschäftsführung bekommen. Sie sagten, eine Frau stünde dem Unternehmen ganz gut. Ich glaube, sie wollen ihr Image wieder richten nach der Sache mit dir. Hat ganz schön die Runde gemacht, das alles."

„Wow," wiederholte sich Nina und nickte anerkennend. „Steffi in der Geschäftsführung." Sie dachte kurz nach. „Ich denke, das hat sie verdient."

Auf dem Nachhauseweg ging Nina das Gespräch mit Martin nicht aus dem Kopf. Seine Kündigung nach so langer Zeit bei *Recordance*. Steffis Beförderung. Und irgendwie hatte das alles mit ihr zu tun. Mit dieser einen Entscheidung, Maggie zu bekommen. Mit dieser einen Pille, die nicht gewirkt hatte. Mit diesem einen Cocktail, der die Pille um ihre Wirkung gebracht hatte. Verrückt, wie sich alles entwickelt hatte in den letzten Monaten.

Nina sah auf die Uhr. Sie hatte noch einiges geplant für heute. Zunächst mal musste sie ihre Suche nach einem neuen Job intensivieren. Irgendwo dort draußen würde doch wohl eine Stelle auf sie warten. Sie musste sie nur finden. Und parallel dazu endlich eine Kita auftreiben oder eine Tagesmutter, sodass Maggie tagsüber betreut war. Und das Ganze am besten auf bezahlbare Art und Weise. So, und bis das endlich in die Wege geleitet war, brauchte sie einen Babysitter. Oder am besten gleich mehrere? Also, der Spaßteil für heute war vorbei. Jetzt musste sie sich um die Pflicht kümmern.

Um dreiundzwanzig Uhr saß Nina immer noch an ihrem Schreibtisch. Sie hatte sich durch verschiedene Babysitter-Plattformen gesucht, wahrscheinlich um die dreihundert Profile durchforstet und am Ende etwa fünfzehn Personen angeschrieben.

Zusammen mit den Babysittern, die sie in den vergangenen Wochen kontaktiert hatte, machte das jetzt genau… Sie sah in ihrer Tracking-Übersicht nach … ganz genau siebenundvierzig angeschriebene Personen.

Die meisten von ihnen hatten sich noch nicht mal rückgemeldet. Andere hatten geschrieben, dass sie momentan keine Kapazitäten frei hatten. Wieder andere trauten sich Säuglinge nicht zu und machten nur Babysitting für ältere Kinder.

Ab und zu war jemand interessiert gewesen. In dem Fall hatte Nina ein erstes Telefonat vorgeschlagen. Bei diesem Schritt waren wieder einige ausgeschieden, die auf den Vorschlag einfach nicht geantwortet hatten.

Während Nina fleißig war, schlief Margarita friedlich in ihrem Bettchen. Endlich. Vorhin hatte sie Nina schon wieder fast an den Rand ihrer Nerven gebracht. Und jetzt, jetzt sah sie aus wie ein süßes, kleines Engelchen, das kein Wässerchen trüben konnte.

Am nächsten Tag hörte Nina ihr Handy klingeln. Während sie durch die Wohnung lief, überlegte sie: eine der Firmen vielleicht, bei denen sie sich beworben hatte? Nein, es war Dominik. Wow, ihn hatte sie schon eine Weile nicht mehr gehört.

„Hey", sagte er und klang etwas ernster als sonst, „ich hab gehört, es gab Beschwerden?"

„Gab es?" Nina war irritiert.

„Ja, ich hab gehört, da ist jemand der Meinung, er müsste mehr weggehen."

Nina seufzte. Wollte sich da noch jemand lustig machen über sie?

„Also", fuhr er fort, „du gehst am Freitagabend mit mir zum Tanzen."

„Wie bitte?"

„Wir beide gehen tanzen."

„Wir gehen – WAS? Dominik! Ich bin einfach nur müde. Ich bin fix und fertig. Ich-"

„Ich weiß. Ich kann mir das gut vorstellen, Nina. Aber ich bitte dich, gib mir eine Stunde. Und wenn es dir nicht gefällt, dann brichst du wieder auf. Aber ich glaube, du brauchst das."

„Was ich brauche, ist Schlaf, sonst gar nichts."

„Das stimmt nicht. Du musst mal wieder weggehen, Nina. Du brauchst mal etwas anderes als nur dich und die Kleine."

„Okay. Eine Stunde würde ich dir sogar geben. Aber ich nehme stark an, dein Tanzort hat keine Kinderbetreuung. Aaaaaalso – muss ich leider passen."

„Nix da, junge Dame. Ich hab nämlich einen Babysitter für dich. Lilly kommt vorbei."

„Na, das habt ihr beiden ja schön ausgeklügelt."

„Das haben wir. Wir sehen uns morgen um halb acht. Ich würde sagen, an der U-Bahn-Station Hohenzollernplatz? Aufgang Richtung Herzogstraße? Das ist gleich bei dir, oder?"

„Ja, woher weißt du-"

„Lilly."

„Na klar. Äh, warte – was muss ich anziehen?"

„Was Bequemes. Bis dann."

Etwas überrumpelt ließ Nina ihr Handy sinken.

Lillys Rat schien Früchte zu tragen. Aufgeregt öffnete Nina die Email mit dem Betreff *Ihre Bewerbung bei Radlinger – bitte vereinbaren Sie ein Telefoninterview.*

Das Gute momentan war, dass sie viel Zeit hatte für Termine. Am besten vereinbarte sie gleich für diese Woche einen Slot. Was war wohl die beste Uhrzeit? Maggie hatte noch keinen festen Tagesrhythmus. Es war schwer zu sagen, wann sie schlafen und wann sie wach sein würde. Nina musste ihr Glück versuchen und klickte auf eine der angebotenen Uhrzeiten, um ihr Telefoninterview zu buchen.

Als Nina am Abend in ihrem Bett lag und Maggie in ihrem Bettchen neben ihr, dachte sie an ihre Tanzzusage von heute. In ein paar Tagen würde sie also Dominik wiedersehen. Lang genug war es ja her, dass sie ihn zuletzt gesehen hatte.

Irgendwie war er schwer zu greifen. Mit einer Sache hatte Lilly Recht. Er war schon irgendwie ganz süß, auf seine eigene Art und Weise.

Hatte Lilly eigentlich mittlerweile Erfolg bei ihm gehabt? Sie hatte von ihm gar nichts mehr erzählt. Vielleicht sollte sie ihr mal von Julias Einschätzung berichten, dass Lilly durchaus gute Chancen bei ihm haben könnte. Nicht, dass Lilly noch einen Selbstbewusstseins-Booster bräuchte. Obwohl … Wenn sie schon daran gezweifelt hatte, ob er wirklich auf Frauen stand?

Dann war er für Martin also wirklich nur ein Freund und Kollege? Sie dachte an die Zeit im Krankenhaus zurück. Daran, wie Dominik Maggie auf dem Arm gehalten hatte. Und daran, wie Martin Maggie ausgewichen war. Sie lächelte.

Nina zog ihre Decke zurecht. Was sollte sie denn überhaupt anziehen zum Tanzen? Die zeltartigen Sachen, die sie vor Maggies Geburt getragen hatte? Nie im Leben. Auch, wenn das Briefing „bequem" gelautet hatte. Aber Dominik sollte sich ja nicht schämen müssen für sie.

Ob sie in irgendetwas, das sie vor der Schwangerschaft zum Weggehen getragen hatte, überhaupt schon wieder reinpasste?

Und seit wann in aller Welt dachte sie eigentlich darüber nach, was sie anziehen sollte?

Na gut, etwas aufgeregt war sie schon. Wahrscheinlich, weil sie so lange nicht abends weggegangen war. Und jetzt zum ersten Mal seit Maggies Geburt.

Wobei, das hier war ja nur … tanzen. Mit einem Bekannten. Freund. Ach, sie würde jetzt aufhören nachzudenken. Und wenn sie nicht gerade im Gehen einschlafen würde auf dem Weg zur U-Bahn, dann würde das vielleicht sogar ein ganz schöner Abend werden. Zumindest für die, die ihr nicht beim Tanzen zugucken mussten.

Als das Telefoninterview näherkam, wurde Nina doch etwas nervös. Misstrauisch beäugte sie Margarita. Noch eine halbe Stunde bis zum Telefonat und kein Anzeichen von Müdigkeit bei ihrer Tochter. Sie könnte sie nochmal stillen, das würde sie bestimmt müde machen?

Da. Moment. Margaritas kleine Händchen rieben an ihren Äuglein. Ein eindeutiges Signal dafür, dass sie müde war. Nina begann, ihren Arbeitsplatz in der Küche vorzubereiten. Ein Glas Wasser, ein Block, ein Stift, die Notizen zum Unternehmen auf dem Laptop abrufbereit vor sich. Noch fünfundzwanzig Minuten bis zum Termin.

Maggies Äuglein waren jetzt auf Halbmast. Nina strahlte. Sie konnte ihr Glück kaum fassen. Das musste Schicksal sein! Jemand dort oben im Himmel wollte, dass sie diesen Job bekam.

Zehn Minuten vor dem Telefonat schlief Margarita endgültig tief und fest.

Als ihr Handy vibrierte, warf Nina einen letzten Blick auf die kleine

Maus. Die schlummerte jetzt friedlich vor sich hin. Vorsichtig schlich Nina aus dem Raum und an ihren Arbeitsplatz in der Küche.

„Hallo Frau Bechtle, Meiners hier, Firma Radlinger. Sie haben sich bei uns beworben, und ich wollte Ihnen gerne ein paar erste Fragen stellen. Danke, dass Sie sich dafür etwas Zeit genommen haben."

„Hallo Frau Meiners. Sehr gerne, ich hab mich schon gefreut auf unser Telefonat." Nina lächelte. Mit der letzten Hürde, die genommen war, jetzt wo Margarita schlief, stimmte das sogar.

Die Personalerin fing an, ihr erst einmal Informationen zum Unternehmen zu geben, anschließend zum Job, um ihr dann ein paar Fragen zu ihrem Hintergrund zu stellen. Hatte sie hiermit schon zu tun gehabt, hatte sie damit schon zu tun gehabt. Was hatte ihr am meisten Spaß gemacht in ihrer letzten Position, was weniger. Warum nicht? Was war ihr wichtig an einem Unternehmen, was brachte sie vor allem als Stärke mit. Warum wollte sie jetzt wechseln?

Das war eine heikle Frage. Nina hatte *Recordance* noch als aktuellen Arbeitgeber angegeben, denn die Frist bis zum Beendigungsdatum lief noch. Einen Rechtsstreit wollte sie auf keinen Fall erwähnen, sie wollte ja künftige Unternehmen nicht abschrecken. Da sie Maggie im Lebenslauf nicht angegeben hatte, konnte sie aber auch den Mutterschutz nicht erwähnen.

„Mir gefällt der Job sehr bei *Recordance*", sagte sie deshalb. „Aber ich wünsche mir etwas mehr Perspektive. Und die, glaube ich, finde ich eher in einem etwas größeren Unternehmen wie Ihrem. Noch dazu bei Ihrer Wachstumsstory und den Plänen zum Ausbau, von denen ich in der Presse gelesen habe. Ich möchte sehr gerne Teil dieser Erfolgsgeschichte sein und meinen Teil dazu beitragen, dass es weiter so steil bergauf geht mit Ihrer Firma."

Stille. Dann hörte sie die Personalerin. „Hm-hm, ich verstehe." Wieder Stille. Jetzt bloß nicht zu viel sagen. Nicht verplappern. Irgendwie die Stille aushalten.

Nach einem Moment fuhr Frau Meiners gut gelaunt fort. „Okay, Frau Bechtle, dann hab ich eigentlich nur noch ein paar kurze Standardfragen an Sie, die einen möglichen Eintrittstermin betreffen und Ihre Gehaltsvorstellung. Ich fange mal an mit" -

Ein jähes lautes Geräusch drang aus dem Schlafzimmer. Nina

erstarrte. Margarita!

Sie lief zur Schlafzimmertür, das Handy noch am Ohr. Verdammt, Margarita war aufgewacht und hatte ein lautes Geschrei angestimmt. Ausgerechnet jetzt. Ob sie das nebenbei handeln konnte, ohne dass die Personalerin etwas mitbekam?

Was sollte sie tun? Einfach die Tür zulassen und möglichst weit weg gehen? Das Gespräch war doch eh fast zu Ende. Nein, das konnte sie nicht, das hatte Maggie nicht verdient. Das Gespräch abbrechen? Nein, dann konnte sie den Job gleich vergessen.

„Äh", sagte Nina, „Frau Meiners, Entschuldigung, warten Sie bitte ganz, ganz kurz?" Sie schaltete sich auf stumm. Dann legte sie ihr Handy auf den Boden und nahm Margarita aus dem Bettchen.

„Heeeeeyyyy, sch-sch-sch-sch-sch", machte sie und wippte die Kleine sanft auf ihrem Arm. Margaritas Köpfchen suchte, und Nina schob ihr T-Shirt etwas hoch, um die Kleine zu stillen. Dann nahm sie ihr Handy wieder auf.

„Frau Meiners? Entschuldigung. Es tut mir sehr leid, die kleine Unterbrechung."

„Gar kein Problem. Sind Sie gerade am Babysitten?"

„Ich-" Was sollte sie jetzt sagen? „Ja."

„Das ist aber nicht Ihr Kind, oder?" Die Personalerin lachte, als sie es sagte.

Nina schwieg.

„Frau Bechtle? Das ist aber nicht Ihr Kind, oder?" Jetzt lachte die Personalerin nicht mehr.

Nina legte den Kopf in den Nacken und seufzte kurz. Dann sagte sie es. „Es ist … doch, es ist mein Kind."

Stille.

Sollte sie noch etwas sagen? Dass sie alles im Griff hatte? Dass das Kind betreut werden würde, während sie arbeiten würde? Dass eine Situation wie diese niemals mehr vorkommen würde?

Die Stimme der Personalerin klang weiter routiniert. „Ach, sagen Sie mal, haben Sie das eigentlich in Ihrer Bewerbung angegeben, dass Sie ein Kind haben? Ich hab das wahrscheinlich einfach überlesen."

„Oh, ich … ich muss sagen, ich weiß gar nicht mehr, ob ich das…"

„Wissen Sie was? Kein Problem. Sie kümmern sich jetzt am besten um Ihr Kind, wir sind eigentlich eh durch soweit. Und ich melde mich dann einfach wieder bei Ihnen, ja? Auf Wiederhören, Frau Bechtle."

Nina wollte ansetzen zu antworten, doch die Dame hatte schon aufgelegt.

Beschämt saß Nina da. Margarita trank noch an ihrer Brust, friedlich und selbstverständlich, die Augen geschlossen.

Langsam dämmerte es Nina. ‚Satz mit X', dachte sie und seufzte. Was für ein mega-mega-mega-schlechtes Timing.

„Margarita", flüsterte sie leise und strich ihrer Tochter über das Köpfchen, „das üben wir noch, wir beide, okay?"

„Ach, das nächste Mal klappt es." Das war Lillys Meinung dazu. „Maggie wird schlafen, oder du hast schon einen Babysitter für tagsüber, und die Sache ist geritzt. Außerdem … vielleicht meldet sich diese Trulla ja auch noch. Sie wollte dich nur in Ruhe stillen lassen, meinst du nicht?"

„Äh - nein, Lilly, das meine ich nicht. Das wird so nicht klappen. Ich ärgere mich darüber, dass ich gelogen hab. Das war vielleicht sogar das Schlimmste an allem. So wird das nichts mit dem Job."

„Anders wird es aber auch nichts mit dem Job, wie wir gesehen haben. Es ist nur ein Detail. Kind ja oder nein, das kann man doch mal vergessen im Lebenslauf."

„Es ist nicht nur ein Detail. Es geht um Vertrauen. Wie soll eine Beziehung zwischen Mitarbeiter und Arbeitgeber langfristig funktionieren, wenn eine Partei von Anfang an nicht mit offenen Karten spielt? Genau das hat mich geärgert an *Recordance*. Sie waren nicht ehrlich zu mir. Sie wollten mich für dumm verkaufen. So funktioniert das nicht."

„Hmmm," machte Lilly. Sie klang noch nicht überzeugt.

„Ich werde meine Taktik ändern", fuhr Nina fort. „Ich werde offen und transparent die Karten auf den Tisch legen. Geradlinig sein. Fair spielen. Und ich muss mehr Druck in die Babysitter-Suche bringen."

Die Email-Absage der Firma Radlinger kam am nächsten Abend. Nina war nicht überrascht. Wobei – die Firma *Radlinger* warb auf LinkedIn mit einer überdurchschnittlichen Familienfreundlichkeit, hatte sie gesehen.

Egal. Vielleicht sollte sie anfangen, auch nach anderen Positionen zu suchen. Nur, um schon mal irgendetwas zu haben. Dann könnte sie sich intern weiterbewerben nach einer Zeit. Oder sähe das blöd aus im Lebenslauf?

Hier wurden Empfangskräfte gesucht. Eine Menge Assistenzen. Und Office Manager.

Sie begann, noch mehr Foren und Jobseiten zu durchforsten, suchte in den Social Media, ging in der Zeitung auf die Suche nach expandierenden Unternehmen. Und doch vergingen die Tage ohne positive Nachricht. Im Gegenteil. Anscheinend war sie am untersten Ende der Nahrungskette angekommen. Musste sie denn jetzt betteln dafür, irgendwo einen Empfangsjob zu bekommen? Bis vor kurzem noch sollte sie Marketing-Leiterin werden. Alles war so klar gewesen. Der Weg war deutlich vor ihr gelegen. War sie denn als Mutter völlig uninteressant für den Arbeitsmarkt?

Ich hab eine Idee, schrieb Lilly ihr, *du findest eine Firma mit eigener Kita.*

Als ob sie daran nicht schon längst gedacht hätte. Aber auch diese Firmen mussten sie erst einmal interessant finden. Nina schlug ihr Laptop zu und vergrub ihren Kopf in den Händen. Sie würde eins von zwei Dingen brauchen, so viel stand fest: entweder eine Menge Glück - oder eine bessere Strategie.

„Mäuschen", versuchte Nina Margarita zu beruhigen, „magst du denn nicht wieder schlafen, hmm? Guck doch, wie schön deine Kuscheldecke ist und wie flauschig. Magst du dich da nicht reinkuscheln und nur ein bisschen schlafen? BITTE!"

Sie merkte, wie sich langsam Druck in ihr breitmachte.

In einer Stunde war sie mit Dominik verabredet. In einer Stunde aber würde sie immer noch hier sitzen, wenn das so weiterging, im Schlabberlook, mit ungewaschenen Haaren. Duschen musste sie auch noch. Und einen kleinen Happen essen. Und wenn Lilly hier auftauchte und den Berg an ungewaschener Wäsche sah … So konnte sie niemanden reinlassen in die Wohnung.

Und sie war so unfassbar müde.

Was war eigentlich schiefgelaufen? Heute Nachmittag hatte sie noch gedacht, sie sei gut in der Zeit. Sie hatte Jobs recherchiert und

Bewerbungen verschickt. Sie hatte auf LinkedIn Marketing-Leiter kontaktiert. Dann hatte sie auf die Uhr gesehen und gedacht, jetzt könnte es langsam Zeit sein, sich vorzubereiten. Und dann? War alles anders gekommen. Maggie war dazwischengekommen.

Ihre Tochter schien Mitleid mit ihr zu bekommen. Sie schluchzte noch ein paar Mal, wie um ihren Punkt zu unterstreichen, und schien dann wirklich müde zu werden. Jetzt aber schnell, dachte Nina. Womit anfangen? Am besten im Bad. Sie sauste los.

Ein prüfender Blick auf die kleine Margarita – die hatte den Kopf zur Seite gelegt, die Ärmchen nach oben ausgestreckt und die Augen geschlossen. Volltreffer.

Innerhalb von acht Sekunden stand Nina unter der Dusche, fast gleichzeitig shampoonierte sie ihre Haare und seifte sich ein. Jetzt nur noch etwas Wasser – so, das musste reichen! Und schon konnte sie sich abtrocknen und weiterflitzen zur nächsten Station.

Als sie das Wasser abstellte, hörte sie es: „Huuuuuuäääääääääähhhhhhhhhh!"

Das durfte nicht wahr sein, nicht schon wieder! Notdürftig trocknete Nina sich ab, kletterte aus der Badewanne und schnappte nach ihrem Bademantel. Nicht ausrutschen jetzt. Ein paar Sekunden später war sie bei der Kleinen. Die schrie mit empörtem Gesichtchen aus Leibeskräften.

„Maus", Nina war den Tränen nahe, „Maus, ich dachte, du schläfst jetzt endlich mal! Was ist denn nur los mit dir?"

Als sie die Kleine hochnahm, fing die sofort an, suchende Kopfbewegungen zu machen.

„Okay, verstanden, du hast Hunger – SCHON WIEDER!"

Nina legte sie seufzend an. Wenn die Kleine Hunger hatte, wusste sie wenigstens, was sie tun konnte, um sie zu beruhigen.

Eine Viertelstunde später wurde Nina nervös. Maggie sah nicht so aus, als hätte sie keinen Durst mehr. Wobei… Sie könnte versuchen, sie abzusetzen und ihr einen Schnuller zu geben. Mit einer Hand fischte Nina nach einem Behälter mit Baby-Utensilien und zog einen hellblauen Schnuller mit Dino-Motiv heraus. Vorsichtig löste sie Maggie von ihrem Körper und versuchte, ihr den Schnuller in den Mund zu schieben.

Mit einem Satz spuckte Maggie den Schnuller wieder aus. Direkt darauf folgte ein lautes Wutgeschrei.

„Na gut. Dann halt nicht."

Mit einem Arm klemmte Nina die Kleine unter ihrem Arm fest, die sofort wieder anfing zu trinken. Dann stand Nina auf und ging ins Bad zurück – immer der nassen Spur auf dem Boden folgend.

Irgendwie musste sie versuchen, sich mit einer Hand zu schminken. Das ging sogar weitgehend, stellte sie fest. Aber es dauerte unglaublich lang, und Nina wurde zunehmend nervöser. Jetzt ließ die Kleine langsam von ihr ab und ließ müde ihr Köpfchen sinken. Endlich. Nina verstaute sie im Beistellbettchen.

Verdammt – ein Fläschchen musste sie auch noch zubereiten! Lilly hatte bestimmt keine Ahnung, wie sowas funktionierte.

Und jetzt noch ganz schnell die erste Ladung Wäsche in die Maschine. Das sah sonst aus wie eine Messi-Wohnung, und Lilly war super-ordentlich. Okay, und das Geschirr hier, das musste unbedingt schnell noch in die Spülmaschine.

Und wäre es nicht an der Zeit, sich anzuziehen? Aber was denn überhaupt? Nein, erst die Haare föhnen. Obwohl… Wichtiger war das Schminken. Hastig griff Nina nach ihrem schwarzen Kajal. Mit einer Hand zog sie ihr Augenlid etwas auseinander, mit der anderen setzte sie den Kajal an. In dem Moment klingelte es. Auch das noch. Verrutscht. Meine Güte, sie sah aus, wie Harald Glöckler.

Okay, aber vielleicht ganz gut, wenn Lilly schon etwas früher hier war. Obwohl es erst – sie sah auf ihre Uhr – ach, du meine Güte, tatsächlich, es war schon viertel vor acht!

Sie betätigte den Türöffner. Ein Blick in den Spiegel verriet ihr die ungeschönte Wahrheit. Da stand sie, noch in den kurzen Bademantel gehüllt. Ihre Haare, halbnass, standen ab wie ein Besen. Und ihr Gesicht sah aus wie das eines Zombies. Wobei Zombies in den Filmen selten so einen gehetzten Blick draufhatten.

Sie hörte Schritte auf der Treppe. In der Tür stand plötzlich - Dominik.

Nina erstarrte. Ihr Gesicht wurde heiß.

Dominik sah sie verwundert an. Dann lachte er fröhlich. „Du siehst… noch etwas gestresst aus."

„Dominik", seufzte sie und blickte ihn unglücklich an. „Es tut mir leid. Ich hink so dermaßen hinterher mit allem. Ich glaub, ich bräuchte nochmal zwei Stunden mehr, bis ich fertig bin. Weißt du, die Kleine schreit andauernd, und ich komme zu nichts."

Dominik trat ein und blickte hinüber zum Beistellbett, in dem die kleine Margarita friedlich lag. Dann blickte er wieder zu Nina.

„Ja, jetzt ist sie ruhig, aber das ist das erste Mal seit zwei Stunden." Dominik musste sie für verrückt halten.

Aber der lächelte nur. „Weißt du was? Kein Stress. Ich bin ja jetzt hier. Wenn du magst, dann machst du dich erstmal fertig. Ist Lilly noch gar nicht da?"

Es klingelte.

Nina wollte zur Tür, aber Dominik hob die Hand. „Ich mach das schon, konzentrier du dich aufs Anziehen. Oder… auf was du dich gerade konzentrieren wolltest."

„Es tut mir so leid. Wir werden zu spät kommen, oder?"

„Na und? Gechillt."

Lilly erschien in der Tür.

„Hey Nina, alles klar? Oh, Dominik."

Die beiden begrüßten sich mit Küsschen. Nina wandte sich ab.

„Hast du schon ein Fläschchen gemacht?", fragte Dominik.

„Nein", sagte Nina unglücklich.

„Kein Problem", beruhigte Dominik sie. „Du gehst ins Bad, ich mach ein Fläschchen, und falls die Kleine Hunger bekommt, dann sind wir ja da, Lilly und ich."

Ungläubig sah Nina ihn an. „Wirklich? Du weißt, wie das geht, Fläschchen machen? Also, du musst zuerst-"

„Bekomm ich schon hin", unterbrach Dominik sie. Wieder musste er lachen. In Ninas Blick lag eine Mischung aus komplettem Unglauben und riesiger Hoffnung.

„Also, bei meiner Schwester hab ich das auch ein paar Mal hinbekommen. Naja, meistens …", murmelte er, als Nina hinter der Badezimmertür verschwand.

Herrlich, dachte Nina. Die Haare in Ruhe föhnen, den missglückten Lidstrich abschminken, Gesichtscreme auftragen und dann Make-Up.

Zwischendurch horchte sie von innen an der Badezimmertür. Alles still draußen. Einmal öffnete sie die Tür vorsichtig und spähte hinaus. Dominik und Lilly saßen neben dem Bett der Kleinen im Wohnzimmer und unterhielten sich. Maggie schlief friedlich. Was für ein Bild. Erleichtert schloss sie die Tür wieder und legte letzte Hand an ihre Haare.

Fünfzehn Minuten später kam sie vorsichtig aus dem Bad heraus und tapste hinüber ins Schlafzimmer. Ein paar Griffe in den Kleiderschrank, und sie war fertig.

„So, wir können los."

Okay, also, WIE heißt der Tanz nochmal?" Nina saß Dominik in der U-Bahn gegenüber.

„Der Tanz heißt Zouk. Und es ist der schönste Tanz auf der Welt. Sehr weich und intuitiv."

Intuitiv. Hätte er das mal vorher gesagt. Das war definitiv nicht ihr Tanz.

Nina fiel etwas ein. „Ich hab diese Tanzschuhe hier noch daheim gefunden. Ziemlich weit hinten im Schrank, aber in tadellosem, fast unangetastetem Zustand."

Sie zog zwei silbern glänzende Salsa-Schuhe aus ihrem Rucksack.

Dominik nahm einen der Schuhe in die Hand. Er untersuchte ihn fachmännisch von allen Seiten.

„Schön. Lass mich raten. Standard- und Latein-Tanzkurs vor fünf bis sechs Jahren. Du hast zuerst den Grund- und Fortschrittskurs gemacht. Du hast viel geübt damals, auch daheim vor dem Spiegel. Dann hast du Bronze und Silber absolviert. Gerade, als du den Goldkurs ebenfalls machen wolltest, gab es ein Thema mit deinem Tanzpartner. Er hatte sich in dich verliebt, und du bist lieber auf Abstand gegangen. Das war dann leider das Ende deiner Standard- und Latein-Tanzkarriere."

„Und das siehst du alles an diesem Schuh?"

De facto war ihr Tanzpartner aus Jobgründen nach Ingolstadt gezogen und hatte dort weiter getanzt. Und eigentlich war eher Nina in ihn verschossen gewesen als andersherum.

„Das seh ich alles an diesem Schuh."

Dominik gab Nina den Schuh zurück. „Die Schuhe sind mega. Aber du wirst sie nicht brauchen."

„Werde ich nicht?"

„Nein. Zouk tanzt man meistens mit flachen Schuhen. Du kannst deine Sneakers verwenden. Dann hast du mehr Bodenhaftung."

An der nächsten Station stiegen sie aus. Nach ein paar Gehminuten trafen sie auf ein weißes Gebäude, in dessen Sous-Parterre sich offenbar ein Tanzstudio befand. Schon von draußen waren Beats und Sound zu hören. Ein Bass, der Nina doch etwas neugierig machte. Dominik betätigte eine Klingel, und ein automatischer Summer ertönte. Sie traten ein ins Treppenhaus.

Als sie ein paar Stufen hinabstiegen, wurde die Musik lauter. Melodischer. Durch eine weiße Eisentür sah man gedämpftes Licht.

Dominik öffnete auch diese Tür, und der geballte Sound eines weich klingenden R&B Songs dröhnte ihnen entgegen.

Der Raum, in den sie hineintraten, war dunkel. Ein paar bunte Neonlichter an der Decke waren an, sonst nichts. Nina sah mehrere Tanzpaare auf einer etwa vierzig Quadratmeter großen Tanzfläche.

Sie bewegten sich eng und weich. Gebannt sah Nina ihnen zu.

„Und?" Dominik beugte sich zu ihr herab.

„Das ist wie eine Szene aus Dirty Dancing."

„Ja. Nur ohne Patrick und Jennifer. Dafür gleich mit uns. Komm, wir legen unser Zeug da drüben ab."

Nina folgte Dominik. Ein paar Leute, die auf den Stühlen neben der Tanzfläche saßen, begrüßten Dominik, und er grüßte zurück. Sobald sie ihre Sachen losgeworden waren, zog Dominik Nina auf die Tanzfläche.

„Warte, ich glaub, ich würd erstmal gern-"

„Nichts da. Wir sind nicht zum Gucken hier. Ich zeig dir den Grundschritt, okay?"

Sie positionierten sich auf der Tanzfläche. Er nahm ihre Hände und legte sie auf seine Schultern. Seine Hände legte er auf ihren Rücken. Sie roch sein Aftershave.

„Ist schon eher ein enger Tanz, oder?"

„Ja."

Sie sah sein Gesicht im Halbdunkeln.

„Aber wenn es dir unangenehm ist – wir können auch mehr Abstand lassen. Ich stell mir einfach vor, du wärst noch schwanger, und da wär ein dicker Bauch zwischen uns."

„Nönö … alles gut."

Nina versuchte, Dominik im Rhythmus zu folgen.

„Lang, kurz kurz. Lang, kurz kurz." Allmählich kam sie rein in den Tanzschritt.

„Versuch, ein kleines bisschen lockerer zu sein", sagte Dominik nach einer Weile."

„Jaaa-haaa! Mann, wenn ich jedes Mal, wenn mir jemand beim Tanzen diesen Satz gesagt hat, einen Euro angelegt hätte, dann bräucht ich jetzt überhaupt nicht mehr arbeiten!"

„Oha, Frau Bechtle, sind wir da etwas empfindlich?"

„Also, wenn ich versuche, locker zu sein, bin ich sofort noch unlockerer."

„Okay, verstehe. Dann versuch mal, mehr in die Musik reinzuhören."

„In die Musik reinzu- Dominik, ich tu mein Bestes. Aber Du hast mit mir einen Pinguin als Tanzpartnerin erwischt, tut mir echt leid für dich."

„Besser ein Pinguin als eine Gans, wenn du mich fragst."

Er drehte sie fröhlich um die eigene Achse.

„Willst du weitermachen?", fragte er, als der Song das erste Mal wechselte.

„Klar. Wir haben doch gerade erst angefangen."

„Okay. Ich probier mal ein paar Figuren, okay? Mach einfach das, wonach es dir scheint. Wenn es nicht funktioniert, ist es meine Schuld, dann hab ich dich falsch geführt."

Sie tanzten für zwei weitere Songs.

„Sollen wir was trinken? Ich besorg uns was, okay?"

Sie gingen zur Bar, dann setzten sie sich auf zwei Stühle mit Blick auf die Tanzfläche. Eine schlanke, dunkelhaarige Frau erschien von der Seite und hielt Dominik auffordernd die Hand hin.

Fragend sah Dominik Nina an. „Ist das okay für dich? Ich mache ein, zwei Tänze, dann bin ich wieder da, ja?"

Nina nickte und sog gleichzeitig an ihrem Strohhalm. Das Tanzen und die Hitze im Raum hatten sie durstig gemacht. Sie sah den beiden zu, wie sie auf die Tanzfläche gingen und begannen, sich zur Musik zu bewegen.

Dominik hatte Recht gehabt. Dieser Abend war genau das, was sie brauchte. Sie spürte immer noch, dass sie müde war, aber da hatte sich etwas über die Müdigkeit gelegt. Die Musik, der Beat, die Dunkelheit, in die sie sich fallen lassen konnte, die weichen Bewegungen dieses Tanzes. Und Dominiks Nähe. Vielleicht lag es an der Dunkelheit oder daran, dass beim Tanzen er die Erfahrung mitbrachte... Aber irgendwie kam er ihr gerade gar nicht mehr so jung vor.

„Willst du gehen?", fragte Dominik. „Deine Stunde ist schon lang um."

„Ich will nicht gehen. Wir bleiben bis zum Schluss, okay?"

Er lächelte. „Okay", sagte er, nahm ihre Hand und zog sie wieder auf die Tanzfläche.

Sie liefen schweigend nebeneinander her. Dominik hatte darauf bestanden, Nina nach Hause zu bringen.

Waren sie nur beide müde? Warum sagte er nichts? Sie hatten keine zehn Worte miteinander gewechselt, seit sie das Tanzstudio verlassen hatten. Und alle Worte waren Kommentare über das um die Zeit fast leere Abteil in der U-Bahn gewesen.

„Also", Nina räusperte sich, „danke, dass du mich zum Zouk mitgenommen hast. Das war wirklich ein schöner Abend."

„Das freut mich."

Sie zögerte kurz. „Dominik", sagte sie dann.

„Ja?"

„Es gibt keinen Partner."

„Wie?"

„Es gibt keinen Partner. Ich hab keinen Partner. Maggies Vater."

„Ach so, ja. Ich weiß."

„Wie bitte?"

„Lilly hat's mir gesagt."

„Hallo?"

„Ich hab sie mal gefragt."

„Wann?"

„Ist schon ein bisschen her. Ich glaube," er sah sie von der Seite an, „ziemlich kurz, nachdem du mir diesen Satz reingedrückt hattest."

Verständnislos blinzelte Nina.

Er verstellte seine Stimme. „Ausgerechnet dich hält sie für den Vater. Höhöhöhö. Wie lustig." Er lächelte sie an. „Sounds familiar?"

Sie schüttelte den Kopf. „Was meinst du damit?"

„Na, das waren doch deine Worte im Krankenhaus. Als die Schwester reingeguckt hat. Gesagt hat, der Papa dürfte noch bleiben. Und mich für den Papa gehalten hat."

„Wirklich?"

„Hm-m. Ich hab Lilly mal beim Weggehen gefragt, ob dein Freund oder Mann so eine Art Superman ist, wenn du solche Sprüche loslässt. Und falls ja, wieso er sich dann eigentlich nie blicken lässt."

Nina schwieg.

„Na, wie auch immer. Da sagte sie mir, es gäbe keinen Partner mehr. Find ich übrigens cool, dass du es trotzdem durchgezogen hast. Maggie hätte es nicht verdient gehabt, nicht auf die Welt zu kommen, nur weil irgendjemand ein echter Lauch gewesen sein muss."

Sie hatten Ninas Eingangstür erreicht und blieben stehen. Nina drehte sich zu Dominik.

„Auch nochmal sorry dafür, dass ich vorhin so ein Häufchen Chaos war. Als du mich abgeholt hast. Gut, dass du nicht weggelaufen bist, als ich dir im Zombie-Look die Tür aufgemacht hab."

„Och, also eigentlich sahst du ganz sexy aus in deinem Bademantel. So könntest du mir eigentlich mal wieder die Tür aufmachen."

Äh – wie bitte? Flirtete er da gerade mit ihr?

„Das mach ich nur, wenn du mir im Gegenzug Privatunterricht im Tanzen gibst. Das darfst du übrigens auch sehr gern im Bademantel tun."

„Soso. Weißt du eigentlich, dass ich ganz schön gefragt bin als Privatlehrer? Und dass meine Stunden ganz schön teuer sind? Können Sie sich das überhaupt leisten, junge Dame?"

„Hey, ich hab dank deiner Schwester eine fast schon nicht mehr in Zahlen erfassbare Abfindung kassiert, weißt du nicht mehr? Ich denke wohl, dass ich mir davon ein paar Tanzstunden im Bademantel bei Ihnen leisten kann, junger Mann."

Sie stellte sich vor ihn und sah in seine dunkelbraunen Augen. Es war gar nicht so leicht, wieder wegzusehen, wenn man einmal in diese dunkelbraunen Augen blickte. Auf der anderen Seite … vielleicht wollte sie auch gar nicht so bald wieder wegsehen.

„Und wer sagt eigentlich, dass es Geld ist, was ich von dir will, hmm?"

Er trat noch näher an sie heran.

„Du willst kein Geld von mir? Das ist ja allerhand."

Warum musste er sie nur so ansehen? Das schien irgendeinen Aus-Schalter in ihrem Gehirn zu betätigen.

„Nein, Geld ist völlig unspannend."

Seine Stimme war mehr ein Raunen und plötzlich ganz nah.

„Was stellst du dir denn vor, das spannender ist als mein Geld?"

Ihr Blick streifte für einen kurzen Moment seinen Mund.

„Ehrlich gesagt, ich stell mir grad eine ganze Menge vor."

Seine Hände berührten wie zufällig ihre Hüften.

„Sag mir, was du dir vorstellst."

Sie konnte jetzt seinen Atem spüren, so nah waren sie einander.

„Vielleicht zeig ich dir das einfach direkt mal. Ist nämlich viel anschaulicher. Oder was meinst du?"

Sein Gesicht näherte sich ihrem.

„Anschaulichkeit ist ganz wichtig."

Nina schloss die Augen. Sie küssten sich.

Sie wusste nicht, wie lange sie so vor dem Haus gestanden hatten. Auf einmal hob Dominik seinen Kopf.

„Aber ich muss schon sagen," seine Stimme klang jetzt vorwurfsvoll. „viel zu jung bin ich dir, hast du zu Lilly gesagt? Also für jemanden, der gerade sein Unternehmen auf Diskriminierung verklagt hat, bist du wirklich ganz schön-"

„Ich weiß. Ich bin ganz schön old-school. Ich glaub, ich brauch einfach noch mehr hiervon."

Sie zog ihn wieder an sich.

Im Eiltempo lief Nina die Treppe zu ihrer Wohnung hinauf. Wieso war sie plötzlich überhaupt nicht mehr müde?

Auf den letzten Stufen konnte sie es auf einmal kaum noch erwarten. Als sie aufschloss, war es dunkel. Nur ein kleines Licht brannte im

Schlafzimmer. Nina trat ein. Maggie lag in ihrem Baby-Bettchen und schlief tief und fest. Auf dem Bett lag Lilly. Sie schlief ebenfalls, halb sitzend und halb liegend. Nina ließ sie schlafen.

Sie stellte sich vor das Babybett und sah Maggie an. „Meine Maus", flüsterte sie, „ich hab dich so vermisst, meine Süße. Ich hab dich so vermisst. Ich bin so glücklich, dass du da bist."

Zehn Minuten später lag sie ebenfalls im Bett. Sie war müde und gleichzeitig aufgedreht. Vom Beat der Musik, vom Tanzen und von Dominik. Sie fühlte sich wie auf Wolken. So würde sie niemals schlafen können.

Zwei Minuten später war Nina eingeschlafen.

Nina war mit Maggie zusammen Frühstück holen. Als Dankeschön für Lillys Babysitter-Einsatz. Was würde Lilly essen? Overnight Oats, einen frisch gepressten Smoothie und Obst? Okay, das waren Dinge, die ihr wahrscheinlich auch guttun würden. Also eine doppelte Portion von allem.

Als sie daheim ankamen, war Lilly gerade mit Yoga beschäftigt.

„Hey, ihr zwei", sagte sie aus dem herabschauenden Hund heraus. „Ich dachte schon, Maggie ist mir heimlich nachts abgehauen, als ich heut Morgen aufgewacht bin und sie nicht im Bettchen lag."

Nina lachte. „Oh, sorry. Ich hätte dir ne Info schicken müssen, dass wir unterwegs sind. Aber wir wollten dich doch überraschen."

Sie begann, die Frühstücks-Utensilien auf dem Tisch auszubreiten.

Lilly sah Nina aus der Kobra heraus an. „Sag mal, du strahlst ja heute richtig. Der Abend gestern war schön, oder?"

„Ja", lächelte Nina, „das war er."

Lilly stand auf und rollte das Handtuch zusammen, das sie als Yoga-Matte benutzt hatte.

„Also, wenn ich deinen Gesichtsausdruck richtig deute, Nina, dann weiß ich jetzt auch, warum meine Annäherungsversuche auf Granit gestoßen sind bei ihm."

16. Kapitel: Ein Interview

Die Stunde der Wahrheit war angebrochen. Nina war nervös. Das war ihr erstes physisches Job Interview seit Jahren. Damals, ohne Kind, da war sie selbstbewusst gewesen. Und ehrlich. War das jetzt noch die beste Strategie, Ehrlichkeit? Auch jetzt noch, mit einem Handicap? Denn Hand auf Herz, in der Welt der Arbeit und der möglichen Karrieren war Maggie ein Handicap.

Nach den Unmengen an Bewerbungen, die sie geschrieben hatte, war das hier das einzige Interview, das sie an Land gezogen hatte. Ganz schön schwach für jemanden, der sich mal als Marketing-Expertin bezeichnet hatte. Und ging es um eine Traumstelle in diesem Interview? Um eine coole Chance? – Nein. Es ging um eine Assistenzposition im Vertrieb. Ausgeschrieben als „Vollzeit oder Teilzeit". Das ließ zumindest auf geregelte Arbeitszeiten schließen, was es halbwegs realistisch machte, dass sie für die Arbeitszeit einen Babysitter oder eine Tagesmutter finden würde.

Nina schluckte die in ihr aufkommende Bitterkeit hinunter. Es war, wie es war. Das hier war die aktuell beste Gelegenheit, die sie hatte.

Die Frau, die ihr gegenüber saß, hieß Frau Mihály und verantwortete wohl den Personalbereich in diesem Unternehmen. Als Interview-Raum diente ihnen ein kleiner, aber sehr gemütlich eingerichteter Besprechungsraum in einer Ecke des quadratisch angelegten, loftartigen Büros.

Nina ließ ihren Blick im Raum umherschweifen, während Frau Mihály ihr und auch sich selbst ein Glas Wasser einschenkte.

Dann begann die Personalerin mit ihrer Begrüßung, erzählte Nina etwas zu sich, skizzierte kurz die Geschichte des Unternehmens. Ihre Art war ruhig und angenehm. Dann ging sie auf Ninas Lebenslauf ein, stellte Fragen hierzu und dazu. Sie formulierte sie sehr wertschätzend.

Was genau hatte Nina hier gemacht, was genau hatte sie dort gelernt? Warum hatte sie sich für diesen Weg entschieden und nicht für einen anderen? Was hatte ihr dort am meisten Spaß gemacht, was am wenigsten? Gab es etwas, worauf sie besonders stolz war? Gab es Dinge, die sie im Nachhinein anders machen würde? Mit wem hatte sie am liebsten zusammengearbeitet und warum? Mit wem am wenigsten? Wen hatte sie bewundert? Hatte sie ein Rollenmodell? Nina dachte an Steffi. Dann an Martin. Sie erzählte Frau Mihály von beiden. War es klug, so offen zu sprechen? Sie wusste es nicht. Aber die Atmosphäre war so vertraut, dass Nina einfach erzählte. Sie fühlte sich wohl in dem

Gespräch.

Jetzt zögerte Frau Mihály kurz. „Sagen Sie, Frau Bechtle, Sie mit Ihrem Marketing-Blick … Was war denn Ihr Eindruck von uns, als Sie sich unsere Homepage angesehen haben?"

In Nina funkte ein Alarmsignal auf. War das einer dieser Personalertricks? Worauf wollte Frau Mihály hinaus mit ihrer Frage? Was wollte sie hören? Sollte sie die Homepage über den Klee loben? War das die richtige Taktik? Und wenn sie jetzt Verbesserungspotenziale aufzeigte, würde sie dann als Querulantin gelten und damit ausgesiebt werden? Immerhin ging es hier um eine Assistenzposition. Da brauchte man bestimmt niemanden, der glaubte, alles besser zu wissen.

Oder war es genau umgekehrt? Würde sie als persönlichkeits- und meinungslos gelten, wenn sie jetzt mit ihren Gedanken hinterm Berg hielt? Würde Frau Mihály vermuten, dass sie sich die Homepage gar nicht angesehen hatte, und sie würde wieder ausgesiebt? Oh Mann. Jetzt bloß nichts falsch machen.

Etwas zaghaft begann Nina zu sprechen.

„Tatsächlich gingen mir einige Dinge durch den Kopf, als ich Ihre Homepage studiert habe. Zunächst mal finde ich, dass die Website sehr professionell gestaltet ist. Es gibt eine einheitliche CI, das Bildmaterial ist homogen und aus einem Guss, man erkennt zu jeder Zeit die Handschrift des Unternehmens und das Design. Alle Daten sind sehr präzise."

Frau Mihály nickte ihr zu. Nina fuhr fort.

„Man merkt beim Betrachten der Homepage, dass viel Leidenschaft und Herzblut in die Gestaltung des Web-Auftritts geflossen sind. Allein die Formulierungen der Mitarbeiter-Statements auf der Karriereseite sind … anders als erwartet. Das sind nicht die üblichen Floskeln, die man oft liest, sondern die Aussagen sind originell, mutig und sehr individuell und locken damit bestimmt Persönlichkeiten an."

Frau Mihály sah sie lächelnd an. „Und dennoch?", fragte sie. „Was würden Sie anders machen?"

Okay, dachte Nina. Sie hatte gefragt.

„Ich würde nicht sagen, dass ich etwas anders machen würde. Ich würde eher, wenn die Kapazitäten dafür da sind, in den kommenden Wochen einiges weiter ausarbeiten. Da ist zum einen die

Suchfunktionen-Optimierung. Mir ist aufgefallen, dass Sie noch etwas hinter Ihren Konkurrenten zurückfallen. Was schade ist, wenn man die Qualität Ihrer Produkte berücksichtigt. Mit ein paar einfachen Tricks stünden Sie zu Recht in der Pole Position."

Als Frau Mihály nickte, fuhr Nina fort.

„Das nächste ist die Smartphone-Optimierung. Es wäre schade, wenn auf manchen Endgeräten die Darstellung Ihrer Firma Schwächen hätte. Immerhin hat sich jemand sehr viel Mühe mit den Inhalten gegeben. Da sollte die Darstellung das nicht zunichtemachen. Zumal es auch hier nur einige kleine Kniffe sind, die die optimale Darstellung gewährleisten könnten.

Neben diesen Funktionalitäten hatte ich auch ein paar Gedanken zu den Inhalten. Mir ist aufgefallen, dass Sie sehr stark Ihre Produkte beschreiben. Sie gehen sehr detailliert auf die Features ein. Ich vermute, die Inhalte stammen aus der Produktentwicklung, nicht aus dem Marketing-Bereich.

Ein Gedanke wäre, statt dem Fokus auf Produktdetails stärker die Kundensicht einzunehmen und Lösungen zu beschreiben, die der Kunde bei Ihnen findet. Ich meine, welches Produkt es ist, das letzten Endes zu der Lösung führt, das dürfte für viele Kunden erstmal zweitrangig sein. Einige Kunden sind vielleicht auch überfordert damit, sich gleich mit den Produktdetails konfrontiert zu sehen. So müssen sie selbst vergleichen und die Features auf ihre eigenen Herausforderungen anwenden.

Wenn Sie dem Kunden aber seine eigenen Herausforderungen beschreiben und dazu Lösungen anbieten, holen Sie ihn womöglich besser ab."

Wieder ein prüfender Blick zur Personalerin. Ihr Ausdruck war schwer zu deuten. Egal. Jetzt war Nina in Fahrt.

„Mir selbst würde die Homepage auch noch etwas besser gefallen, wenn noch etwas mehr persönliche Note da wäre. Wenn mehr Geschichten erzählt würden. Geschichten interessieren die Menschen, die auf Ihrer Seite sind. Und Persönliches. Das heißt, Gesichter von Menschen, persönliche Ansprechpartner, Namen, Bilder, Stories. Der Kunde sollte sich willkommen fühlen auf Ihrer Seite. Und dann …"

„Und dann?"

„Das Thema Social Media. Es gibt so gut wie nichts über Sie dort zu finden."

„Haben wir nicht eine Präsenz in den gängigen Medien?"

„Ja. Eine Präsenz. Das heißt, Sie sind namentlich dort vertreten, richtig. Es gibt eine Kurzbeschreibung, richtig. Man findet sogar ein paar Teamfotos. Aber die Stories, die fehlen aus meiner Sicht noch etwas."

„Wie meinen Sie das?"

„Ich meine: Lassen Sie auch hier Ihre Leute eine Geschichte erzählen. Als ich mir Ihre Website angesehen hab, hatte ich ein, zwei kurze Gedanken dazu, welche das sein könnten. Zum Beispiel Kunden, die auf emotionale Art und Weise ihre Erfahrung mit Ihnen darstellen. Was lief damals schief, was haben Sie zusammen erlebt, und wie läuft es jetzt besser. So, dass eine Identifikation möglich ist. So, dass man dranbleiben möchte."

Frau Mihály lächelte.

„Ich weiß, ich weiß", Nina hob abwehrend ihren Arm, als die Personalerin zum Sprechen ansetzte. „Oder ich glaube zu wissen, was Sie vielleicht sagen wollen. Wer hat bei Ihnen die Ressourcen, das zu pflegen, und ist es das wirklich wert, soll die Kapa nicht lieber woanders reinfließen?"

Frau Mihály nickte. „Genau das wollte ich sagen."

„Meine persönliche Meinung ist: nein. Die Kapa dazu haben Sie alle zusammen. Schicken Sie der Reihe nach alle Ihre Mitarbeiter in ein kurzes internes Seminar. Zeigen Sie ihnen verschiedene Social Media-Seiten. Von Firmen oder von Personen. Und lassen Sie sie selbst sehen, wie unterschiedlich diese Seiten jemanden ansprechen. Und lassen Sie sie verstehen, dass jeder einzelne von ihnen die Macht hat, die gleiche große Wirkung zu erzeugen. Eine negative oder eine positive. Jeder einzelne ist Botschafter des Unternehmens, und jeder einzelne hat ein Netzwerk. Stellen Sie sich mal vor, dass Sie auf die Art Ihre Reichweite vervielfältigen können.

Aktuell posten Ihre Mitarbeiter wenig und äußern sich kaum. Dabei muss ein immenses Wissen und eine große Leidenschaft für ihren Job in ihnen stecken. Wenn das stärker nach außen dringen würde, wenn zum Beispiel jeder der fünfzig Mitarbeiter nur ein Mal im Monat etwas veröffentlichen würde, dann würde das die Bekanntheit Ihres

Unternehmens enorm steigern. Woran arbeiten Sie, welche Kunden haben Sie gerade glücklich gemacht, welche Workshops fanden in der vergangenen Woche statt, welche Skills haben neue Mitarbeiter, die neu an Board sind, auf welchen Messen trifft man Sie, gibt es spannende Studien, die Sie kommentieren möchten … und so weiter. Einige Kundenstimmen von hoffentlich begeisterten Kunden könnten das i-Tüpfelchen darstellen. Nach meiner Erfahrung stellen sich loyale Kunden dafür auch sehr gerne zur Verfügung.

Und vielleicht könnten Sie versuchen, sich stärker als Spezialist zu etablieren. Das heißt, anstatt Produkte anzubieten, bauen Sie sich einen Ruf als Fachmann auf, indem Sie Studien publizieren und Fachartikel veröffentlichen. Das muss nicht viel kosten, wenn man auf Kooperationen zurückgreift oder mal einen Studenten eine Studie durchführen lässt. Hauptsache, Ihr Name wird in Verbindung mit den Ergebnissen gebracht."

Jetzt nickte die Personalerin. Sie machte eine Notiz in ihr Buch.

„Ist das ein Galgenmännchen?"

„Bitte?"

„Entschuldigung. Ich meinte das Galgenmännchen als Symbol dafür, dass jemand im Interview durchgefallen ist."

„Nein", sagte Frau Mihály, „das ist kein Galgenmännchen. Vielleicht ist es ein Fragezeichen."

Nina schwieg. Frau Mihály sah Nina an.

„Frau Bechtle, lassen jetzt bitte Sie mich einmal raten. Sie bewerben sich um eine Assistenz-Funktion, weil Sie gerade aus dem Mutterschutz kommen und, wie Sie mir gesagt haben, eine kleine Tochter haben. Und weil Sie gemerkt haben, dass viele Arbeitgeber Müttern gegenüber nicht ganz so aufgeschlossen sind. Aber ich habe einen Vorschlag für Sie."

Nina nickte.

„Es ist so, dass wir aktuell keine wirkliche Marketing-Abteilung haben. Aber ich hätte gerne, dass Sie eine aufbauen."

Jetzt musste Nina ein paar Mal blinzeln, um die Worte der Personalleiterin zu verstehen.

„Bevor Sie etwas sagen, lassen Sie mich das Angebot bitte erläutern. Marketing ist Ihr Kompetenzbereich. Sie haben darin viel Erfahrung gesammelt, und in all dem, was Sie über unsere Homepage und Präsenz gesagt haben, stimme ich Ihnen eins zu eins zu. Ich weiß, dass Sie Job und Kind vereinbaren müssen. Ich bin selbst in einer solchen Situation gewesen, und ich will keine zu großen Opfer von Ihnen verlangen.

Aber Frau Bechtle, das kann ich Ihnen sagen: Ihr Talent in der Assistenzfunktion, um die Sie sich beworben haben, das wäre absolute Verschwendung. Das würde aus meiner Sicht auch Sie nicht glücklich machen. Kommen Sie als Marketing Lead an Board zu uns und bauen Sie das Marketing bei uns auf. Sie haben Ideen und Vorschläge, und genau das brauchen wir jetzt."

„Frau Mihály", sagte Nina verdattert, „ich fühle mich geschmeichelt, und so eine Chance wäre der absolute Wahnsinn. Aber ich bin mir nicht sicher, ob ich Ihnen bieten kann, was Sie suchen. Ich weiß, dass man für so eine Aufgabe nicht nur brennen muss – was ich tun würde – sondern auch Kapazitäten braucht. Das ist kein Nine-to-five-Job. Ich will ganz ehrlich zu Ihnen sein. Ich werde gucken müssen, für wie viele Stunden pro Woche ich eine Babysitterin bekomme. Ich mache das abhängig vom Job, und ich denke, vierzig Stunden pro Woche bekomme ich hin. Aber das", sie schnaufte einmal tief durch, „das wird das absolute Maximum sein. Mehr werde ich erstmal nicht stemmen können mit meiner kleinen Tochter. Es tut mir wirklich leid, und es bricht mir förmlich das Herz, aber ich glaube, es wäre vorprogrammiert, dass ich mich zwar stretche, aber Sie trotzdem unzufrieden mit mir sind, weil Sie jemanden brauchen, der von frühmorgens bis spätabends arbeiten und die vielen spannenden Projekte in dem Bereich auch umsetzen kann."

Frau Mihály schüttelte den Kopf. „Ich weiß es zu schätzen, dass Sie so ehrlich sind. Aber in diesem Punkt stimme ich mit Ihnen nicht überein. Ich glaube nicht, dass wir für diese Lead-Funktion jemanden in Vollzeit brauchen. Ihre Aufgabe wäre es nicht, Projekte en masse operativ umzusetzen. Ich wünsche mir jemanden, der die Sache strategisch aufbaut, der ein Konzept entwickelt für die Abteilung, der unser Business versteht, mit allen Fachbereichen spricht und es versteht, unsere Assets nach außen zu zeigen. Ich sehe jemanden, der unsere Möglichkeiten aufmalt und Projekte sinnvoll priorisiert. Marketing ist einer der Bereiche, in denen man sich unglaublich verzetteln kann, wenn man versucht, alles gleichzeitig durch die Tür zu bringen. Hier wäre Ihre Teilzeit sogar von Vorteil und auch die Tatsache, dass Sie noch andere Schwerpunkte in Ihrem Leben haben. Das garantiert uns, dass Sie nicht vor lauter Abarbeiten den Blick für das große Ganze verlieren. Wir wollen in dem Bereich nicht einfach viel arbeiten. Sondern wir wollen Schritt für Schritt die jeweils wichtigsten Dinge sinnvoll aufsetzen. Sie dürfen dafür auch, sofern es Sinn macht, weitere Kapazitäten einplanen. Ich will Sie nicht anlügen: Wir werden höchstwahrscheinlich erstmal kein Team dafür aufbauen. Aber Sie können mit Dienstleistern arbeiten, Sie können hier und da einen Studenten beschäftigen, Sie können auf unsere Assistenz zugreifen. Und sukzessive werden wir weitere Stellen aufbauen können."

Jetzt trat Stille ein.

„Was sagen Sie dazu?", fragte die Personalleiterin. „Sie müssen mir um Gottes Willen keine definitive Antwort geben. Aber sagen Sie mir zumindest: Liege ich richtig damit, dass Ihnen das viel mehr Spaß machen würde, als unserem Vertriebsteam zuzuarbeiten?"

Nina sah das Bild vor sich, so wie die Personalerin es gezeichnet hatte. Für ein paar Sekunden spürte sie keine Regung. Dann durchfuhr sie eine Welle von Energie und Glückseligkeit.

„Das wäre ein absoluter Traumjob!" rief sie. „Das würde mir unglaublich viel Spaß machen. Ich würde heute Abend schon anfangen, mir Gedanken zu machen und einen ersten Plan aufstellen, wann wir welchen Schritt angehen sollten. Und dann wäre es natürlich spannend, mit Ihrer Geschäftsführung zu sprechen, mit Ihrem Vertriebsteam und mit Ihrer Produktentwicklung. Überhaupt, mit jedem an Board bei Ihnen – ich bin mir sicher, dass viele tolle Ideen in den Köpfen der Leute stecken."

Jetzt lachte die Personalerin. „Moment, Moment. Das ist ja schön, dass Sie Feuer und Flamme sind für die Idee. Aber so werden garantiert keine vierzig Stunden oder weniger daraus."

Dann wurde sie wieder ernst. „Mal ganz im Ernst, Frau Bechtle, darf ich zu Ihnen etwas von Frau zu Frau sagen, unabhängig von der Bewerbungssituation? Ich hab Ihnen vorhin gesagt, dass ich in einer ähnlichen Situation war. Mein Rat an Sie wäre: Behalten Sie Ihren

Enthusiasmus. Aber teilen Sie sich Ihre Zeit gut ein. Zu Hause haben Sie mindestens einen Menschen, der Ihre Ressourcen gerade auch sehr stark braucht, und das wird sich für eine ganze Weile nicht ändern. Es ist gut, wenn Sie Spaß an Ihrer Arbeit haben, aber priorisieren Sie gut und versuchen Sie, auch mal Mut zur Lücke zu haben. Uns wäre nicht geholfen, wenn Sie in drei Monaten kündigen, weil Sie sich zu viel vorgenommen haben und jetzt eins Ihrer beiden Haupt-Projekte komplett aufgeben müssen. Tasten Sie sich lieber vorsichtig heran und testen Sie aus, wie viel Sie machen können."

Nina nickte. „Ich glaube, das ist ein sehr guter Rat."

„Und jetzt", Frau Mihály stand auf, „möchte ich Ihnen jemanden vorstellen. Markus Meisberg, unseren Geschäftsführer. Ihren zukünftigen Vorgesetzten."

Frau Mihály stand auf, und Nina tat das Gleiche. Sie verließen den Besprechungsraum, und die Personalerin führte sie quer durch das große Office, bis sie ein kleines Büro in einer hellen Ecke erreichten. Frau Mihály klopfte an.

„Ah, da ist ja die junge Dame", begrüßte ein wettergegerbtes, von weißen Haaren umrahmtes Gesicht mit Lachfalten sie. „Dann war das Gespräch so, wie du es erwartet hattest, Silvia?" Er wandte sich an die Personalerin. Die lächelte.

„Ja, das war es. Ich glaube, Frau Bechtle würde hervorragend zu uns passen. Übrigens, Markus", sie sah ihn an, „wir kamen auf das Thema Kapa. Was sagst du denn dazu? Überstunden und so? Ständige Erreichbarkeit?"

„Scheint total verlockend, ja. Jemand, den man rund um die Uhr kontaktieren kann, wenn man als Geschäftsführer einen Gedanken hat, und der sofort die Dinge erledigt. Jemand, dem man das Gehalt von einer Person bezahlt, der aber eigentlich den Job von drei Personen macht."

Nina guckte ihn verständnislos an.

„Das ist der Traum von ganz vielen Geschäftsführern. Auf den ersten Blick ist das toll. Was dann oft kommt, ist die Erkenntnis, dass das keine nachhaltige Lösung ist. Die Kultur in so einem Unternehmen ist schnell gekennzeichnet davon, dass die Mitarbeiter ganz viel tun - aber gar nicht so viel schaffen. Jeder ist beschäftigt, wuselt durcheinander, stößt andere Teilchen an, die wiederum ihrerseits Dinge lostreten und wieder andere Teilchen anstoßen und in Bewegung setzen. Am Ende schwirrt alles wie in einem Bienenschwarm. Aber ob das zwangsläufig effektiv ist, weiß ich nicht.

Mir ist lieber, jemand hat – alleine dadurch, dass er seine Arbeitszeit als begrenzt wahrnimmt – einen klaren Plan im Kopf und priorisiert knallhart durch. Lieber drei gute Projekte pro Jahr, gut durchdacht, als siebzehn, und vierzehn davon müssen Sie im Jahr darauf nochmal anfassen, weil sie nicht zu Ende gedacht waren. Das schlaucht die Leute, und es ist frustrierend. Am Ende sind alle erschöpft und wissen noch nicht mal warum."

„Dazu kommt", warf Frau Mihály ein, „gerade in einer Führungsrolle, in der Sie strategisch denken müssen und klug reflektieren, sollten Sie kein Roboter sein. Sie sollten nicht stur Dinge abarbeiten, sondern Sie brauchen eine klare Sicht, und für diese klare Sicht brauchen Sie immer wieder Abstand zu Ihrem Job."

Und", Herr Meisberg warf einen Blick auf Frau Mihály, „wir haben extrem gute Erfahrungen gemacht mit Müttern und auch Vätern. Die sind einfach doch oft besser gewohnt als andere, dass sich nicht alle Dinge planen lassen. Man muss sich immer wieder auf neue Situationen einstellen, das ist mit Kindern so und auch in einem Unternehmen. Da hilft einem eine Portion Pragmatismus und Lösungsorientierung Improvisieren können und auch mal fünfe grade sein lassen. Und vor allem nicht alles perfekt machen wollen, das lohnt sich in den allerseltensten Fällen."

Nina nickte und lächelte.

„Verstehen Sie mich jetzt nicht falsch", fuhr Herr Meisberg fort. „Natürlich erwarte ich mir auch eine gewisse Flexibilität von Ihnen als Führungskraft. Das bedeutet, dass wenn wir eine Deadline haben für ein Projekt oder aus anderem Grund Eile geboten ist, Sie kreativ werden und der Lösung näher kommen – ob Sie es selbst machen oder delegieren, die Verantwortung dafür liegt bei Ihnen. Meine Erfahrung ist aber, dass die Menschen, die eine echte Leidenschaft für ihren Job mitbringen und in ihrem Themenbereich aufgehen - und zu denen gehören Sie meiner Meinung nach – das automatisch so machen. Wenn Sie brennen für Ihr Thema, dann wollen Sie aus intrinsischer

Motivation heraus Lösungen generieren, und dann wird Ihnen auch kein Thema einfach runterfallen."

Als Frau Mihály sich etwas später am Empfang von Nina verabschiedete, sagte sie: „Übrigens, ich soll Sie ganz herzlich von Britta Allweg grüßen."

Es ratterte kurz in Ninas Hirn. Dann sagte sie: „Sie beide kennen sich?"

„Unsere Söhne spielen zusammen Hockey. Darüber haben wir uns kennen gelernt. Und festgestellt, dass wir ganz ähnliche Auffassungen haben von Personalarbeit. Ich hab gesehen, dass Sie in den Social Media verknüpft sind und hab sie nach ihrer Einschätzung gefragt. Und in diesem Fall deckt sich ihr und mein Eindruck sehr stark."

Sie machte eine Pause und schmunzelte. Nina sah sie erwartungsvoll an.

„Was waren nochmal ihre Worte, als ich sie auf Sie angesprochen habe? Fähig, effektiv und mit einer hohen Leidenschaft für Marketing-Themen."

„Oh – das freut mich sehr."

Nina erwiderte die ausgestreckte Hand der Personalerin. „Ich freue mich sehr auf die nächsten Schritte."

Noch zwei Minuten bis zum vereinbarten Termin. Nina wollte nicht pessimistisch sein, aber Babysitter, die schon zum ersten Gespräch zu spät kamen, waren eigentlich schon fast raus bei ihr. Wie sollte sie sich denn später darauf verlassen können, dass Ulla Maggie pünktlich abholen würde, wenn sie schon jetzt unpünktlich war?

Dann dachte Nina an die siebenundvierzig verschickten Anfragen an potenzielle Babysitter. War sie wirklich in der Lage, Bewerber so schnell auszusortieren?

Da. Es klingelte. Nina, die ohnehin neben dem Türöffner stand, öffnete. Eine halbe Minute sah sie eine Frau die Stufen nach oben steigen, die einen bunten, auffälligen Rock trug und einen ebenso auffälligen Blazer mit Karomuster. Ihre dunkelbraunen Haare waren zu einem zerstruwwelten Pferdeschwanz zusammengebunden. Ihr Gesicht war rot vor Anstrengung. Sie keuchte.

„Hallo", stieß die Frau außer Atem hervor, als sie die zwei Stockwerke erklommen hatte, „ich bin die Ulla."

Etwas zögernd bat Nina die Frau herein.

Als Ulla sich verabschiedet hatte, machte Nina die Tür zu und ließ sich an der Innenseite der Tür auf den Boden gleiten, bis sie zum Sitzen kam.

Sie vergrub ihren Kopf in den Händen. Oh Mann. Wieso konnte es keine wirklich gute Babysitter-Kandidatin geben? Ein Babysitter würde ihr endlich mehr Freiheit geben. So musste sie immer und überall mit dem Baby auf dem Arm auftauchen.

Sie dachte an den Tanzabend mit Dominik zurück. Wie sie sich gefreut hatte, Maggie wiederzusehen nach den paar Stunden der Trennung.

Margarita wachte auf und fing an zu schreien. Schnell lief Nina ins Schlafzimmer und nahm sie auf den Arm. Kein Wunder, die Kleine hatte Hunger. Und wann hatte sie selbst eigentlich das letzte Mal etwas gegessen? Sie ging in die Küche, um den Kühlschrank zu inspizieren.

Diesmal war es zur Abwechslung mal gute Post, die Nina aus dem Briefkasten fischte. Sie hatte sie schon erwartet.

Abermann GmbH stand auf dem Firmenstempel des Absenders. Das musste der Arbeitsvertrag sein. Sie riss den Umschlag auf, und tatsächlich: ihr Arbeitsvertrag. In zweifacher Ausfertigung. Bereits unterschrieben von Herrn Meisberg. Und hier war ein kleines Post-It mit Grüßen von Frau Mihály.

Liebe Frau Bechtle, hier erhalten Sie Ihren Arbeitsvertrag. Bitte bei Gelegenheit, spätestens beim Start, ein Exemplar gegengezeichnet wieder an uns zurück. Ich melde mich bei Ihnen wegen eines Kaffees vorab vor Ihrem Start (gerne mit Ihrer kleinen Maus, wenn Sie sie mitbringen möchten). Liebe Grüße, Silvia Mihály

Wie süß.

Nina lächelte. Sie überprüfte kurz den Inhalt und steckte den Vertrag dann in ihre Tasche. Die Konditionen hatten sie vorher schon besprochen. Ihr Gehalt lag um einiges niedriger als das, was sie bei *Recordance* als Marketing Lead bekommen hätte. Das machte aber nichts.

Auf den Stundenlohn gerechnet, bekam sie bestimmt eklatant mehr. Und sie würde sich wohlfühlen dort, das spürte sie. Frau Mihály hatte ihr angeboten, ihr als Mentor zu dienen in ihrer neuen Rolle.

„Ich will nicht, dass Sie mir ausbrennen", hatte sie gesagt, „und ich hab das Gefühl, Sie haben sich bei Ihrem letzten Arbeitgeber ein paar Verhaltensweisen angewöhnt, die wir bei uns zum Glück hinterfragen können. Sie haben jetzt zwei Jobs, einen daheim und einen bei uns. Und Sie sollen Zeit und Energie für beide haben."

Eigentlich, dachte Nina, während sie den Kinderwagen in Richtung Supermarkt schob, eigentlich musste das gefeiert werden. Sie hatte wirklich einen Job gefunden. Und was für einen Job. Trotz - nun ja, sie warf einen entschuldigenden Blick auf Margarita - trotz Handicap.

Lilly war begeistert, als Nina ihr am Telefon von ihrem Arbeitsvertrag erzählte. Und auch sie hatte gute Nachrichten.

„Fünftausend Follower. Nina, es geht so schnell bergauf gerade mit den Klicks, dass ich gar nicht mehr mitkomme."

„Wow, mega! Und kein Wunder. Lilly, du bist gut! Was du sagst, ist immer spannend. Deine Stories sind super-unterhaltsam. Die Bilder dazu und die Videos sind der Hammer. Ich wette, es werden noch mehr Follower werden innerhalb kürzester Zeit."

„Ja, und stell dir vor, die Anfragen für Coachings kommen auch langsam rein."

„Im Ernst? Ich meine, cool!"

„Sie wollen meistens eine Mischung aus Personal Training und Life Coaching von mir. Nina, letztens hatte ich ne Coachee, Karin, die hat einfach nur ne Stunde lang geredet, ich kam kaum zu Wort, und am Schluss war sie hellauf begeistert und sagte, sie nimmt jetzt ein Abo bei mir. Herrlich, genau so stelle ich mir Arbeit vor."

Nina schmunzelte. Da hatte Lilly wohl endlich ihren Traumjob gefunden.

„Weißt du was?", fuhr Lilly fort. „Gerade bin ich ganz froh, dass es keinen Typen gibt, der mir die Zeit klaut. So kann ich mich viel besser auf meine Stories und Posts konzentrieren."

Oha. Auch das waren ganz neue Worte von Lilly.

„Ja, und wenn ich Coachings habe, brauch ich auch erstmal die Zeit, das vorzubereiten. Wenn ich Glück hab, laufen die so ab wie mit dieser Karin. Total intuitiv. Aber vielleicht will ja doch mal einer ein paar Methoden von mir hören. Nicht, dass ich nicht gut im Improvisieren wäre, aber…"

„Aber du willst auch professionell rüberkommen."

„Genau."

„Sag mal, wann gibst du denn die Coachings? Du bist doch noch in Vollzeit bei *Gährmann*, oder nicht?"

„Ja. Aber das heißt ja nicht, dass ich jeden Tag acht Stunden machen muss."

„Heißt es nicht?"

„Nein. Ich bin der Meinung, wenn ich meinen Job gut erledigt hab für die Woche, dann kann ich auch noch zwei, drei Coachings unterschieben. Aber ich hab festgestellt, die meisten meiner Coachees wollen eh erst gegen frühen Abend, wenn sie selbst Feierabend haben. Oder in der Mittagspause."

„Und wo machst du die Sessions? Oder machst du alles online?"

„Nein, auf keinen Fall online. Ich brauch den direkten Kontakt zu den Leuten. Ich guck sie mir an, und ich geb ein ehrliches Feedback. Wenn einer mir sagt, er will einen definierteren Körper, dann seh ich mir seine Arme an und sag, da wirst du noch viel tun müssen. Mit welchem Gewicht trainierst du? Und wenn er mir sagt, er nimmt Zweikilo-Hanteln, dann drück ich ihm Fünfkilo-Hanteln in die Hand und sag, ab heute nimmst du die für ein paar Übungen. Und diese Übungen gehen wir dann gleich zusammen durch."

Wieder musste Nina schmunzeln. Sie stellte sich den erschrockenen Gesichtsausdruck mancher Leute vor, die für ein unverbindliches Gespräch kamen und nach schmerzerfüllten sechzig Minuten wieder gingen.

„Wir suchen auch gleich gemeinsam nach Songs, wenn es sein muss. Oder nach Bildern, die den Coachee motivieren. Hier, Peter letztens, der stellt sich jetzt immer seinen Kollegen vor, wenn er trainiert. Er hasst ihn, und das gibt ihm Energie für mindestens zwanzig Liegestützen mehr am Tag."

„Ziemlich beeindruckend", sagte Nina. „Wer weiß, vielleicht kannst du wirklich bald deinen Hauptjob daraus machen."

„Ja, mal gucken. Du, ich muss eh gleich los, ich spring in nem Deep Work-Kurs ein."

„Alles klar. Und Lilly, kommst du auf ein Gläschen Wein vorbei am Wochenende?"

„Ich komme super-gern vorbei. Aber Nina, für mich kein Wein, ja? Ich mach uns einen schönen Smoothie, wenn du etwas Obst da hast. Oder warte, ich bring selbst meinen Mixer und etwas Obst mit. Und dann zaubere ich uns was."

„Wie jetzt? Kein Wein?"

Lilly musste lachen. „Tu dir keinen Zwang an, Nina. Musstest ja lange genug auf Alkohol verzichten. Aber ich hab tatsächlich seit - warte mal – ja, ich denke, ich hab seit bestimmt vier Wochen keinen Schluck mehr getrunken."

„Jetzt bin ich baff. Was ist mit der alten Lilly passiert?"

„Ach, keine Ahnung. Aber weißt du, das passt irgendwie auch besser zu meinem Insta-Auftritt. Fit und knackig, wie ich bin. Ich überlege sogar, ob ich bald meine eigenen Shakes verkaufen sollte. Wie fändest du", – sie machte eine kurze Pause – „*Lilly's Magical Body Transformation Shakes*"?

„Fänd ich toll. Mach eine Nach-der-Schwangerschaft-Variante, und ich bin deine erste Kundin. Ich seh schon dein Bild auf der Verpackung vor mir."

„Und deins. Vorher und nachher."

„Hey!" Nina trat in den Flur hinaus und warf einen Blick in den Wandspiegel. Sie zog den Bauch ein.

„Ich dachte, du magst meine Ehrlichkeit. Also, ich muss, ja?"

„Alles klar. Ich freu mich aufs Wochenende, wenn wir uns sehen, Lilly. Und jetzt viel Spaß im Kurs!"

Kopfschüttelnd legte Nina auf. Lilly ohne Alkohol. Verrückt.

Jetzt würde sie Maggie anziehen und einen Spaziergang mit ihr machen. Solange sie noch nicht wieder arbeitete, musste sie die Momente genießen, in denen sie das konnte.

Ach ja. Und dann nochmal das Angebot der Kita ansehen, das sie bekommen hatte. Es war nicht perfekt. Die Betreuungszeiten waren deutlich kürzer, als sie gehofft hatte. Dafür lag der Preis deutlich höher. Es wurde außerdem von den Eltern erwartet, dass sie sich einbrachten.

Das konnte ja heiter werden.

Aber eine Alternative hatte sie momentan nicht. Und in Anbetracht der Betreuungssituation in München konnte sie wahrscheinlich froh sein, wenn sie überhaupt einen Betreuungsplatz bekam.

Was die Babysitter-Kandidaten betraf, war sich Nina unsicher. Neben Ulla, der total zerstreuten Kandidatin, gab es ansonsten nur noch Michael, einen jungen Studenten. Irgendwie war sie von beiden nicht begeistert.

„Maggie", sagte sie und ging zum Bett ihrer Tochter, „was meinst du denn, hmm? Wer hat dir denn besser gefallen? Hat dir überhaupt einer der beiden gefallen?"

Sie dachte an Michael zurück. Er hatte strukturiert gewirkt und auf Zack. Ein Wirtschafts-Student an der Technischen Universität München. Er hatte viele Fragen gestellt. Hatte Maggie eine bestimmte Tagesstruktur, gab es Besonderheiten bei der Ernährung, klappte das in der Regel mit den Windeln, nahm sie ohne Protest das Fläschchen,… und er war sympathisch. Aber er hatte kein einziges Mal wirklich nach Margarita gesehen. Irgendwie hatte er sie fast links liegen gelassen. Naja, und Margarita war nun mal die Hauptfigur.

Und dann war da Ulla. Nina musste schmunzeln. Was für eine Chaotin. Sie hatte erstmal ein Glas Wasser gebraucht. Dann war sie fast über ihre eigenen Füße gestolpert. Das Gespräch mit ihr war komplett unstrukturiert gewesen. Bei einigen Antworten hatte sie einfach den Faden verloren. Aber, das musste man ihr lassen: Mit Maggie war sie fabelhaft umgegangen. Gleich nach dem Wasser hatte sie sich umgesehen und gefragt, ob sie die Kleine denn sehen dürfte. Dann hatte ihr Gesicht gestrahlt, als sie Maggie in ihrem Bettchen liegen gesehen hatte. Ganz vorsichtig hatte sie sich der Kleinen genähert. „Darf ich?" hatte sie Nina gefragt. Und als die genickt hatte, hatte sie die Kleine ebenfalls gefragt: „Darf ich, meine kleine Prinzessin?", bevor sie Margarita ganz behutsam aus dem Bettchen gehoben und auf den Arm genommen hatte. Die Kleine war ganz ruhig geblieben. Sie hatte sich sogar sichtlich wohl gefühlt bei dieser fremden Frau.

Eigentlich war die Sache klar.

„Maggie, bist du einverstanden, wenn wir mit Ulla mal einen

Probelauf machen? Ja? Du hast dich wohlgefühlt bei ihr, oder? Sie kann eh erst ab dem nächsten Monat."

Maggie sah Nina aus dem Bettchen heraus mit großen Augen an.

Nina stand auf und griff nach ihrem Handy. Während sie aus dem Raum herausging, wählte sie.

„Ulla? Hi, hier ist Nina. Nina Bechtle. Passt es gerade bei dir?"

Julia öffnete die Tür in einem Weihnachtspulli. „Finally! Was habt ihr gemacht auf dem Weg? Habt ihr angehalten, um ein Geschwisterchen für Maggie zu produzieren?"

Auf Julias Arm saß Marie im roten, festlichen Kleidchen. Sie sah Nina neugierig an, drehte sich dann etwas verschämt weg und streckte im nächsten Moment freudig ihre kleinen Ärmchen nach Dominik aus.

Zum ersten Mal setzte Nina einen Fuß in Dominiks Elternhaus. Alles sah ein kleines bisschen chaotisch aus. Der Flur war voller Jacken, Schuhe und Schals. Dahinter ging es in einen Wohnraum, und hier lagen Stapel von Papier auf den Regalen und Tischen, Spielzeug in der Ecke, auf dem Esstisch stand Geschirr in den unterschiedlichsten Farben und Mustern. Es roch nach Gegrilltem, Kartoffeln und Gemüse. In einer Ecke stand ein festlich geschmückter Weihnachtsbaum.

Dominiks Mutter, klein und etwas mollig, wischte sich die Hände an einer wohl ehemals weißen Küchenschürze ab und lief strahlend auf sie zu, als sie die beiden sah. Dominik wurde umarmt, Nina ebenfalls. Maggie bekam die kleine Hand geschüttelt und guckte mit großen Augen aus dem Bauchgurt. „Ich bin die Louise."

Dominiks Vater werkelte noch in der Küche, winkte aber mit einem langen, scharfen Messer hinaus beim Anblick der drei.

„Ich komm euch gleich begrüßen", rief er, „gebt mir noch zwei Minuten. Ich bin hintendran mit den Paprikas."

„Warte, Fritz. Ich wasch meine Hände und helf dir gleich." Das war Lukas, Julias Verlobter, den Nina inzwischen schon kannte.

Nina und Dominik brachten ihr Gepäck nach oben ins Gästezimmer. Dann folgten sie dem Lärm der Stimmen und den Gerüchen wieder nach unten.

„Setzt euch", sagte Julia, „trinken wir erstmal einen Punsch, damit ihr euch aufwärmt. Marie, du auch?"

„Na-hein", sagte Julias Tochter. Sie wand sich von Julias Arm und lief in eine Ecke, in der Puzzleteile und Bauklötzchen ausgebreitet waren. Dort setzte sie sich, guckte aber trotzdem neugierig zu Maggie hinüber, die Nina immer noch im Bauchgurt vor sich hertrug. Schließlich stand sie doch noch einmal auf und näherte sich.

„Mama, darf ich wieder das Baby streicheln?"

Julia blickte Nina an.

„Na klar, Marie", sagte Nina zu Marie. „Du hast es letztes Mal schon so toll gemacht. Schau, so kannst du Maggie ganz vorsichtig streicheln."

Im Hintergrund liefen Kinder-Weihnachtslieder. Julia begann, an der einen oder anderen Stelle mitzusingen. Sie tranken Punsch und aßen Plätzchen. Es war ein Kuddelmuddel an Stimmen und ein Durcheinander an Themen. Maries Grüffelo-Tonie, Dominiks letzter Tanzkongress, Louises Fortbildung, die Katze der Nachbarin, Ninas neuer Job, Maggies Weihnachts-Strampler, Julias Wunsch, bald in Teilzeit zu wechseln.

„Eigentlich arbeiten tu ich dann sicher mehr. Aber mein Vertrag soll über dreißig Stunden gehen ab Januar."

„Aber sorry, ist das nicht Quatsch?", fragte Dominik. „Lass den Vertrag doch über vierzig Stunden, dann wirst du wenigstens für die Stunden bezahlt, die du arbeitest."

„Das ist nicht ganz so leicht, wie es klingt. Bei uns arbeitet einfach jeder mehr. Wenn ich einen Vierzig-Stunden-Vertrag hab, arbeite ich fünfzig Stunden und mehr. Also arbeite ich vertraglich nur dreißig Stunden und mach in Wirklichkeit etwa vierzig. So kommt es wieder hin."

„Ja, verstehe ich." Das war Nina.

„Ja? Da bist du die allererste. Die Männer hier verstehen es nicht. Die sagen mir, ich soll doch nach der Zahl der Stunden, für die ich auch bezahlt werde, einfach nach Hause gehen und keine Minute länger bleiben."

„Aber lass mich raten. Sie machen es selbst anders. Sie bleiben länger und machen Überstunden und empfehlen sich so für verantwortungsvolle Aufgaben."

„Ganz genau. Das ist genau der Punkt. Du bist wirklich die erste, die es versteht."

„Klar verstehe ich es. Es geht um die Extra-Meile. Es gibt Firmen und Branchen, in denen kannst du nicht Karriere machen, wenn du die nicht gehst. Vor allem, wenn alle anderen in der Firma es tun. In anderen Branchen und Bereichen dagegen geht das."

„Extra-Meile hin oder her. Wenn ich ab März auf achtzig Prozent gehe, dann mach ich auch nur achtzig Prozent", rief Lukas aus der Küche. „Ich hab ja schließlich noch was vor in meiner freien Zeit."

„Ja, du willst mit mir in den Zoo gehen", strahlte Marie.

„Das macht der Papa ganz bestimmt." Julia stand auf und streichelte Marie über den Kopf. Dann sah sie zu Dominik hinüber. „Und du? Hat dich Martin schon überzeugt, bei ihm einzusteigen?"

„Nah", machte Dominik, „aber ich denk drüber nach. Wär schon verlockend, wieder mit ihm zu arbeiten. Aber erstmal soll er ein paar Projekte umsetzen und gucken, ob auch wirklich Geld reinkommt. Und nicht nur drüber reden."

Dominiks Vater kam aus der Küche heraus, und seine Frau folgte ihm. Beide trugen große Teller und Schüsseln in ihren Händen, aus denen es unglaublich gut duftete.

„Hey", sagte Dominiks Vater und stellte seine Ladung auf dem Esstisch ab, „ich bin der Fritz." Er wischte sich seine Hände an der Schürze ab und streckte sie Nina zur Begrüßung hin. Dominik begrüßte er mit einer Umarmung.

„Oh, Dominik." Nina fiel etwas ein. „Ich hab' ja noch unsere Blätterteigtaschen oben in der Tasche. Die können wir gleich zum Essen beisteuern."

„Soll ich sie holen? Wo hast du sie reingetan?"

„Warte", sagte Nina, „ich lauf schnell hoch und hol sie. Hier, nimm Maggie kurz. Oder ich leg sie hier auf den Sessel in die Kissen, ja?".

Sie lief die Treppen hinauf ins Gästezimmer. Wo war der Lichtschalter? Egal. Von draußen fiel das Licht einer Straßenlaterne ins Zimmer. Da war ihre Tasche. Schnell fischte sie die Box mit den selbstgebackenen Blätterteigtaschen heraus.

Ihr Blick fiel zum Fenster. Der Ausblick war toll. Die Bäume vor dem Haus waren voller Schnee, die Äste bogen sich schon unter der Last. Das satte, pudrige Weiß des Schnees und das Schwarz der knorpeligen

Zweige boten im Licht der Laterne den hinreißendsten Kontrast, den man sich vorstellen konnte.

Überwältigt von der Schönheit des Anblicks blieb Nina wie erstarrt stehen und sah hinaus. Plötzlich und ohne, dass sie es stoppen konnte, spürte sie in sich Tränen aufsteigen. Wie schön die Nacht war, und wie wohl sie sich fühlte in diesem Haus. Es war voller Behaglichkeit und voller Geborgenheit. Sie fühlte sich jetzt schon fast wie ein Teil der Familie, so wie sie von allen behandelt wurde.

Ein Gedanke kam ihr. Was würde ein Passant von draußen sehen, der ins untere Stockwerk hineinsah? Ein Haus mit hellerleuchteten Fenstern. So, wie sie es oft gesehen hatte von draußen. Mit Menschen, die darin zusammensaßen in Harmonie. So, wie sie es sich oft vorgestellt hatte. So, wie sie es sich immer gewünscht hatte. Und - sie war nun ein Teil davon.

Wie sehr hatte sich ihr Leben verändert in den letzten Monaten. Da war Maggie, das größte Geschenk, das ihr der liebe Gott hatte machen können. Da war Dominik. Er war sowieso einfach nur… wow. Da war Lilly, mit der sie eine Innigkeit in der Freundschaft erlebte, die so vorher nie dagewesen war. Da war der neue Job. Arbeitete sie zu viel? Ja, manchmal bestimmt. Wenn sie im Flow war, dann konnte sie sich schwer lösen. Aber da gab es immer noch die anderen Bereiche ihres Lebens, die sie wieder auf den Boden zurückholten. Für die es sich lohnte, die Arbeit auch einfach Arbeit sein zu lassen.

Wie Lilly, Dominik und – Maggie.

Ein paar Tränchen liefen Nina die Wangen hinunter, so überwältigt war sie von dem Augenblick.

Auf einmal hörte sie Schritte auf der Treppe. Sie wischte sich schnell die Tränen von der Backe. Die Zimmertür ging auf, und Dominik betrat den immer noch dunklen Raum.

„Hier bist du", sagte er. „stehst du absichtlich im Dunkeln? Ich hab mir schon Sorgen gemacht, dass du dich verlaufen hast. Oder hier Geheimnisse entdeckt hast, die du gar nicht entdecken sollst."

Sie hörte sein Lächeln an seiner Stimme. Jetzt sah er ihr Gesicht im Licht der Straßenlaterne und bemerkte die schlecht abgewischten Tränen. „Oh je! Was ist los?", fragte er erschrocken.

Nina wischte mit einer Hand über ihr Gesicht. Mit verschniefter

Nase sagte sie: „Gar nichts. Gar nichts. Es ist nur… weißt du, mir ist gerade klar geworden, wie schön doch das Jahr gewesen ist. Ich meine … auch anstrengend. Aber ich hab zwei Menschen in meinem Leben gewonnen, die es… naja…", jetzt drehte sie sich um und sah ihn an, „… die es wunderschön machen."

Er legte seine Arme um sie und drückte sie an sich. „Verstehe", sagte er lächelnd, „das machst du also hier."

Eine Weile standen sie schweigend da. Einige sanfte Flocken zeigten sich im Licht der Laterne.

„Nina", flüsterte er dann, „bist du glücklich?"

„Ja", sagte sie und zog seine Arme näher an ihren Körper, „und du?"

„Er drückte sie an sich. „Ich auch."

Eine halbe Minute verging. Draußen fiel krachend etwas Schnee von einem Ast.

Plötzlich war von unten Geschrei auszumachen. Margarita!

„Auweia", sagte Nina, während beide ihre Umarmung lösten und sich in Bewegung setzten.

„Ja", rief Dominik, während er durch die Tür in den Flur lief und auf die Treppe zustürzte, „Action!"

Get-over-Guys

Zutaten für zwei Portionen:

- ✓ 3 Bananen
- ✓ 0,5 Liter Hafermilch
- ✓ Eine Handvoll Heidelbeeren
- ✓ 6 Datteln
- ✓ Eine Prise Kurkuma
- ✓ Eine Prise Kakao
- ✓ Eine Prise Zimt
- ✓ Eine Prise Pfeffer

Zubereitung:

Alle Zutaten in den Mixer geben und für etwa 20 Sekunden mixen. Je nach Mixer-Stärke sollten die Datteln gegebenenfalls vorher für einige Stunden in Wasser eingeweicht werden.

Und dann: Den frischen Shake und seine Wirkung genießen!